教育部人文社会科学研究项目（工程科技人才培养专项）
"面向 2035 的建筑与交通工程领域新一代现场工程师培养研究
（No.18JDGC023）"成果
宁波工程学院学术专著出版基金资助出版

U0505609

ZOUXIANG ZHUOYUE:

MIANXIANG 2035 GONGCHENG JIAOYU
YU XIANCHANG GONGCHENGSHI DE PEIYANG

吕忠达 李青合 孙筠 等 / 著

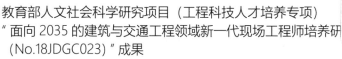

走向卓越：

面向 2035 工程教育与现场工程师的培养

中国财经出版传媒集团

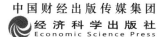

经济科学出版社
Economic Science Press

图书在版编目（CIP）数据

走向卓越：面向 2035 工程教育与现场工程师的培养 /
吕忠达等著 . -- 北京：经济科学出版社，2021. 12
ISBN 978 - 7 - 5218 - 3126 - 9

Ⅰ. ①走…　Ⅱ. ①吕…　Ⅲ. ①高等教育 - 工科（教育）
- 教育研究 - 中国　Ⅳ. ①G649. 21

中国版本图书馆 CIP 数据核字（2021）第 239269 号

责任编辑：周胜婷
责任校对：齐　杰
责任印制：张佳裕

走向卓越

面向 2035 工程教育与现场工程师的培养
吕忠达　李青合　孙　筠　等著
经济科学出版社出版、发行　新华书店经销
社址：北京市海淀区阜成路甲 28 号　邮编：100142
总编部电话：010 - 88191217　发行部电话：010 - 88191522
网址：www. esp. com. cn
电子邮箱：esp@ esp. com. cn
天猫网店：经济科学出版社旗舰店
网址：http://jjkxcbs. tmall. com
固安华明印业有限公司印装
710 × 1000　16 开　16. 75 印张　270000 字
2021 年 12 月第 1 版　2021 年 12 月第 1 次印刷
ISBN 978 - 7 - 5218 - 3126 - 9　定价：88. 00 元
（图书出现印装问题，本社负责调换。电话：010 - 88191510）
（版权所有　侵权必究　打击盗版　举报热线：010 - 88191661
QQ：2242791300　营销中心电话：010 - 88191537
电子邮箱：dbts@ esp. com. cn）

序

习近平总书记在中央人才工作会议上强调，要培养大批卓越工程师，努力建设一支爱党报国、敬业奉献、具有突出技术创新能力、善于解决复杂工程问题的工程师队伍。"卓越工程师教育培养计划"是我国高等工程教育的重大改革举措，是我国工程教育改革的切入点和突破口。"卓越计划"的实施，对于高校面向社会需求培养造就一大批创新能力强、适应经济社会发展需要的各类型高质量工程技术人才，探索一条有中国特色的工程教育新路子，促进我国由工程教育大国迈向工程教育强国，具有十分重要的示范和引导作用。

具备尖端创新能力、能解决复杂工程问题的卓越工程师是国家打好产业链现代化攻坚战的战略基石。经过几代人的不懈努力，中国建立了核弹爆炸、三峡大坝蓄水发电、神舟号飞船登天、蛟龙号下水、龙芯成功研制、杭州湾跨海大桥等千秋大业，涌现了一大批诸如"杂交水稻之父"袁隆平、女药学家屠呦呦等世界闻名的科学家……同时，在平凡的工作岗位上，也有如上海飞机制造有限公司高级技师胡双钱、火箭"心脏"焊接人高凤林、国家高级工艺美术技师孟剑锋等奋斗在工作一线的"卓越工程师"，他们技艺精湛、爱岗敬业、敬业自觉，令人叹服。

当前，世界正处于百年未有之大变局。以信息及通信技术为代表的新一轮科技革命及应运而生的产业革命，是当前人类社会发展所面临的新的历史性命题。未来世界的竞争，是科技的竞争，是技术的竞争，我们要"坚持创新在我国现代化建设全局中的核心地位，把科技自立自强作为国家发展的战略支撑，面向世界科技前沿、面向经济主战场、面向国家重大需求、面向人民生命健康，深入实施科教兴国战略、人才强国战略、创新驱动发展战略，完善国家创新体系，加快建设科技强国"（新华社，2021）。未来面向2035，我们需要培养大批高水平的技术技能人才作为支撑，如何培养"现代工程师"，造就"卓越工程师"是实现"中国梦"必须回答的话题。

基于此，本书全面梳理了国内外高等工程教育的发展现状以及宁波高等工程教育发展的经验，并全面分析面向2035现场工程师培养未来发展趋势，尤其是建筑与交通领域未来现场工程师培养的新要求。同时，分析地方本科院校在培养现场工程师的过程中所积累的成功经验，提出"应用研究能力和应用实践能力"现场工程师培养的路径，并以宁波工程学院建筑与交通领域现场工程师培养为案例，展望未来现场工程师人才培养策略。

本书撰写过程中，充分发挥了课题组团队协作的作用，本书是集体智慧的结晶，参与本书撰写的有李青合、孙筠、尹辉、李俊、马冀、郭璘、周明、魏莉莉、张水潮、温小栋、徐旭英、蔡伟、朱春艳等老师。同时，特别感谢徐挺、周军、竹潜民、屠恒正等老师提供的前期研究资料。本书撰写过程中也得到了宁波市教育局王勇、石先敬的大力支持，感谢他们提供了大量的数据和最新研究资料。在文献梳理的过程中姜勇、孔寒冰、彭慧敏等学者的文章对本研究提供了重要的参考资料，感谢本书所引用的参考文献的作者。由于时间仓促，错误之处在所难免，希望广大读者能够给予指导与包容。

2021 年 11 月

目　　录

第 1 章　高等工程教育国际比较 ………………………………………（ 1 ）

　　1.1　美国工程教育改革 ……………………………………………（ 1 ）

　　1.2　欧洲工程教育改革 ……………………………………………（ 4 ）

　　1.3　亚洲国家工程教育改革 ………………………………………（ 8 ）

第 2 章　中国高等工程教育 ……………………………………………（ 13 ）

　　2.1　工程与工程教育 ………………………………………………（ 13 ）

　　2.2　中国高等工程教育发展 ………………………………………（ 20 ）

　　2.3　时代呼唤培养现场工程师 ……………………………………（ 30 ）

第 3 章　高等工程教育宁波经验 ………………………………………（ 39 ）

　　3.1　新中国成立后宁波工程教育 …………………………………（ 39 ）

　　3.2　改革开放以来宁波工程教育 …………………………………（ 46 ）

　　3.3　21 世纪以来宁波高等工程教育 ………………………………（ 52 ）

第 4 章　面向 2035 现场工程师培养前瞻 ……………………………（ 81 ）

　　4.1　面向 2035 工程人才培养标准前瞻 …………………………（ 81 ）

　　4.2　面向 2035 建筑工程领域发展前瞻 …………………………（ 91 ）

　　4.3　面向 2035 交通工程领域发展前瞻 …………………………（101）

　　4.4　面向 2035 现场工程师的培养要求 …………………………（112）

第 5 章　地方高校现场工程师人才培养 ···················· （114）

　5.1　地方高校产教融合障碍及其破解之道 ················ （114）

　5.2　地方高校现场工程师培养的国内经验 ················ （125）

　5.3　地方高校"双能"型现场工程师培养 ················ （138）

第 6 章　现场工程师人才培养路径 ······················ （148）

　6.1　现场工程师人才培养标准 ························· （149）

　6.2　现场工程师人才培养课程体系 ····················· （153）

　6.3　现场工程师人才培养师资队伍 ····················· （160）

　6.4　现场工程师人才培养实践平台 ····················· （168）

　6.5　现场工程师人才培养评价体系 ····················· （173）

第 7 章　现场工程师人才培养案例 ······················ （180）

　7.1　建筑学专业现场工程师人才培养 ··················· （181）

　7.2　土木类专业现场工程师人才培养 ··················· （189）

　7.3　交通工程类现场工程师人才培养 ··················· （202）

　7.4　建筑环境与能源应用工程专业现场工程师人才培养 ·········· （214）

第 8 章　现场工程师人才培养策略 ······················ （223）

　8.1　"产教""科教"双融合 ························· （223）

　8.2　政产学研一体化 ······························· （228）

　8.3　高等工程教育国际化 ··························· （240）

参考文献 ·································· （248）

第1章　高等工程教育国际比较

在知识经济时代，科学技术的进步、国家创新能力的提升，尤其是应对金融风暴的工业产业发展对策，使各国都把工程教育的研究提到了议事日程。工业化国家的工程教育改革与发展的研究和实践具有重要的借鉴作用。

1998 年在巴黎召开的世界高等教育大会上，高等教育的针对性、质量和国际化作为三大核心理念，写入了其行动纲领《展望和行动世界宣言》。高等工程教育改革与发展是一个经久不衰的国际性话题，高等工程教育的针对性、质量和国际化同样是三大核心理念。

高等工程教育是我国高等教育系统中的重要组成部分，工科专业在校生规模超过普通高等教育在校生总数的三分之一（朱高峰，2015），因此，在我国，大学国际化很大程度上是工科院校或者说是高等工程教育的国际化。在国际经济联系与合作日益密切的今天，如何培养符合国际需求的工程人才是摆在高等教育面前的紧迫问题。

1.1　美国工程教育改革

20 世纪 90 年代，以信息化、国际化、全球化为特征的知识经济和信息社会把"竞争力""创新""创业"推上了时代的风口浪尖。美国国家研究委员会、美国工程教育协会、美国工程院等权威机构，相继发表一系列重要的研究咨询报告，主要包括《驾驭风暴：美国动员起来为着更加辉煌的未来》（2006 年美国总统正式签署在其基础上形成的报告《美国竞争力计划：在创新中领导世界》)、《国家行动计划：应对美国科学、技术、工程和数学教育系统的紧急需要》、《大力推进工程教育改革》等（孙寒冰，2009），对美国工程教育改革发展产生了深远影响。

1.1.1　I/UCRC 产学研协同创新模式

早在冷战结束前，新技术革命席卷全球，美国就已经关注工程教育的改革与创新，进而确立了工程科技人才在国家发展中的战略地位。美国国家研究委员会（NRC）在 1985 年发布报告《美国工程教育和实践：未来技术与经济的基础》，对工程本科教育、研究生教育、工程继续教育、技术教育、工程界、工程与社会等主题作了深入探讨并给出相应的对策建议。

1986 年，美国国家科学理事会（NSB）发表《本科的科学、数学和工程教育》，即《尼尔报告》。该报告认为，在美国本科层次的教育中，数学、工程和科学的基本教育状况存在严重质量问题，进而对美国自然科学基金会（NSF）的定位、作用和改进提出了具体要求和建议。同时，NSF 从 1993 年开始了一项重要工作，即由其董事会国家科学理事会隔年发布《科学与工程指引》（SEI）和相应的比较分析报告。2006 年的分析报告为《美国的紧迫挑战：建设一个更加强大的基础》，2008 年的报告为《研究与开发：美国在全球经济中竞争力的实质性基础》。《尼尔报告》拉开了延续至今的美国科学、技术、工程和数学（STEM）教育改革的序幕，极大地推动了美国科技人力资源能力的建设。

美国自然科学基金会（NSF）的工程局（ENG）组建于 1981 年，专门负责资助基础研究以外的工程和工程教育研究。NSF 工程局近年的资助可分为两类，一类是对学科领域的资助，一类是跨领域的资助。

为应对来自日本和西欧国家的激烈竞争，提升国际创新竞争力，美国国家科学理事会于 1972 年启动了"实验研发激励计划"（Experimental R&D Incentives Program，ERDIP），组建了产业/大学合作研究中心（I/UCRC）协同创新联盟。当时的 I/UCRC 只是作为 ERDIP 一个组成部分开展，旨在通过大学与产业协同创新，提升国家技术竞争力。"实验研发激励计划"受到了美国政府的重视。美国政府通过重构大学、产业与政府之间新型协同创新联盟，以联邦科研资金的流向为杠杆，引导大学与产业密切联合，共同组建产学研协同创新联盟，最为典型的是美国国家科学基金会管理下的 I/UCRC 模式。在其发展过程中，通过不断创新，逐渐拓展为"州/产业/大学合作研究中心"（S/I/UCRC）模式。目前，I/UCRC 已发展成为美国最完善的产学研协同创新模式（武学超，2012）。

1.1.2　美国"2020 年的工程师教育计划"

由美国工程院（NAE）与美国自然科学基金会共同组织发起的美国"2020 年的工程师教育计划"（The Engineer of 2020），于 2001 年 10 月正式启动，目的是使未来的工程学和工程师教育适应新时期的需要。该计划得到 Honeywell 国际基金会、美国 NEC 基金会和 SBC 基金会的支持。

"2020 年的工程师教育计划"大致分为两个阶段。

第一阶段是预测和构建 2020 年工程师的共同愿景。该计划已于 2004 年完成，并发表了第一个正式报告——《2020 的工程师：新世纪工程的愿景》。报告明确指出了美国 2020 年工程师的培养目标，即美国 2020 年工程师应具备的素质是：分析能力强；实用技能；创造力（发明、创新、艺术感）；良好的沟通能力；精通企业管理原则；领导能力；崇高的道德标准；强烈的事业心；有活力、够灵活、适应能力强、弹性大；具有终身学习意识。总之，未来的工程师将渴望拥有莉莲·吉尔布莱斯的足智多谋，拥有戈登·摩尔的解决问题的能力，拥有爱因斯坦的科学洞察力，拥有毕加索的创造力，拥有莱特兄弟的坚定决心，拥有比尔·盖茨的领导能力，拥有艾利诺·罗斯福的良知，拥有马丁·路德·金的梦想以及孩子般的好奇心和求知欲。

第二阶段是在共同愿景基础之上，为工程教育制定正确的实施计划并不断完善教育策略。2005 年夏，该计划发表了第二个正式报告——《培养 2020 的工程师：为新世纪变革工程教育》。

新世纪的工程教育"现居何处、意欲何往"？是否依旧处在克兰奇（Cranch）等人在 20 世纪 80 年代所说的"没有路标的十字路口"？通过建立新世纪的工程愿景和行动纲领,美国"2020 年的工程师教育计划"为工程教育迈向 2020 年树立了路标。正如该计划委员会主席、佐治亚理工学院原院长韦恩·克劳夫(Wayne Clough)所言,"如果不马上变革,美国工程教育就会走向社会发展的边缘"(李晓强等,2006)。美国"2020 年的工程师教育计划"能使工程教育重整旗鼓。

2006 年 9 月,美国出台了一份旨在引领未来 10～20 年美国高等教育走向的报告——《美国高等教育未来规划》;2007 年 5 月,美国联邦教育部正式发布了《2007—2012 年战略规划》。时任美国总统奥巴马提出,美国欲在 21 世纪保持在 20 世纪的领导地位,就要自强,只有教育比别人强,竞争力才能比别人强。在互联网时代,美国 2/3 的新增就业岗位的就业人员要具有大学和研究生学历(周满生,2009)。

1.2　欧洲工程教育改革

1992 年欧洲共同体更名为欧盟后,欧洲的高等教育开始由多国合作向一体化迈进。为适应一体化的要求,增强欧洲高等教育在世界上的竞争力,欧洲各国进一步加强与完善高等教育区建设。

1.2.1　欧洲工程教育改革的三项计划

早在 1995 年,欧洲议会就推行了"苏格拉底项目",旨在从高等教育上促进"知识型欧洲"的建设。其目标为:(1)促进高等教育的质量发展,加强欧洲高等教育领域的合作与创造;(2)推广终身学习,以促进欧洲公民的技能和竞争力,并加强机会均等;(3)通过有效的高等教育提升欧洲公民的精神,鼓励学生学习不同的欧洲语言,促进人们更多的相互了解与尊重;(4)解决社会排斥的现象,不论学生的家庭、社会经济来源、性别,都要为他们提供平等的入学机会。

借助此项行动计划,欧盟构建并实施了一系列"主题网络"来加强欧洲工程教育的改革和发展。所谓"主题网络"，是基于某一主题而受到欧盟委员会资助的项目。其中，"欧洲高等工程教育"（H3E）、"欧洲工程教育"（E4）、"欧洲工程的教学与研究"（TREE）三个主题网络对欧洲工程教育改革与发展产生了重要而深远的影响，被视为欧洲工程教育再造的三部曲（孔寒冰，2009）。

1.2.1.1　"欧洲高等工程教育"（H3E）主题改革计划

H3E 于 1998 年 1 月应运而生，并于 1999 年 9 月完成，主要目的是通过一系列行动来开发高等工程教育的"欧洲维度"，着重解决六大问题：工程教育学习者的动机和动力是什么？工程教育的形式与核心课程应该是什么？如何保证工程教育的质量并组织鉴定？如何解决国际流动所带来的问题？如何改善教育方法和提高学生的终身学习能力？如何促进有效的继续工程教育？

H3E 由欧洲工科学生委员会、欧洲高等工程教育和研究院校大会、欧洲工程教育协会三家机构联合组成的小组来管理，并以工作组的形式采取行动。

1.2.1.2　欧洲工程教育（E4）主题改革计划

1999 年 6 月，29 个欧洲国家签署了博洛尼亚宣言，目的是整合欧盟的高教资源，打通教育体系。在 H3E 的基础上，E4 于 2001 年正式启动，2004 年结束。E4 主要开展了"开设创新课程，提高就业能力""加强质量评估和透明性以增强毕业生流动和在全欧洲的认可""欧洲工程师的职业发展""加强欧洲维度""创新教学方法"等五项行动。

1.2.1.3　欧洲工程的教学与研究（TREE）主题改革计划

H3E 和 E4 顺利完成后，欧洲工程教育界认为，工程人力资源流动、国际化学习、学位结构、学位认可、素质框架、终身学习、质量保证等问题，仍需要在欧洲层面上进行分析、执行和监控，以持续改善当前状况，推进新的最佳实践。TREE 沿着"调整欧洲的教育结构""教育和研究""加强工程教育的吸引力""可持续发展"四条主线开展行动。探讨维持工程教育机构生存的途径，包括有效发展和推进继续教育、远程教育的技术工具与手段等，同时也包括研究如何加强工程教育研究联盟。TREE 于 2004 年开始实施，2008 年结束。

1.2.2 欧洲高等教育区建设

欧洲高等教育区改革也加速了高等教育的国际化进程。欧洲之所以推进高等教育区的建设，是因为充分意识到高等教育必须为已经到来的知识经济做准备。自 2000 年 3 月里斯本理事会以来，建设知识型的欧洲就成为了欧洲高等教育区的首要目标。欧洲高等教育区的建设是通过一系列的欧洲高等教育部长会议及相关宣言或公报来体现的（姜勇，2009）。

1.2.2.1 《索邦宣言》和《博洛尼亚宣言》

在 1998 年巴黎大学 800 周年校庆上，英国、法国、德国与意大利的教育部长共同签下了《索邦宣言》（Sorbonne Declaration）。《索邦宣言》呼吁共同建设欧洲高等教育区，并提出了如下重要目标：（1）构想欧洲高等教育区的蓝图，它将使欧盟成员国、欧洲经济区成员国形成相对统一的高等教育体系，以此促进整个欧洲大学间的自由交流、职员聘用；（2）适应社会的要求和科学知识领域的发展，建设高质量、一流的欧洲高等教育体系；（3）拥有兼容性和可比性的高等教育研究系统，以提升欧洲在世界高等教育改革中的竞争力。

1999 年 6 月，欧洲 29 国的教育部长相聚在意大利的博格尼亚大学，签署了为期十年的建设欧洲高等教育区的《博洛尼亚宣言》（Bologna Declaration）。欧洲国家一致协议，在 2010 年以前实现《博格尼亚大学宪章》和《索邦宣言》中提出的目标，建立欧洲高等教育区（The European Higher Education Area，EHEA）。

《博洛尼亚宣言》有以下主要设想：（1）尊重欧洲高等教育的基本价值与多样性。（2）形成更富有兼容性的欧洲高等教育体系。建立统一的学分制度，即欧洲学分互换体系（ECTS）。（3）促进欧洲高等教育的国际化改革，以保证其在世界范围内具有竞争力，使它和欧洲的文化、科学成就一样引人注目。（4）致力于欧洲的跨国教育、资格鉴定、学分体制的流动性、质量保证等方面的协调发展。（5）采用英美的"二元制学位制度"：一级学位（学士学位）必须迎合现有的欧洲劳动力市场的需求，为其输送人才，二级学位（硕士学位及以上）必须保持严格的学术标准。（6）在建设欧洲高等教育区的同时，还需考虑到各国文化语言、教育体制、政府间合作、非政府组织等方面的差异。

1.2.2.2 《布拉格宣言》

2001 年 5 月 19 日，为进一步推进欧洲高等教育区的设想与目标，32 个欧洲国家签署了《布拉格宣言》（Prague Declaration），强调了最为紧要的几个方面：（1）高等教育区的建设必须有一个确保质量的共同框架；（2）欧洲各国的高等教育质量保障机构之间要有相互彼此承认的认证制度；（3）高等教育院校、国家机构和欧洲高等教育网络系统之间形成有效合作，以实现信息的流通；（4）鼓励各国的高等院校提出最佳的实践范例相互分享；（5）在评价过程中将终身教育纳入高等教育体系之中。《布拉格宣言》非常强调大学之间合作的重要性，特别提出要建设强有力的欧洲区域互联网，从而为欧洲高等教育的发展"架起沟通的桥梁"。

1.2.2.3 《柏林公报》

2003 年，40 个欧洲国家在德国柏林签署了《柏林公报》（Berlin Communique），进一步提出"促进欧洲高等教育区"的改革设想，明确指出它是建立知识型欧洲的重要支柱。同时，公报强调学术研究是整个欧洲高等教育改革的关键。《柏林公报》还明确指出，高等教育之品质是高等教育区发展的核心要素，因此各国形成统一的质量保障标准与方法是非常迫切的。公报还提出了如下一些具体的行动方案：（1）建立学士—硕士—博士三级学位制度；（2）设置学分累积与转换制度，以方便各国相互之间承认学位与修读年数；（3）建立高等教育的质量保障机制。

1.2.2.4 《卑尔根公报》

2005 年 5 月 19 ~ 20 日，45 个欧洲国家的教育部长及代表在挪威发表了

《卑尔根公报》（Bergen Communique）。会议集中商讨各国质量保障制度的标准及评价方法、学历之认证。由于距 2010 年高等教育区的整合还有 5 年时间，因此会议集中讨论了高等教育区的大体规划，以持续致力高等教育的质量保障体系的方案。同时公报还提出，必须实现各国学分和学历的认可，以实现学生跨国学习与流动的目标。

1.2.2.5 《伦敦公报》

2007 年 5 月 18 日，在伦敦召开了新一轮的欧洲教育部长高峰会议，发布了有重要影响力的《伦敦公报》（London Communique）。公报以"迈向欧洲高等教育区：响应全球化世界的挑战"为主旨，主要有 4 方面内容：（1）强化欧盟各国高等教育制度的兼容性及可比性；（2）建立以学生为本位的欧洲高等教育区；（3）消除跨国流动与各层级学位衔接的障碍；（4）持续举办欧洲高等教育质量保障论坛。公报还希望欧洲以外的地区也能认可欧洲高等教育区所设置的学历文凭与资格。

从《索邦宣言》到《伦敦公报》，我们可以发现欧洲高等教育区建设由外部体制到内在理念的逐步统一与协调。欧洲高等教育区的一系列改革进程无疑为世界高等教育的发展提供了有益的经验。

1.3 亚洲国家工程教育改革

知识经济的发展不仅推动了对国际化人才的强烈需求，而且造成了世界性的人才短缺和人才争夺白热化。亚洲许多国家也先后制定和实施了国际化人才培养的战略措施，各国根据本国的实际情况各有侧重。

1.3.1 日本工程教育改革

1.3.1.1 依托企业进行国际化人才培养

日本企业十分重视国际化人才的培养。一方面，许多企业以培养国际化人才为目标，如佳能公司的行为指南中第一条就是国际人主义——理解异国文化，努力成为诚实而有活动能力的国际人。另一方面，许多企业建立了比较完善的国际化人才培养体系。如日本杜邦纤维公司针对不同员工，采取短期研修、短期留学、选拔留学等不同的留学培训方式；公司特别注重培养提高员工的英语交流能力，除派员工到美国等地学习外，还开展各类英文培训。再如日本电气公司开设了国际培训中心，实施国际化教育；对国际企业人员进行语言、国际商务、国际管理、海外工程项目等培训，推动公司国际化进程；对驻外人员进行语言培训、国际实务培训、国际经营培训、外派之前集中培训，形成了较完备的国际培训体系。

1.3.1.2　重视工程教育认证

日本工程教育认证委员会（Japan Accreditation Board for Engineering Education，JABEE）成立于 1999 年 11 月 19 日。其成立宗旨是，借工程教育认证来确保日本高等工程教育机构毕业的学生具备专业工程师的基本素质，并通过提升工程教育品质和训练具有国际水准的工程师来促进社会和产业的发展。为达到此目的，JABEE 参照日本高等工程教育的制度、文化与特色，并配合产业界的需求，拟定了满足华盛顿协定（Washington Accord，WA）所认同的认证规范和实施细则，建立了一整套完善的认证机制，依据提出申请单位的属性与教育内容指定认证领域，定期培训认证委员以执行认证作业。日本于2001 年成为华盛顿协定准会员，历经 4 年的努力与成长，终于在 2005 年 6 月成为第 9 个正式会员国，也是会员国中第一个非英语系的国家。

JABEE 自 2001 年起开始对日本大学的理、工、农科等领域进行评估认证。评估的对象不是整个高等工程教育机构，而是工程教育机构的专业课程教学，主要是文部科学省认可的 4 年制本科院校的学部（也包括工业技术高等专门学校、短期大学 2 年制专攻科）的工程教育专业。这里的工程教育专业（program）不是单指某学科的课程，而是指从入学到毕业的整个教育过程以及教育环境等，是学科和课程（course）的总称。总的来看，日本的工程教育认证呈现以下三个特点：（1）认证机构紧密依靠工程实业界，具有独立性和权威性；（2）认证标准不断适应市场的需求，以产出面（outcomes）为认证重点；（3）积极参与国际合作，促进本国工程教育的国际化。

1.3.2 韩国工程教育改革

1.3.2.1 深化教育改革培养国际人才

1995 年，韩国推出新的教改方案，将教育开放视为增强教育国际化及保证竞争力的契机。教育改革的方向是：从"划一的教育"向培养素质、创意性的"多样化"教育转换，从"供给者决定的教育"向"尊重需要者选择的教育"转换，从"规章制度为主的教育"向"自律教育""参与教育"转换。改革的目的就是要造就能引导国际化潮流的人才。其实施的途径如下：一是加强国际理解教育。活跃对国际社会的地区研究，开展韩国传统教育和国际素养教育，培养对外国风俗、礼仪及传统文化的理解及互相尊重的态度，使学生成为能够主动适应国际环境，并且具有韩国传统性及国际普遍性的合格人才。二是加强外语教育。将外语教学从以语法为中心改为以会话为中心；在对学校的评估和大学升学考试中提高外语会话能力的评分比重；设立对外国语教育专用的网络有线电视（CATV），以期使韩国公民从小具备对外交流以及与外国人打交道的语言能力和基本常识。三是实施国际化教育。扩大学士课程学生去海外研修的机会，通过相互承认学分和建立校际关系活跃国与国之间学生交流工作，推广"一学期海外实习制度"，让学生在国外拿学分，从而提高学生的国际化意识。

1.3.2.2 重视开发工程教育的技术经营类课程

经营化成为韩国崭新的教育模式。技术经营化课程计划即探讨如何对技术进行管理的课程，有助于培养能够综合评价、管理国家技术力量的人才，而且在科技政策上具备更加宏观的认识。从企业的角度来看，技术经营化课程对经营者与管理者的决策很有帮助。韩国企业的国际竞争力下降的原因是，在激烈的国际竞争中，领导者没能及时应对事业与技术环境的变化。也就是说，企业不仅没有巩固科技力量，而且已有的技术优势也没能得到有效的发挥，已有的技术和新开发的技术没能转化为具有商业价值的商品。韩国也通过技术经营课程强调了注重实际经验的学习和产学研联合模式。他们通过工学院和经营学院之间学术上的沟通，建立了工学性的专业知识与经营学之间的战略联系。这种模式不同于固有的以论文为中心的教育模式，它以一种全新的将技术和实际结合起来的课程为中心。此外，各大学设置的技术 MBA 课程每年学费大约 8 万元人民币，虽然学费比较高，但课程的需求量也很大，课程的修业年限是 2 年，教育内容包括经营或技术领域的基础科目、专业科目、综合科目，学生必须获得包括毕业论文在内的 51 个学分才能毕业（宋吉缙，2004）。

1.3.3　印度工程教育改革①

自从 20 世纪 80 年代早期起，由于经济的迅速增长和工业化进程的加快，印度的工程和技术教育发展迅猛。印度科学、工业和技术的发展，尤其是在太空、核和导弹技术、计算机工程和信息科学等方面，使得其成为了世界科技大国。印度除了受中央和州政府资助的工程学院外，还有在中央和邦政府大力资助下于 20 世纪 50 年代和 60 年代产生的大量私立学院。彭慧敏（2007）的研究显示，在印度，受资助学院的成本资金的50% ~70%、经常性开支的80% ~90%来自政府。此外，印度还是最大的世界银行援助贷款的受惠国。截至 2000 年底，印度累计贷款已达 530 亿美元。例如，2002 年底，印度在全国范围内宣布一项改善技术教育的方案，这项方案从世界银行得到 155 亿卢比的资助，用来使工程学院提升到国际标准，这是印度政府为了促使工程和技术教育国际化和标准化的方案之一；在这项计划下，大约有 20 所工程学院将会成为优秀的、领先的院校中心（彭慧敏，2007）。他们将与当地的和邻近地区的院校形成一个网络，更进一步地推进技术教育的发展。

印度工程技术教育的成功经验主要有以下几个方面：

第一，自独立后政府对教育极为重视，尤其是对高等教育的投入力度

---

① 本节资料来源：彭慧敏 . 印度工程教育探析［J］. 高等理科教育，2007（6）：57 – 60。

很大。印度政府对教育的投入从"一五"计划的 1.4 亿卢比到"八五"计划的 150 亿卢比,增加了 100 多倍。1994 年的统计数字表明,印度政府对教育的预算占 GDP 的 3.8%,而我国对教育的投入只有 GDP 的 2.6%,远远低于印度以及世界平均水平(4.9%)(彭慧敏,2007)。

第二,英语作为最重要的国际用语和学术语言已被各国所承认。印度曾经是英国的殖民地,英语一直是其重要的教学语言。随着国际化、全球化、整体经济等概念被各国所接受,印度也同样加强培养工程技术人才的国际交流能力。因此他们培养出来的工程技术人才在世界范围内能够受到广泛的认可和欢迎。

第三,从学制上看,印度的工程教育具有弹性化的特点。从低层次的证书计划到高层次的博士后计划,从短期的进修、远程学习、继续教育到正规的学位教育,应有尽有。因此,它可以根据社会与市场的需求和学习者的不同需要培养各种层次的人才。

第四,印度对工程教育质量保障的监督管理体系比较完善。中央和州政府除了对直属于他们的大学进行管理之外,还通过政府机构大学拨款委员会和人力资源开发部对所有的高等院校进行监管。此外,一些法定专业团体如全印技术教育委员会(AICTE)也对其管辖范围内的院校进行定期的评估和协调。还有一些咨询机构也负责对工程教育提出意见和建议。

第2章 中国高等工程教育

航空工程的先驱、美国加州理工学院的冯·卡门教授有句名言："科学家研究已有的世界，工程师创造未有的世界"（朱高峰等，2000）。

21世纪前20年是我国实现经济增长方式根本转变、走新型工业化道路、全面建成小康社会的关键时期。在"建设创新型国家"的进程中，工程师和工程技术发挥着越来越重要的作用。高等工程教育必须以服务社会主义现代化建设为基本宗旨，以培养现代工程师为根本任务，深化改革，办出特色，提高社会贡献度。

2.1 工程与工程教育

"工程"这一概念是与时俱进的。国际上普遍接受的定义是，工程是科学的应用分支。近年来，人们普遍接受了麻省理工学院关于现代工程的定义——工程是关于科学知识和技术的开发与应用，以便在物质、经济、人力、政治、法律和文化限制内满足社会需要的一种创造性专业。

朱高峰院士指出，工程是人们综合应用科学（包括自然科学、技术科学和社会科学）理论和技术手段去改造客观世界的实践活动（朱高峰，2000）。随着科学技术的迅速发展，有更多、更完善的科学理论指导工程实践，也有更多、更先进的技术手段供工程师在实践中应用，这就产生了现代工程。现代工程所具有的科学性、社会性、实践性、创新性、复杂性等特征日益突出，其工作内容也不断扩展，从而形成了工程链（见图2.1）。人们通常提到工程化、产业化，实际上，从研究到开发、设计、制造、运行、营销、管理、咨询，或者说，从思想（方案）到形成样品、产品、商品、产业，是一个过程，是链式进行的。链条中的每个环节都有大量的技术问题、经济问题和社会问题需要工程师予以妥善解决。

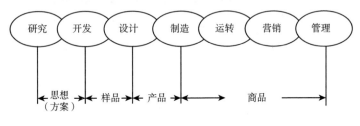

图 2.1　工程链

资料来源：朱高峰（2000）。

上述关于工程的定义，都具有权威性。也就是说，"工程"这一概念包含着丰富的内涵。

2.1.1　工程是科学的应用分支

"科学"的本源来自人类的生产与生活实践。"科学"一词起于中世纪拉丁文"scientia"，本义为"学问""知识"。在早期社会中，科学与技术是分开发展的。古希腊时代，哲学中包括着科学；中世纪，教会神学统治着科学。

第一次科学革命才使近代科学从宗教神学与哲学中完全独立出来。15 世纪下半叶，欧洲发生了资本主义替代封建制度的社会革命，与此同时，科学领域发生了第一次科学革命，其主要标志是近代天文学革命、近代医学革命和经典力学的创立。在 16 ~ 17 世纪的第一次科学革命中，哥白尼的"日心说"推翻了统治天文学 1000 多年的古希腊罗马时期托勒密的"地心说"，维萨里的"血液循环学说"取代了统治医学界 1000 多年的古希腊罗马时期盖伦的"三灵气学说"。1543 年，哥白尼的《天体运行论》和维萨里的《人体的构造》同时发表，使近代科学从此与中世纪神学分道扬镳。1687 年，牛顿的科学巨著《自然哲学的数学原理》面世，结束了古希腊亚里士多德力学的统治地位。这部在全部科学史上具有划时代意义的著作使科学从古典哲学中分离出来。18 世纪 60 年代起，科学与技术经由原始混合，继而人为分离，又走上了同源合流的道路，成了产业革命的向导和核心。

20 世纪初，以爱因斯坦和波尔为代表的、以相对论和量子理论为主要标志的第二次科学革命，冲破了牛顿力学的束缚，由物理学迅速扩展至整个科学界，使人们的科学观念又一次发生了重大变革。

一般地说，"工程"一词源自拉丁文"ingenium"，意为天赋、能力或发明。工程（engineering）和工程师（engineer）都含有"巧妙的设计"之意。《辞海》对"工程"的释义为：工程是将自然科学的原理应用到工农业生产部门中去而形成的各学科的总称。如土木建筑工程、水利工程、冶金工程、机电工程、化学工程、海洋工程、生物工程等。这些学科是应用数学、物理学、化学、生物学等基础科学的原理，结合在科学实验及生产实践中所积累的技术经验发展而来的。① 从对中西"工程"一词的词源分析来看，创造、发明、设计和建造是工程的最古老含义（王沛民等，1994）。

科学属于认识范畴，工程则属于实践范畴，两者有同源同构异途之别（见表 2.1）。

表 2.1　　　　　　　　　　　　　科学与工程区别

项目	科学	工程
目的	认识世界，丰富知识宝库	利用自然，增加物质财富
对象	解决"是什么""为什么"等，重在研究发现	解决"做什么""怎么做"等，重在创造发明
性质	动力来自兴趣，目标相对不确定，科学研究的自由度较大，个体性强	动力来自功利，工程活动目标相对确定，集体性强
方法	偏重于归纳分析和逻辑推演	侧重于综合方法，视实际情况而折中
答案	单解——正确与错误，成果体现为科学论文	多解——注重效益与效率，成果表现为有经济价值的产品

实际上，科学与工程的区别是相对的。从心理学角度，工程问题的求解

---

① 辞海编辑委员会. 辞海（缩影本）[M]. 上海：上海辞书出版社，1999：618.

过程，即辨识情境—陈述目标—产生观念—拟订计划—采取行动，同样大体见诸科学研究。19 世纪以来，科学与工程进一步联盟。"科学技术化"反映了工程技术对科学发展的基础作用，科学研究在很大程度上依赖于工程技术的现状和需要。"技术科学化"则反映了现代科学对工程发展的推动作用，电力技术、无线电技术、计算机技术、原子能技术和激光技术等几乎都是先有科研上的突破，继而转化为工程技术成果的。由此可见，工程并非科学知识的简单应用，两者是相辅相成、相互促进的。

2.1.2 工程是一种专业

社会发展需要工程专业，其与别的专业有着各自的分工。工程包括设计、试验、制造、运行、管理、营销等诸多方面，是一个为了满足社会功利目的而展开的创造过程。

1852 年，美国工程和技术鉴定委员会（ABET）的前身工程师专业发展委员会（ECPD）把工程定义为，"一种专门性职业，从事这种职业的人，需要把通过学习、研究和实践所获得的数学和自然科学知识应用于开发并经济有效地利用自然资源，使其为人类造福"（ABET，1986）。1928 年，英国土木工程师协会成立，标志着土木工程已成为了一种专业。工程专业的出现需要严格界定工程概念，该协会章程最初把工程定义为"利用丰富的自然资源为人类造福的艺术"（Mayne R et al，1982）。

2.1.3 工程以工程技术为手段

《简明大英百科全书》认为，工程是应用科学知识使自然资源最佳地为人类服务的一种专门技术。实际上，工程不全是技术。

工程是一种古老的文明活动，现代工程始自近代工业革命的兴起和工程专业的出现，其基本含义是按照人类的目的而使自然界人工化的过程（王沛民等，1994）。工程，从物质对象看，历史上先有土木工程、机械工程、电气工程、化学工程以及工业工程等；从结果考察，工程是指具体的建设项目或工程产品和服务；从手段看，工程主要表现为技术，运用技术的原理概念和方法，使之与物质手段结合，实现自然人工化；从知识形态看，现多指工程科学，包括技术的、设计的、生产的等。

技术也是一个复杂概念。希腊文"技术"（techne）原指个人的技能、技艺。亚里士多德最先区分科学与技术。他认为，科学是知识，技术是人类活动的技能。随着工业革命的兴起，技术有了两个含义：一是活动方式本身（技能），二是代替人类活动的装备。随后，人们又把技术活动的物质手段视为技术的主要标志，称技术是劳动手段的总和。19世纪中期以来，科学再度走到生产技术的前面。据此，有人把技术看作科学理论的运用或自然规律的有意识运用。当代，高新技术的巨大冲击，使"技术整体说"占据了上风——技术不仅包括属于主体要素的经验技能和科学知识，也包括属于客体要素的天然物和人工物。技术不只是一种静止的实体概念，也是一种动态的过程概念。因此，技术存在于自然人工过程之中，是实现自然人工化的手段（远德玉，1986）。

古代，技术主要掌握在直接从事生产劳动的工匠手里。产业革命是以机器大生产为主体的工厂制度代替以手工技术为基础的手工工场的革命。18世纪60年代，英国首先开始产业革命。1769年，瓦特的具有历史意义的专利被批准。蒸汽机的发明，迎来了近代史上的第一次技术革命，瓦特成了第一次技术革命的旗手。19世纪电磁学的创立为电能的开发和应用奠定了理论基础。从19世纪70年代开始，电能在人类社会生产和生活中广泛应用，开始了以电能的开发与应用为主要标志的第二次技术革命。电动机、电灯、电话、电视、无线电通信技术、内燃机等相继发明，惠及全人类。20世纪发生第三次技术革命，有着多方面的社会原因。现代生产力发展和现代文明发展的需求是其根本动力，现代科学的巨大成就是其坚定的理论基础，科学技术的社会化是其社会保证。当然，战争与对抗也是刺激新技术产生与发展的重要因素。在第三次技术革命中，能源、材料、机电、建筑、军事等传统技术得到巨大发展，同时，核能、计算机、激光和空间等高新技术不断产生，推动着整个社会向前发展。

工程与技术既有联系又有区别。工程与技术同属实践范畴，都在于改造世界，反映了人对自然的能动作用。工程是改变自然物的运动与状态的实践过程，但技术，尤其是工程技术则是推动工程实践的有力手段。工程包括技术与非技术两个方面。在当代工程领域，工程师不仅要承担主要的技术责任，还必须就其技术承担经济、法律与道义上的义务与责任。

2.1.4 工程是科学又是艺术

工程与艺术有着不解之缘。"建筑是凝固的音乐"，形象地表达了建筑与艺术的关系。

艺术是"人类以情感和想象为特征的把握世界的一种特殊方式。即通过审美创造活动再现现实和表现情感理想，在想象中实现审美主体和审美客体的互相对象化。"艺术根据表现方式，可以分为表演艺术、造型艺术、语言艺术和综合艺术；根据表现的时空性质，可以分为时间艺术、空间艺术和时空并列艺术。[①]

人们说工程是艺术，是强调工程既要包含实用的成分，又要体现审美的成分；强调工程师在进行工程活动时，既要运用抽象思维，又要开展形象思维。

2.1.5 工程教育的含义

世上有工程活动，便有工程经验；有了工程经验，就有传习与交流的工程教育，因此，工程教育与工程活动一样源远流长。

关于工程教育的定义，众说纷纭，莫衷一是。王沛民先生曾断言："试图给工程教育下个简单定义常常是徒劳的"（王沛民等，1994）。他认为，工程的理想是以其产品和服务造福人类，工程教育则是为社会造就合格工程人才以实现工程的理想。长期以来，人们揭示工程教育内涵的探索过程从未停歇。有专家提出，工程教育就是针对未来和现在的工程技术人员进行的教育（刘

---

① 辞海编辑委员会. 辞海（缩影本）[M]. 上海：上海辞书出版社，1999：674.

西拉，2006）。朱高峰院士提出，工程教育指的是工程技术人员所应接受的全面素质教育，包括道德养成、能力训练、理论知识传授和实践水平提高（姜嘉乐，2005）。这两个定义均简洁，且各具特点。从下定义的视角分析，前者是从"教"的角度提出的，后者是从"学"的角度提出的；从属性看，前面说明了工程教育的对象；后者则揭示了工程教育的内容，且具有强烈的时代性。

在自然科学范畴中，存在着科学和工程技术两大系统。从教育角度考察，工程技术系统所需要的人才应当由工程教育体系和职业技术教育体系来承担。与其他教育相比，高等工程教育是以培养工程技术人才为主要任务的专业教育，包括学历工程教育和继续工程教育。这一定义包含如下四层含义。

（1）高等工程教育的本质属性是培养工程技术人才。培养目标是一个与时俱进的概念。按照目前比较流行的观点，高等工程教育培养工程科学家（或称研究型工程师）、设计开发工程师、制造工艺工程师或营销管理工程师。在大力推进素质教育的今天，高等工程技术人才应当是全面发展的，包括知识增进、能力提高和素质提升；应当是具有全局观的，即不仅有较强的技术应用能力，而且有可持续发展能力。

（2）高等工程教育的三项社会职能。工程教育以培养工程技术人才为主，同时履行科学研究和社会服务职能，积极为经济建设、社会发展作出必要的贡献。

（3）高等工程教育隶属于专业教育。高等教育主要实施专业教育。根据下定义的规则："定义＝种差＋属概念"，专业教育是属概念。

（4）高等工程教育的外延可以分为学历工程教育与继续工程教育。学历工程教育在资源上分为专科、本科、研究生三级。继续工程教育则分为：工程师职前教育，即大学毕业后的见习期实践教育，使之逐渐成为一名合格的工程师；工程师职后教育，即为提高效能而接受的多种在岗进修教育；转岗教育，即为担任新的工作职务、履行新的工作职能而接受的教育。工程教育从最初重视工程经验到重视工程科学再到重视工程实践，大致经历了三个发展阶段。最后一阶段就是以麻省理工学院提出的回归工程为标志，并且对工程作了明确的定义，强调"工程是关于科学知识的开发应用以及关于技术的开发应用在物质、经济、人力、政治、法律和文化限制内以满足社会需要的一种有创造力的专业"（国家教委工程教育考察团，1996）。

这里强调了"工程"不再是原来意义上某一门专业或者一门学科，而是一个复杂的系统工程，涉及方方面面的知识。在这种大工程观理念下，要求培养出来的现代工程师应该具有能设计和开发复杂的技术系统以解决工程实际问题的能力；具有较强的经营和管理能力，并与他人合作的精神；面临科技的飞速发展能够用跨学科知识解决问题的能力等。这些要求使长期以来只注意培养工程师技术能力的我国高等工程教育面临了新的挑战，因此我国高等工程教育在发展中必须树立大工程观意识，明确培养的人才不仅是工程科学型和工程技术型人才还要是具有工程背景的其他领域人才，注重培养具有科学思维品质和创新能力的现代工程师。

2.2　中国高等工程教育发展

古代工程教育兴于艺徒制。第一次工业革命使机器大工业替代了工场手工业，中世纪的艺徒制也随之逐渐衰微。1747 年，法国波旁王朝时期创办的国立桥梁公路工程学校，被称为现代工程教育的起点。19 世纪中叶起，工程教育开始走上正轨并蓬勃发展。

高等工程教育是培养高级工程技术人才的专门教育。它是近代以来为适应西方产业革命的兴起而产生发展起来的。中国的高等工程教育起步较晚，萌芽于 19 世纪末，形成于 20 世纪初，至今有 100 多年的历史，并经历了效法日美、学习苏联、培育中国特色和创新发展等四个阶段。

2.2.1　效法日美为主阶段

1840 年鸦片战争爆发后，中国人第一次感受到了科学技术的强大威力。此后，中国人开始对自然科学和工程技术有了新的认识。为抵御外辱，一些有识之士纷纷提出学习西方先进的科学技术，提出了"师夷之长技以制夷"的观点。晚清至新中国成立以前的高等工程教育先后以学习日本、美国为主。

2.2.1.1　清末以学日本为主

自清同治元年（1862 年）到光绪二十一年（1895 年），清政府所设学校有两类：其一是专门学习外国语的学校，如京师同文馆（1862 年创办）等。其二是培养新式技术人员和海陆军人才的学校，重要的有江南制造局附设机械学堂（1865 年）、福建船政学堂（1866 年）、湖北矿务局工程学堂（1890年）等。这类学校的宗旨是注重实用人才的培养，培养目标非常明确，在许多方面已具有一般工程教育的性质，这突出表现在课程设置上。《严几道年谱》记述了 1867～1871 年间福建船政学堂的课程："同治六年丁卯（1867年），先生十五岁入马江学堂肄业，所习者为英文、算术、几何、代数、解析几何、割锥、平三角、掀三角、代积微、动静重学、水重学、电磁学、光学、音学、热学、化学、地质学、天文学、航海术等。"①可见，这一时期所设新式学堂已经呈现某些工程教育的特征。但是那时科举未废，对新式学校，"世家子弟，皆不屑就"。一般人追求的仍然是科举功名。

甲午战争给中国思想界的影响是巨大的。1895 年，大官商盛宣怀奏请设立天津中西学堂。是年 10 月，天津中西学堂正式创立，分头等学堂及二等学堂两种。据盛氏自称，头等学堂即外国所谓大学也。头等学堂分土木、机械、采矿、律例四门，学制四年。二等学堂实为中学。这标志着现代意义的工程教育在中国诞生（舒新城，1961）。1903 年，学堂更名为北洋大学堂，后为国立北洋大学，是现今天津大学的前身。在兴"西学"、办实业、振兴民族经济、争取国富民强的时代潮流推动下，高等工程教育逐步兴起。1898 年开办的京师大学堂，拟设工学，1910 年正式设置工学，其提出"中西并重"。该大学堂重视西学，而不局限于西文西艺的办学原则，其意义不可低估。1897年，杭州太守林启奏办求是学院，该学院 1920 年后开设工科，1928 年更名为

---

① 转引自：朱有瓛. 中国近代学制史料（第一辑上）［M］. 上海：华东师范大学出版社，1989：443。

浙江大学。

中国近代第一个由政府颁布的章程是张百熙于 1902 年拟定的《钦定学堂章程》，亦称《壬寅学制》。章程第一章第四节规定，"高等学堂虽非分科，已有渐入专门之意。应照大学预科例，亦分政艺两科"（舒新城，1961）。同时颁布的"京师大学堂章程"第二章第二节规定，"工科之目八，一曰土木工学，二曰机器工学，三曰造船学，四曰造兵器学，五曰电气工学，六曰建筑学，七曰应用化学，八曰采矿冶金学"（舒新城，1961）。这是我国第一次对工科科目的分类。

光绪二十九年（1903 年）学制重订，旧制废除，另颁《奏定学堂章程》，亦称《癸卯学制》，这是我国正式实施的第一个学制，一直沿用到清朝灭亡。"中学为体、西学为用"的办学宗旨，成为高等学校统一的教学政策。《癸卯学制》第二章第一节规定，"高等学堂学科分为三类，第一类学科为预备入经学科、政法科、文学科、商科大学者治之；第二类为预备入格致科大学、工科大学、农科大学者治之；第三类为预备入医科大学者治之"（朱有瓛，1987）。此外还将工科各学门应设之课程、学科程度乃至每星期授业时间，均具体加以规定，且比较详细。自此，工科大学在我国开始有其正式地位。

《癸卯学制》主要以日本的学制为蓝本，当然也参考了欧美各国的学制。张百熙认为，"以求才之故而本之学校，则不能不节取欧美日本诸邦之成法"（张百熙，1984）。陶行知在《中国建设新学制的历史》一文中指出："日本学制，因那时国情及文字关系，最易仿行，故光绪二十八年的学制，特受日本的影响……二十九年的学制，对于日本学制，更加抄得完备。虽修改七次，终少独立精神"（陶行知，1921）。那时政府鼓励留学日本，因此留日学生人数很多，对教育界产生很大影响。"最初的新式教育，全是留学日本的产品"（实藤惠秀，2012）。例如，江南制造局附设工艺学堂就是以日本大阪工业学校为蓝本的；北洋大学的创立，则完全是受日本的刺激并仿日本而建立的。这一时期的另一个特点就是具有强烈的依附性。当时，学堂大都请外国人担任总教习，许多课程由外国教师讲授，教科书、教学内容与教学方法都采用西方国家的。此时我国的工程教育尚缺少独立精神。

随着学制的颁布，工科有了较大的发展。表2.2列示了1907～1909年我国高等工程教育发展的部分情况。

表 2.2　　　　　　1907～1909 年高等工业学堂与学生人数、所在省份

年份	高等工业学堂数（所）	学生数（人）	所在省份
1907	3	449	直、苏、粤
1908	7	1184	直、苏、浙、湘、川、粤、桂
1909	7	1136	直、奉、苏、浙、湘、川、粤

资料来源：国家教委工程教育考察团. 回归工程·多样化·宏观管理——赴美考察报告 [J]. 高等工程教育研究，1996（1）。

综上观之，这一时期，一批高等工业学堂的建立、奏定学堂章程的颁布、科举的废止、学部的设立、教育宗旨的颁布以及各省教育行政机关的设立等，标志着我国工程教育已确立其正式地位并初具规模，是谓我国工程教育形成时期。

2.2.1.2　民国时期以学美国为主

1. 1927 年以前

辛亥革命后，孙中山先生主张提倡科学，以实业建国。教育总长蔡元培积极进行教育改革，1912年10月公布的《大学令》规定大学分文、理、法、商、医、农、工七科。次年颁布《大学规程》，把工科分为土木工学、机械工学、船用机关学、造船学、造兵学、电气工学、建筑学、应用化学、火药学、采矿学、冶金学等十一门。后来又颁布《专门学校令》（1917年），规定工业专门学校分为十三科：土木、机械、造船、电子机械、建筑、机织、应用化学、采矿冶金、电气化学、染色、窑业、酿造及图案科等。可见，民国以后，实业教育更为重视，且各项规定较清末更为具体，这就推动了工程教育的发展（刘文渊等，1991）。

该学制仍然以日本学制为主要蓝本。蔡元培1912年在《全国临时教育会议开会词》中承认，"至现在我等教育规程，取法日本者甚多。此并非我等苟且，我等知日本学制本取法欧洲各国"。至1915年，反对之声渐起，"我国学

制仿自日本。数年来，不胜其敝"①，"我国现行学制与日本现行学制，实无甚出入，竟可说是完全一样"，"行之十年，觉得其中不妥之处很多"（俞大同，1921）。

民国以后，清末的高等实业学堂纷纷改称为工业专门学校。同时又增设一些工业专门学校，如同济医工专门学校、中法工业专门学校、福中矿务专门学校、河海工程专门学校、南通私立纺织专门学校等。民国初期的工业专科学校与学生数见表 2.3。

表 2.3 　　　　　　1912～1916 年我国工业专科学校数量与学生人数

年份	工业专科学校数（所）	工科学生数（人）	工科学生占学生总数（%）
1912	10	2312	5.8
1913	10	2394	6.5
1914	13	2488	7.7
1915	13	2588	10.6
1916	11	1807	8.9

资料来源：教育部. 第一次中国教育年鉴（丙编）［M］. 上海：开明书店，1934：145－146。

1922 年 11 月，中华民国教育部正式公布了《学校系统改革案》（即《壬戌学制》）。《壬戌学制》主要参照了美国学制，当然也注意了我国国情。其中规定大学设数科或一科均可，单设一科者称某科大学校。大学修业年限 4～6 年，施行选科制，取消大学预科制。这个学制比较简明可行，所以这个学制除了在学分制、课程等方面有所改动外，基本上沿用到新中国成立。新学制颁布后，由于对大学的限制放宽，许多工业专门学校纷纷升格为大学或并入其他大学为工科。唐山工专、南洋工专、同济医工专、北京工专等均于此时期改为大学。

当时国内工程教育虽不太发达，但国外留学生却以习工程者为最多。那时政府鼓励学生学习工程，甚至规定派往美国的"庚款"留学生中，"以十之八习农工商矿等科，以十之二习法政、理财师范诸学"（舒新城，1929）。这对

---

① 教育部通告各省教育会. 征集学校系统应否改革意见案［M］//朱有瓛. 中国近代学制史料（第三辑上）. 上海：华东师范大学出版社，1990：56.

以后我国工程教育的发展影响较大。

2. 1928～1949 年

1927 年北伐胜利，国民政府感于前一阶段"文重实轻"的畸形发展，制定了提倡理工的方针。1928 年 7 月公布《大学组织法》及《专科学校组织法》，8 月又公布《大学规程》和《专科学校规程》。根据新颁布的规程，各大学的工科改为工学院，工科大学均改为国立工学院。如北京工业大学改为北平大学第一工学院，唐山大学改为交通大学唐山土木工学院，南通纺织大学改为南通工学院等。新设立的有国立武汉大学工学院、广西省立广西大学工学院、吉林省立吉林大学理工学院、私立岭南大学工学院等（刘文渊等，1991）。1929 年 4 月，国民政府公布的教育宗旨中强调教育要"充实人民生活""发展国民生计"，并在实施方针中指出，"大学及专门教育，必须注重实用科学，充实学科内容，养成专门知识技能，并切实陶融为国家社会服务之健全品格。"[①] 这一方针的颁布，进一步提高了工程教育的地位，对工程教育的发展产生较大影响。1932 年，国民党中央政治会议又通过了改革教育的初步方案，决定"改革大学文法等科，发展实科"。正是在此背景下，清华大学等校建立了工学院。1928～1947 年，全国理工科学生人数逐年增加（见表 2.4），而文法科学生人数相对减少。

表 2.4　　　　　1928～1947 年专科以上理工学校在校学生数比较　　　　单位：人

科别	1928 年	1929 年	1930 年	1931 年	1932 年	1933 年	1934 年	1935 年	1936 年	1937 年
理科	1910	2101	2872	3530	4159	4722	5324	6272	5485	4458
工科	2777	3144	3734	4084	4439	5263	5910	5514	6989	5768
科别	1938 年	1939 年	1940 年	1941 年	1942 年	1943 年	1944 年	1945 年	1946 年	1947 年
理科	4802	5828	6090	6302	5852	6099	6099	6177	9091	10060
工科	7321	9501	11226	12584	13129	14582	15947	15047	24389	27579

资料来源：《第二次中国教育年鉴（统计编）》。

从洋务派的"中体西用"、维新派的"中西会通"，直至辛亥革命后的"西论"，都是近代高等教育改革与发展的指导思想。"西学东渐"的主要渠

---

① 教育部 . 第一次中国教育年鉴（甲编）［M］. 上海：开明书店，1934：16.

道有二：一是部分驻外官员和留学生的积极引进，如第一任驻英法大使郭嵩焘、驻日参赞黄遵宪、留学生严复等；二是部分西方传教士的传播与介绍，如丁家立、李提摩太等。"五四"前后，中国教育界受美国影响很大，杜威、孟禄等来华讲学，不少留学生归国，都直接影响了当时中国教育思想与实践。

高等工程教育也随全国高等教育事业波动发展而发展，但正如陶行知所说，"我国兴学以来，最初仿效泰西，继而学日本，民国四年取法德国，近年特生美国热，都非健全之趋向。学来学去总是三不象"（陶行知，1921）。旧中国由于帝国主义侵略，社会政治腐败，民族工业落后，工程教育时而效法日、德，时而模仿美、英，具有很大的依附性，发展缓慢，道路曲折。

2.2.2 "学习苏联"为主阶段

自新中国成立之初到1966年，我国高等教育经历了三次大改革，一是1952年的院系改革，二是1958年的"教育大革命"，三是1962年的"调整、整顿"。这17年中，高等工程教育的发展历经了"全盘苏化"和"自我探索"两个时期。

我国第一个五年计划的基本任务之一是，"集中主要力量进行以苏联帮助我国设计的156个建设单位为中心的、由限额以上的694个建设单位组成的工业建设，建立我国的社会主义工业化的初步基础"。[①] 这就使高等工程教育也随之进入了"以苏为师"阶段。该时期可细分为1949～1952年的准备时期和1952～1956年的实施时期。据统计，1949年，全国高校211所，其中高等工业学校（含专科）仅33所，占15.6%；在校生11.7万人，工科在校生3.03万人，占25.9%。[②]

1952年，为适应社会主义建设发展的要求，教育部制定了高等学校全面调整方案，高等工科院校则是调整的重点之一。根据"以培养工业建设人才和师资为重点、发展专门学院、整顿和加强综合大学"的方针，国家接管了

---

① 王杰，等. 新中国初期建立高等工程教育体系的探索 [J]. 高等教育研究，2003（2）：43-47.
② 中国教育年鉴（1949-1981）[M]. 北京：中国大百科全书出版社，1982：239.

教会学校，撤销了私立大学，按照国民经济建设需要调整学校布局与专业设置，形成了综合大学、多科性工业大学和单科专门学院三种类型学校。这次调整共涉及近 140 所高校；其中高等工科院校的调整力度最大，调整后为 30 所，分为多科性工业高等学校和高等工科专门学校两大类。至 1953 年全国高校减为 182 所，工科院校为 39 所，占 21.4%。至 1957 年底，历时 7 年的高校调整工作基本结束；全国共有高校 229 所，其中工科学校 44 所，占 19.2%；共设置专业 323 种，其中工科 183 种，占 56.7%。①

1953 年 7 月，高等教育部的《稳步进行教育改革提高教学质量的决议》提出，高等教育改革的方针是学习苏联先进经验，并与中国实际情况相结合。②总之，新中国成立之初，在学习苏联经验的背景下，国家加强了对高等教育的统一领导，包括统一培养目标、统一专业设置、统一学制、统一招生、统一培养、统一考试、统一分配，纳入了高度统一的计划经济轨道。高等工程教育也随之建立了相适应的教育体系。

1957 年以后，中苏关系恶化，我国高等教育开始探索自己的新路。先是 1958～1960 年的"高教大跃进"，继而是 1961～1965 年的"调整、整顿"。1958 年开始的"教育大革命"，将生产劳动引入高等学校，甚至发展到以生产劳动替代教育活动。鉴于"教育大革命"带来的混乱与问题，1960 年 11 月中央文教小组提出了"调整、巩固、充实、提高"的方针，并要求全国高校都"定规模、定任务、定方向、定专业"，进入"调整"时期。1961 年 9 月《中华人民共和国教育部直属高等学校暂行工作条例（草案）》（简称高教"六十条"）制定与发布，体现了"调整"的主要标志和成果。这一时间国家努力探索符合中国实际的办学道路，对工程教育的改革与发展起了积极促进作用。

有专家指出，1957 年开始的高教探索只是对"苏联模式"的"修正"，是"偏离"而不是"否定"③。1958 年的"教育大革命"所"革"的主要是教学制度，而且，在 1961 年之后的"调整"过程中，"教育大革命"前的教

---

① 中国教育年鉴（1949—1981）［M］. 北京：中国大百科全书出版社，1982：239.
② 中华人民共和国教育大事记（1949—1982）［M］. 北京：教育科学出版社，1984：81.
③ 潘懋元. 中国高等教育百年［M］. 广州：广东高教出版社，2003：79.

学制度又一定程度得到了恢复。因此，我国高教制度中的"苏联色彩"始终浓厚，且至今依然可见。

2.2.3　培育中国特色阶段

教育的发展取决于社会政治经济的稳定与发展状况。"文革"期间，我国经济濒于崩溃，高等工程教育也遭到严重破坏与挫折。1978 年，党的十一届三中全会、全国科学大会、全国教育工作会议等系列重要会议召开。高等教育改革在多元借鉴的基础上，进行了建设中国特色高等教育体系的伟大实践，并取得了举世瞩目的成就。改革开放以来，尤其是 1992 年初邓小平同志发表南方谈话和召开党的十四大以后，我国社会主义现代化建设进入了新的历史时期。高等工程教育也迎来持续健康发展时期并取得了历史性突破和跨越式发展，充分展现了中国特色。如今，我国已经成为工程教育大国，并正向工程教育强国迈进。

这一时期高等工程教育呈现两大主要特征。一是高等工程教育人才培养规格得以显著提升，工科类研究生教育得到快速发展。工科类招生数 1977 年到 1985 年增长了近 3 倍（陈聪诚，2019）。二是高等工程教育培养目标日渐明晰，对专科、本科、研究生层次的人才培养目标和各个层次人才的基本规格、学习年限、训练要求作出明确界定，并要求高等工程教育必须主动适应经济和社会发展需要（陈聪诚，2019）。

教育部在 1983 年召开的"高等工程教育层次、规格和学制的研究"专题研讨会上，论证了高等工程教育不同层次人才培养的目标，指出专科层次的工程教育是培养工程技术应用人才，本科层次的工程教育是使学生获得工程师的基本训练，研究生层次的工程教育是培养工程师。随后于 1984 年 4 月下发《关于高等工程教育层次、规格和学习年限调整改革问题的几点意见》，确定了各个层次人才的基本规格、学习年限、训练要求（蔡映辉，2008）。

2.2.4　当代发展创新阶段

中国高等工程教育经历了新中国成立初期的起步探索、改革开放以来的快速发展阶段，从 1987 年开始进入调整优化期。这一时期工科类高校和工科学生数增幅较大，国家注重高等工科类应用人才培养。工科类高等院校数在 21 世纪后呈现大幅上升态势（陈聪诚，2019）。

随着我国经济、政治、文化、社会以及生态文明五大建设的全面推进，高校的学科和专业设置不断优化，以适应工业化、信息化、城镇化、市场化、国际化的深入发展。我国本科专业目录从 1987 年开始，经历了 1993 年、1998 年、2012 年四次较大的修订和调整。高等工科专业数量也由 1987 年的 372 个专业，发展到 1995 年高峰期的 410 个，2005 年调整为 215 个，到 2012 年又调整为 169 个专业（不含特设专业），先升后降，最后逐步规范趋于合理。[1] 此外，国务院学位委员会分别于 1997 年 4 月和 2011 年 2 月分别通过了《工程硕士专业学位设置方案》和《工程博士专业学位设置方案》，高等工程高层次应用人才的培养不断得到强化。在此期间，高等工程教育更加注重高等工科类人才培养的教学质量，通过建设工程（技术）研究中心、重点实验室、强化本科（工科）教育教学改革项目建设等，不断破解实践教学和工程训练不足的现实问题（陈聪诚，2019）。

高等工程教育进入 21 世纪后，更为快速地发展，在高等教育中占有较大比重，截至 2019 年 7 月，我国工科本科有 31 个专业大类、201 种专业，全国普通本科工科专业点数为 19447 个，在校生人数 551 万，毕业生人数 125 万，本科工科毕业生人数约占世界总数的 38%，[2] 展现了高等工程教育的大国崛起。与此同时，也通过大力发展和不断普及高等工程职业教育、开展高等工程类的高层次专业学位教育，来调整优化高等工程教育的层次结构，适应产业的变化发展、转型升级和结构优化。

2017 年起，教育部积极推进新工科建设，努力探索领跑国际的中国工程教育模式。2018 年 9 月，教育部、工业和信息化部、中国工程院发布《关于加快建设发展新工科实施卓越工程师教育培养计划 2.0 的意见》，指出将经过五年的努力，形成中国特色、世界一流工程教育体系，进入高等工程教育的

---

① 资料来源于教育部网站，依据历次专业设置文件整理。
② 资料来源于教育部高教司吴岩在 2019 年 10 月 26 日 "2019 国际机械工程教育大会" 的报告。

世界第一方阵前列。

新中国成立 70 年来的高等工程教育改革史，也是一部伴随着知识生产模式的转型变革史，从教育规模、教育结构、教育模式、教育外部环境与内部环境的融合、课程与教材变革、实验实训实习与工程研究、产学合作的互动等，都适时作出了调整、革新、升级，尤其在学科与专业的设置、教育与学习的形式、人才培养的模式、能力发展的方向等方面不断进行反思变革。我国高等工程教育发展受到多重逻辑的交织作用，既积极适应外部社会、经济、科技等的变化，也不断变革并契合内部人才培养改革的新需求及新方向（陈聪诚，2019）。

新经济发展对工程教育提出了新挑战和新要求（吴爱华，2017）。一是需要我们面向未来，围绕互联网、云计算、大数据、物联网、智能制造、电子商务、移动医疗服务、云医院、互联网安全产业、智能安防系统等新兴产业和业态，布局新兴的工科专业。二是工程科技人才需要具备更高的创新创业能力和跨界整合能力，适应以绿色、智能、泛在为特征的群体性技术革命的"学科交叉融合"特征。三是需要建立更加多样化和个性化的工程教育培养模式，适应当代青年互联网"原住民"的特征，探索"互联网＋""智能＋"工程教育模式，为个性化培养提供技术支撑。

2.3 时代呼唤培养现场工程师

21 世纪是走进知识经济的时代，经济全球化、新技术革命正在迅猛推进。根据我国建设小康社会、建设创新型国家的宏伟目标，社会主义现代化建设急需各级各类人才。为迎接工业经济和知识经济的挑战，高等工程教育又一次面临着难得的发展机遇。

2.3.1 现实背景

工程教育是综合国力的"指示器"。我国于 2001 年加入世贸组织

（WTO）以后，已全面参与了经济全球化的过程。当前，我国正处在农业社会向工业社会转变的过程中。众所周知，工业化这个历史阶段不可逾越，因此，必须切实搞好工业化，走新型工业化道路。

2.3.1.1　经济全球化

进入 21 世纪，发达国家正由工业经济社会向知识经济社会转化。在知识经济时代，科技已成为推动经济增长的主要动力，知识和智力已成为经济发展的主要资源和生产要素，知识的生产、创新、传播和应用已成为经济社会发展的核心，提高劳动者素质和培养高素质创新型人才已成为经济社会发展的关键。

随着知识经济的兴起，以工业经济为背景的工程教育改革已成为当代高等教育改革的重中之重。各国工程教育纷纷进行流程"重组（re-engineering）"。20 世纪 90 年代以来，美国高等工程教育界掀起了"回归工程"的浪潮。比如，1994 年，美国工程教育协会（American Society for Engineering Education，ASEE）发表了《面对变化世界的工程教育》的报告；同年，麻省理工学院的工学院院长乔尔·摩西（Joal Moses）发表了《大工程观：工程综合教育——MIT 工学院 1994 ~ 1998 长期规划》一文；1995 年，美国国家科学基金会（NSF）发表了《重建工程教育：集中于变革——NSF 工程教育专题讨论会报告》。这一系列的报告集中体现了一个思想，那就是面对迅速变化的世界，工程教育必须改革，而改革的主要方向是要使建立在分化的学科基础上的工程教育回归其本来的含义，更加重视工程的系统性和实践性。有人把这种思想称为"大工程观"。乔尔·摩西（Joal Moses，1994）解释说，"大工程观的术语是对为工程实际服务的工程教育的一种回归，而与研究导向的工程科学观相对立。"

据此，我国高等工程教育亟待深化改革，赶上潮流。

2.3.1.2　新技术革命

20 世纪后期开始的新技术革命，主要包括信息、生物、纳米、航空、新能源和新材料等，对现代经济产生了巨大的影响。其中，最具有代表性的、对经济社会起全面性影响的是信息技术。新技术革命为经济发展由粗放型向集约型经济转化提供了可能性，为我国优化产业结构、全面发展企业技术注入了新的活力。

未来中国经济社会发展将受到日益严峻的资源、能源、环境和信息的约束。为应对挑战，必须依靠技术创新，以保障资源和环境的可持续发展；必须依靠技术创新，建立与之相适应的产业技术支撑体系，大幅度提高企业创新能力和产业素质，优化产业结构，强化工业的国际竞争力，为长期可持续发展奠定坚定基础。在这一过程中，高等工程教育负有义不容辞的责任。

2.3.1.3 建设创新型国家

2006 年初，党中央、国务院作出了"建设创新型国家"的重大战略决策，开始部署实施《国家中长期科学和技术发展规划纲要 （2006—2020年)》。2006 年 1 月，胡锦涛同志在 21 世纪召开的第一次全国科技大会上指出，"要创造良好环境，培养造就富有创新精神的人才队伍"①。这充分说明了国家从宏观战略角度对创造性人才培养给予高度重视。同年 3 月，第十届全国人大四次会议通过了《国民经济和社会发展第十一个五年规划纲要》，提出要实施科教兴国战略和人才强国战略。该纲要指出，要把"高等教育发展的重点放在提高质量和优化结构上，加强研究与实践，培养学生的创新精神和实践能力"。

2.3.2 现代工程师的内涵

高等工程教育的改革发展方向是建立起中国特色的高等工程教育体系。其中，明确培养目标——培养现代工程师是首要课题。

2.3.2.1 五代工程师的划分

近代工程师的概念始于 18 世纪末。从瓦特发明蒸汽机开始，迄今工程师

---

① 胡锦涛在全国科学技术大会上的重要讲话 ［EB/OL］. http：//www. gov. cn/ldhd/2006 - 01/09/content_152487. htm.

的概念大致经历了五代（见表 2.5）。这是 2000 年华沙世界工程教育大会上比较认可的划分。

表 2.5　　　　　　　　　　五代工程师的划分

代数	持续时间	特点
第一代	18 世纪末～19 世纪中	多才多艺
第二代	19 世纪中～20 世纪初	专业化
第三代	20 世纪初～20 世纪中	非常专业化
第四代	20 世纪中～20 世纪 70 年代	部分专业化和部分系统化
第五代	20 世纪 70 年代～20 世纪末	研究与实践交叉

资料来源：刘西拉. 从土木工程领域看 21 世纪的工程教育 [J]. 高等工程教育研究，2006（3）。

　　第一代工程师的特点是多才多艺，作为一个工程师什么都能干。第二代工程师的特点是专业化，但专业分工还是比较粗的。第三代工程师所面临的整个工程技术已到了非常专业化时期，且重在人工计算。20 世纪中叶，计算机的出现改变了这种状况，随之出现了第四代工程师，其特点是一部分工程师开始注重研究系统，即不仅搞较细节化的分析，又强调系统化的把握。20 世纪 70 年代以来，第五代工程师因势出现，工程师在研究与实践领域呈现了交叉特点。

　　面对科技的迅速发展，尤其是信息全球化的推进，按照国际上通行的说法，21 世纪是第六代工程师的时代。也就是说，21 世纪的高等工程教育要培养现代工程师。

2.3.2.2　现代工程师的要义

　　新中国成立初期，工科院校把培养工程师作为办学目标，原清华大学校长蒋南翔曾经称"清华大学是培养工程师的摇篮"。清华师生都以此自誉，全国高校均以此为美谈。1959 年，国家制定的科学规划中开始强调科学，不重视工程技术，从此，我国出现了强调科学、技术靠引进的趋向。张光斗院士指出，现在学校培养的不是工程师的"毛坯"，而是工程科学家的"毛坯"（张海英，2005）。

　　现代工程师是新世纪高等工程教育所培养的适应现代化建设和个性发展

需要的工程实践能力与创新能力强、素质高的工程技术人才。这一要义具有四个特点。

1. 属概念——工程技术人才

高等工程教育所培养的人才主要有四类：一是具有专深理论基础和较强技术创新能力的工程科学家、研究开发人员；二是具有扎实理论基础和较强工程实践能力的工程师、设计师等；三是具有一定专业知识和较强技术背景的职业型人才，如高级技师、高级技工等；四是具有工程技术背景和较宽知识面的技术经济、工程管理和服务型人才等（张彦道等，2005）。这四类人才依次可简称为工程科学家、设计开发工程师、制造工艺工程师和营销管理工程师。对新建的应用型工程本科院校而言，主要是培养第二类与第四类工程师，这也是本书所要阐述的重点。

2. 本质属性之一：适应现代化建设需求

现代工程师是相对于"过去的工程师"而言的，即相对于计划经济时期所培养的工程师而言的。"过去的工程师"被称为"狭窄于技术"的工程师，仅注重技术领域的设计、开发与制造加工。在社会主义市场经济条件下，现代工程师在强化"技术"应用开发的基础上，还要把握"六合"环境下的实践与创新。

（1）合法。现代工程实践与创新必须在法律约束下进行，即必须"合法"。"该不该做"，这是一种最强硬的约束。法制既指党和国家的法律法规，又指区域的发展规划，也包括即时性的政策指令。如果不合法，工程实践与创新就毫无意义。反过来说，政府通过法律和政策调整，营造一种鼓励创新的法制环境，将会产生首要的导向作用和有力的激励作用。

（2）合情。人文环境的作用丝毫不亚于法制环境，两者共同指向"可不可做"问题。据此，工程实践与创新活动要"合情"。人文是一个多层次多因素的复杂环境，其深层部分是文化精神，包括思想、意识和观念等。发扬人文精神，尤其是区域人文精神，营造尊重劳动、尊重知识、尊重人才、尊重创造的社会氛围对工程实践与创新的重要性不言而喻。

（3）合拍。人类正面临着生态的巨大挑战。工程实践与创新活动无视生态环境的约束将是目光短浅的活动。考虑生态可行性是要解决"能不能做"

的问题。与生态环境"合拍",是工程实践与创新人才最人道的基础使命。

(4)合算。经济环境对工程实践创新的约束包括两个方面:一是有无经济实力来支撑,二是"值不值得做",后一个问题牵涉到经济效益和经济效率问题。就某一项具体的工程实践与创新工作来说,更多地需要考虑"合算"问题。合适的经济环境既具有基础性,更具有价值性。

(5)合成。技术环境有广义与狭义之分,其焦点是"技术可行性"问题。所谓"技术可行性"是指在不违反规律的条件下,工程实践与创新人才运用知识和技能解决技术问题的可能性。工程实践与创新人才在科技环境中要解决"会不会做"的问题,要善于技术"合成"与技术创新。因此,提供合适的基于技术平台的科技环境具有关键作用。

(6)合用。工程实践与创新最终要以技术产品的市场实现为前提,即产品能否为市场所接受,"要不要做"是解决"合用"问题。因此,工程实践与创新人才首先必须正确识别市场需求的动态特征,努力寻找潜在市场。同时,市场的需求不仅仅是对产品性能的需求,也包括对技术支持和服务的需求,据此,工程实践与创新人才也需要在技术支持和技术服务等方面让顾客满意。可见,营造市场实现环境具有检测性作用。

3. 本质属性之二:适应个性发展需求

教育目的是决定教育发展方向的深层因素。20 世纪以来,教育史上曾出现过三种教育目的观——实用主义教育目的观、人文主义教育目的观和社会本位教育目的观(徐挺,2003)。人的发展是教育的终极目标。据此,高等工程教育必须遵循"双重服务"原则——既适应经济社会发展的需求,为国家现代化建设服务,又适应个性发展的需求,为工科学生成长、成才服务。

4. 工程实践能力与创新能力强、素质高

现代工程师的培养要求是基础理论和专业知识扎实,工程实践能力和创新能力强,综合素质高。在计划经济时期,国家的建设目标是赶超,是不计代价的,因此对工程的要求是国家需要什么就开发制造什么,只算政治账,不算经济账。

在建设小康社会和创新型国家过程中,党和政府高度重视培养大学生的实践能力与创新能力。

1998 年 12 月，国务院批转了教育部制定的《面向 21 世纪教育振兴行动计划》，其中提出实施"高层次创造性人才工程"，高校要积极参与国家创新体系建设，跟踪国际学术发展前沿，成为知识创新和高层次创造性人才培养的基地；要造就一批具有世界先进水平的中青年学术攻坚人才。

1999 年 6 月，召开了第三次全国教育工作会议，对教育在国家创新体系中的作用与地位进行了重新确定，明确了教育的基础性、战略性地位；强调了人才培养的创新意识，强调要全面推进素质教育，教育要培养学生的创新能力和创新思维，要为国家创新体系建设作出贡献。

2001 年 8 月，教育部出台《关于加强高等学校本科教学工作提高教学质量的若干意见》，提出要进一步加强实践教学，注重学生创新精神和实践能力的培养。

2005 年 1 月，教育部发出《关于实施研究生教育创新计划，加强研究生创新能力培养，进一步提高培养质量的若干意见》，对研究生创新计划的指导思想、组织实施等作了明确的规定，提出要通过设立研究生创新中心、资助优秀博士生科研创新、建立博士生访学制度、设立博士生学术论坛、开设研究生暑期学校等措施，提高研究生的创新精神和创新能力。

2007 年 2 月，教育部出台《关于进一步深化本科教学改革全面提高教学质量的若干意见》，提出要推进人才培养模式和机制改革，着力培养学生创新精神和创新能力。

为此，"培养现代工程师"应当成为工科院校及工科专业最主要的培养目标。只有这样，国家才能自立于工业化社会与知识经济社会之林。

2.3.2.3 卓越工程师教育培养计划

按照统筹谋划、试点先行、有序推进的要求，我国首推高等工程教育改革。2010 年 6 月 23 日，教育部在天津召开了新一轮高等工程教育改革启动会，实施了"卓越工程师教育培养计划"。

此前的 2004 年，以"工程师塑造可持续发展的未来"为主题的世界工程师大会在中国召开。时任清华大学副校长龚克的观点代表了相当一部分专家学者的声音："工程师塑造可持续发展的未来"的主题告诉我们，"工程师"

对于人类的未来是多么重要，同时也告诉我们"工程教育"对于人类的未来是何等重要。

2006 年，国务院发布《国家中长期科学和技术发展规划纲要》，目标是到 2020 年，我国的自主创新能力显著增强，科技进步对经济增长的贡献率大幅上升，进入创新型国家行列。这是国家发展战略的核心，是提高综合国力的关键。企业创新能力薄弱的根源在于科技研发投入不足和创新机制缺乏活力，关键因素是创新型工程科技人才匮乏。推进工程教育改革，培养创新型工程科技人才，提升我国工程科技队伍的整体创新能力，成为摆在教育界、企业界、科技界面前的当务之急。2006 年开始，教育部委托清华大学工程教育研究中心、浙江大学科教发展战略研究中心开展工程师培养国际比较研究；2009 年 6 月起，教育部相关负责人到工程院所调研、研讨创新型工程人才培养；2009 年 9 月，教育部组织调研燕山石化、北京地铁等国有大型企业；2009 年 10 月，教育部听取各类高校的建议和意见。

2010 年 6 月，中国工程院、教育部宣布联合成立"卓越工程师教育培养计划专家委员会"，工程教育改革的号角正式吹响。"卓越工程师教育培养计划"已列入《国家中长期教育改革和发展规划纲要》。

"卓越工程师教育培养计划"的主要目标是，面向工业界、面向世界、面向未来，培养造就一大批创新能力强、适应经济社会发展需要的高质量各类型工程技术人才，为建设创新型国家、实现工业化和现代化奠定坚实的人力资源优势，增强我国的核心竞争力和综合国力；同时，以实施该计划为突破口，促进工程教育改革和创新，全面提高我国工程教育人才培养质量，努力建设中国特色、世界水平的现代高等工程教育体系，促进我国从工程教育大国走向工程教育强国。面向工业界，就是要主动适应工业界的需求，为中国特色新型工业化发展服务，为国家经济社会可持续发展服务；面向世界，就是要服务我国"走出去"战略，为工业界开拓国际市场提供源源不断的具有国际竞争力的工程技术人才；面向未来，就是要有战略眼光和前瞻意识，培养能够满足未来发展需要、能够适应和引领未来工程技术发展方向的工程师。

"卓越工程师教育培养计划"的总体思路是，以走中国特色新型工业化道路为契机，以行业企业需求为导向，以工程实际为背景，以提升学生工程实践能力、工程设计能力和工程创新能力为主线，通过加强高校和行业企业的合作、制定人才培养标准、改革人才培养模式、建设高水平工程教育师资队伍、扩大对外开放，着力培养高素质工程师后备人才。该计划具有三大特点：一是行业企业参与，二是强化实践能力培养，三是注重标准引导。

工程界的共识是，"工程：永无止境的转变"。在我国伟大的现代化建设进程中，应用型工程学院教育的培养目标也将是一个不断演进的命题，需要不断的探索和实践。

第3章 高等工程教育宁波经验

3.1 新中国成立后宁波工程教育

从 1949 年新中国成立到 1976 年"文化大革命"结束,是宁波工程教育的曲折前进时期。该时期大致可分为五个阶段:国民经济恢复时期(1949~1952 年)的接管改造;"一五"期间(1953~1957 年)的稳步前进;"大跃进"期间(1958~1960 年)的盲目发展;60 年代初期(1961~1965 年)的调整停步;"文革"期间(1966~1976 年)的完全停顿。其间,成功与失败均有,经验与教训并存。

3.1.1 历史背景及其概况

1949 年新中国成立,1953 年大规模经济建设开始,社会对工程教育有很大的需求,工程教育应该进入黄金时期。但宁波的工程教育在艰难中起步,在曲折中前进,实际的发展情况并不理想。

3.1.1.1 新中国成立初期宁波工程教育

新中国成立前夕制定的《中国人民政治协商会议共同纲领》规定,"中华人民共和国的文化教育是新民主主义的,即民族的、科学的、大众的文化教育。人民政府的文化教育工作,应以提高人民的文化水平,培养国家建设人才,肃清封建的、买办的、法西斯主义的思想,培养为人民服务的思想为主要任务。"① 这就为新中国成立后的教育确定了指导思想。

经过十四年抗战和三年内战，我国的各级各类学校大多校舍残缺、设备简陋、经费困难。1949 年下半年，中国人民解放军各市县的军管会和市县人民政府按照"维持现状、稳步改造"的方针，接管原有中等职业学校，并有步骤地进行整顿和改造。1949 年 12 月 6~11 日，浙江省职业学校工作会议在杭州召开，会议对职业学校教育的方向提出意见：办职校是为了学生就业，而不是为升学；课程在切实有用的基础上予以适当变动；要与生产劳动相结合；增加工农班。省立宁波高级工业职业学校第二年即迁到杭州，与省立杭州高级工业职业学校、私立大陆高级测量职业学校合并组成浙江省工业干部学校，后与杭州纺织工业学校合并改名杭州工业学校。鄞县县立商业职业学校（即宁波公立甲种商业学校）改为宁波市立财经学校。宁波私立业余无线电工程学校登记备案后，1952 年起停办。另有一所鄞县私立崇实商业职业学校 1954 年改办私立崇实中学，地点在云石街，1956 年改公立，更名为宁波市第二初级中学，即宁波市第八中学的前身。

接着，因向苏联学习而来的高等院校"院系调整"，也波及中等专业学校。1952 年和 1954 年，政务院两次发布关于整顿、发展和改进中等专业教育的指示，本着"发展中级技术学校为主，设校与分科逐步走向专门化、单一化"的原则进行调整，使中等技术学校适应国家"一五"计划建设的需要。为此，宁波公立甲种商业学校的校名、隶属关系几经变化，直至 1960 年以浙江省宁波冶金工业学校之名迁到建德县为止。该校虽以工业经济为主，但在20 世纪 50 年代已经办起了冶金等工科专业。50~60 年代，宁波还办起了宁波农业学校、宁波卫生学校、宁波商业学校等中等专业学校，但没有办一所新的正规的工科学校。

1958 年，中共中央正式提出了"教育为无产阶级政治服务，教育与生产劳动相结合"的教育方针，各类学校开始掀起以勤工俭学、教育与生产劳动相结合为中心的教育革命高潮。在"大跃进"运动背景下，高等教育事业跟

---

① 本章中的引文引自：余起声. 浙江省教育志 [M]. 杭州：浙江大学出版社，2003；张斌. 浙江教育史 [M]. 杭州：浙江教育出版社，2006。

着大发展。各地力图以专区（市）为单位，分别形成工、农、医、师门类相配套的高校体系。于是，在缺少必要条件、缺少准备的情况下，宁波市的高等教育高速发展。1956 年创办的宁波师范专科学校升格为宁波师范学院；宁波农业学校改办宁波地区农业专科学校，1960 年与宁波农科所和宁波农具研究所合并，创建了宁波农学院；1958 年，宁波卫生学校在中专的基础上创办了宁波医学专科学校，1960 年升格为宁波医学院。1960 年 9 月，宁波工学院建立，次年更名为宁波工业专科学校，成为宁波教育史上的第一个高等工程学校。

紧随着"大跃进"的是困难时期的到来。1961 年起，贯彻中共中央提出的"调整、巩固、充实、提高"方针，根据教育部于同年 7 月在北京召开的全国高等学校及中等学校调整工作会议精神，停办了一批办学条件较差的高校。宁波工学院 1962 年 7 月即停办，其他高校也陆续停办。

1962 年起，宁波工程教育硕果仅存的是还留下了一些技工学校、成人教育类学校的工科专业。如果说，在 1961 ~ 1965 年的调整时期，其他省区市、城市的工程教育处于"巩固提高"的状态，那么，宁波市的工程教育已经是停滞不前了。

3.1.1.2　"文革"十年期间的教育

1966 年 5 月至 1976 年 10 月的"文化大革命"运动是一场浩劫，给教育事业造成了严重破坏。浙江省的高等学校连续 4 年停止招生，高等学校数由 13 所撤并为 7 所，大多数中等技术学校相继停办。

在这种情况下，原本就十分萧条的宁波工程教育更是一片空白。因"文革"期间，两种教育制度被作为"修正主义教育路线的产物"遭到批判，宁波市不仅没有高等与中等工程教育，连技工学校与成人教育也难以为继，各类技工学校全部停止招生，有的直接改为工厂。直到"文革"后期的 1974 年，才有宁波技工学校恢复。

3.1.1.3　宁波工程教育滞后析因

新中国成立到改革开放以前，宁波的高等教育包括工程教育长期处于后进状态。其中的原因主要有以下几点：

一是地域因素。宁波地处海防前线，从新中国成立至改革开放前夕，宁波的城市基础建设、大型工业发展都受到严格控制，当时的情况是能不发展的项目尽量不发展，这自然直接影响到高等教育。

二是政策因素。1949~1976 年的近 30 年中，宁波高等教育的发展历程无不受政策的影响。50 年代初期高等学校的院系调整和中等专业学校的整顿，使宁波两所历史悠久的工业学校（省立宁波高级工业职业学校和宁波冶金工业学校）先后迁出宁波；60 年代初期因经济困难产生的"调整"政策使宁波工学院等高校停办；"文化大革命"甚至还冲击了"夜大"和中等技校，宁波工程教育几乎一片空白。

三是认识因素。改革开放以前的宁波经济以农业、手工业为主，工业发展缓慢，当时各级领导的注意重心均在农业上，对工业发展的人才需求难以预测，特别是对改革开放以后宁波成为重化工业基地、经济发展重镇的前景缺乏估计。当办教育遇到一些困难时，首先停办的也是工程类院校，这就直接影响了高等工程人才的培养。

3.1.2 宁波高等工程教育首次尝试

从 1949 年新中国成立到 1976 年"文化大革命"结束，宁波高等工程教育进行了首次尝试，其代表是 1960 年开办又于 1962 年停办的宁波工学院。

宁波工学院是 1958 年"大跃进"形势下的产物，1960 年 1 月筹办，同年 9 月 10 日开学，院址为江东曙光路（后宁波海洋学校校址）。当时宁波地委对此校特别重视，由中共宁波地委书记阎世印兼任院长，王田夫、虞文俊任副院长，张立谟任党委书记。从工厂和学校抽调了适合到高等学校工作的领导干部和教员，并吸收了一批应届毕业的本科大学生，教职工达 86 人，其中专任教师 38 人。学院设机械、化工、电机、船舶 4 个系，有动力机械制造、通用机械制造、海洋化工、无机物化学、电机制造、电器制造、船舶制造、船机制造等 8 个专业。其中海洋化工专业是当时国内首建的。

学制分 4 年制本科、3 年制大专、3 年制中专三种。当年招本科生 8 个班，其中向宁波市内工厂企业招生 4 个班，面向浙江省招生 4 个班，每班 30 人；专科 8 个班，每班 30～50 人。第一届招收本科生 214 人、大专生 140 人、中专生 118 人，总共 472 名学生。学生第一年学基础课，每周劳动两天，机械系还开设了实习工厂，有车、刨、钻等机床。学院的培养目标是"又红又专的技术员"。

1961 年，中共宁波地委根据国家"调整、巩固、充实、提高"的八字方针，压缩工学院规模，从 4 个系缩减为 2 个科，由 8 个专业减为海洋化工、船舶制造 2 个专业，裁减专科生，保留学生 229 人，并将宁波工学院改名为宁波工业专科学校，学校搬到广仁街（后宁波八中校址）。

1962 年 7 月 18 日，宁波工业专科学校撤销停办。当时还有学生 187 人，师生根据从哪里来到哪里去的原则，于当年 9 月安置完毕。1963 年 2 月撤销办事机构，结束全部工作。不少教师分配到中学任教，改革开放后宁波相继办起了以工科为主的浙江工学院宁波分院、宁波高等专科学校，其中一些教师回到了高等学校工作。1983 年，根据教育部和浙江省教育厅文件精神，给 282 名学生补发了毕业或肄业证书。

该校尽管办学时间很短，但毕竟是宁波高等工程教育迈出的第一步，不少领导与教师从中获得了经验和教训。其中一部分人员重回高等工程学校工作时，这些经验和教训发挥了一定的作用。

3.1.3　宁波中等工科学校及工科专业

新中国成立初期，宁波中等工科学校的代表是宁波冶金工业学校，但 1960 年即迁出宁波。另外还有几所时间办得不长的中等工业学校及技工学校、成人学校等。

3.1.3.1　宁波冶金工业学校*

新中国成立后，已有 35 年办学历史的鄞县县立商业职业学校由宁波市军

---

* 资料来源：嘉兴学院官网。

管会接管，校名定为宁波市立财经学校，任务为培养宁波地区急需的初、中级财经干部。该校多次易名，隶属关系也几经变化：1953年为全国合作总社领导的宁波会计统计学校；1954年更名为中央人民政府重工业部宁波工业会计统计学校；1955年又改名为冶金工业部宁波工业经济学校。其时，浙江省属于中央有关部门管理的中等专业学校有5所，分别是：杭州水力发电学校（电力工业部）、杭州化学工业学校（重工业部）、宁波工业经济学校（重工业部）、丽水林业学校（林业部）、中央美术学院华东分院附属中等美术学校（文化部），由此可见宁波工业经济学校的重要地位。1957年，该校由冶金工业部和宁波市双重领导，校名为浙江省宁波冶金工业学校。1960年迁校到建德县梅城镇，改为浙江省冶金工业学校，是年在校学生639人，教职工84人。

改革开放后，地处建德的浙江省冶金工业学校改为浙江冶金经济专科学校，由中国有色金属工业总公司领导。1987年9月迁移至嘉兴市。1992年4月，按原国家教委统一规范改名为浙江经济高等专科学校。1998年7月，学校管理体制调整为"中央与浙江省共建，以省管理为主"。1999年与嘉兴高等专科学校、嘉兴教育学院等合并为本科大学嘉兴学院。应当说，宁波冶金工业学校是嘉兴学院最早的源头。

3.1.3.2 其他院校*

1949～1976年，尽管宁波正规的工程教育发展很不顺利，但还有其他性质的工科学校，如中专性质的浙江梅山制盐工业学校、宁波农业学校、宁波水产学校，技工学校性质的宁波技工学校、宁波交通技工学校，成人教育性质的宁波职工业余大学等。1958年"大跃进"高潮中，这类全日制中等专业（技术）学校和技工学校迅猛发展，又随着国民经济调整进行大幅度的调整压缩。

1. 浙江梅山制盐工业学校

1960年在镇海梅山岛（现属北仑区）创办的浙江梅山制盐工业学校，招

---

* 3.1.3.2节中涉及学校的资料未提供来源的，均由笔者调研过程中相关人员提供。

收初中毕业生，属于普通中专性质，由省轻工业厅主管，并拨给经费，面向浙江全省招生。原计划设置海洋化工、海洋气象、电机、制盐 4 个专业。第一学期设制盐一个专业，当年招收 37 人，第二年被撤销的萧山纺织学校学生 30 多人并入。有教师 12 人，大多为宁波去梅山劳动的高中毕业生。1961 年根据调整方针停办，学生回家自谋职业，教师由宁波市教育局分配工作。

2. 宁波农业学校

宁波农业学校创办于 1950 年 9 月，定名为浙江省立宁波农业技术学校，办学宗旨是培养具有一定专业理论知识、又有一定实践操作能力、愿为农村经济服务的科技与管理人才。校址原设在奉化溪口武岭学校，后几经变迁，1958 年设在宁东回龙桥。1964 年 9 月，宁波农校与宁波农科所、宁波农机所、宁波农场一起，以四合一的形式，办半农半读的中等农业技术学校。有农学、农业会计、土地规划、林业等专业，其中的农业机械专业，即为工科专业。该校为后起的浙江农村技术师范专科学校和浙江万里学院奠定了基础。

3. 宁波水产学校

1958 年 9 月创办的鄞县水产技术学校，当年开设养殖一个专业。1959 年春改名宁波水产学校，校址在鄞县莫枝镇，为省办市管的中等专业学校，由浙江省水产厅拨经费，招收应届初中毕业生。1959 年有渔捞、轮机、养殖、加工 4 个专业，教职员 17 人，学生 168 人，其中轮机班是宁波海洋渔业公司为提高职工技术素质委托学校办的，有学生 38 人。1961 年 4 月，因贯彻"调整、巩固、充实、提高"的方针而停办。

4. 宁波技工学校

宁波技工学校创办于 1958 年 5 月，当时为宁波市劳动局工人技术学校，地址在解放桥北塊。1962 年曾停办，1964 年恢复，开设车、钳、锻、铸等专业，至 1965 年底，培养学生 200 多名，为宁波市工矿企业职工队伍技术水平的提高起到一定作用。1965 年，宁波市将学校定为半工半读试点，同年 11 月划归宁波市教育局主管，并改名为宁波第一工业技校。1969 年停办，1974 年恢复技校，归属市机电局管理。①

---

① 资料来源：宁波技师学院官网。

5. 宁波交通技工学校

原名浙江汽车驾驶技工学校宁波分校，于 1974 年创办，后改名为宁波交通技工学校，隶属于浙江省交通厅，地处鄞江镇。设有汽车驾驶班、汽车修理班。学校经费由省交通厅和自筹资金解决。

6. 宁波职工业余大学

宁波职工业余大学成立于 1960 年，由宁波市总工会主办，当时将全市 20 余所职工业余大学合并而成，是全省第一所独立建制的成人高校，地址在市区崔衙巷。1960～1970 年间，专职教职工约 55 人，兼职教师约 80 人。设有大专、中专、高中、初中及高小 5 个学段。其中大专阶段有 4 个专业，工科专业有建筑、机械、电机。至 1966 年，有建筑专业毕业生 19 人、机械专业毕业生 67 人、电机专业毕业生 28 人。1966 年 5 月起停课，1970 年 5 月停办。1979 年复校。①

3.2 改革开放以来宁波工程教育

1976 年以后，经过拨乱反正，我国进入了改革开放的新时期。宁波高等教育从一片空白的状态下重新起步。1976 年 11 月到 1985 年 8 月，宁波地区农学院、浙江工学院宁波分院、宁波高等专科学校、宁波大学、浙江水产学院宁波分院等包含工程专业的高等学校先后开办，其中宁波高等专科学校是宁波当时唯一以工程教育为主的高校。经过 20 年的发展和提高，到 1998 年，宁波市基本形成以宁波大学为主的本科教育、宁波高等专科学校为主的专科教育，以及中等专业学校、成人高校、成人中专、技工学校等组成的比较完整的工程教育体系。

3.2.1 历史背景及其概况

"文化大革命"结束后，教育战线经过恢复、整顿，进入改革发展的新时

---

① 资料来源：宁波职业技术学院官网。

期，学校工作从"以阶级斗争为纲"转移到以教育为中心的轨道上来。各级党委和政府加强对教育工作的领导，学习贯彻邓小平《关于教育战线的拨乱反正问题》指示，按照中央统一部署，清除"左"倾错误的影响。中共十一届三中全会以后，教育被列为经济、社会发展的战略重点之一，宁波市的高等教育包括高等工程教育在内，进入新的发展阶段。为适应经济建设和社会发展需要，同时也是为了满足广大民众的需要，积极重建和新建高等学校，恢复高考制度，扩大招生规模，成为教育界的一项重要任务。以浙江省为例，1977 年，全省高校仅 11 所，除杭州外，只有温州、金华、舟山、临安等少数城市有高校；到 1989 年，全省普通高等学校拥有综合、理工、农业、林业、医药、师范、财经、政法、语言、艺术以及短期职业大学共 11 种类型的大学，合计 40 所，各地级市均有了高等学校。①

宁波市的发展速度更快一些。1976 年 11 月，浙江省批准在宁波农业学校的基础上开办宁波地区农学院，1977 年 11 月改名为浙江农业大学宁波分校。此校以农科为主，但也开设机电等工科专业，1984 年改为浙江农村技术师范专科学校。1979 年初，浙江工学院宁波分院创办，属 3 年制大学专科，这是继 1962 年停办的宁波工学院以后，宁波又一所完整的工科高等专科学校。但1982 年即停办，后在此基础上转办浙江纺织工业学校。1983 年，又一所以工科为主的高等专科学校——宁波高等专科学校开办，最初设置的工科专业为建筑工程，后增加了化学工程、电子技术、机械工程。1985 年，宁波第一所综合性大学宁波大学成立，标志着宁波高等教育进入了提升发展时期，第一个工科专业是土木工程，接着又办起了电子工程和计算机技术、机械工程专业等。1985 年，浙江水产学院宁波分院成立，其中工科专业有海洋船舶驾驶。

至 20 世纪 90 年代初，宁波市高等工程教育已经有了一定的规模，形成了以宁波大学的本科工程教育、宁波高等专科学校的专科工程教育、浙江农技师专与浙江水产学院宁波分院也有工科专业这样一个格局。到 1990 年，宁波市有高校 5 所，在校学生近 5000 人，工科专业占一半左右。②

---

① 资料来源：由笔者调研过程中相关人员提供。
② 资料来源：宁波市教育局官网。

进入 90 年代以后，宁波高等学校进入了稳步发展的阶段。宁波大学、宁波高等专科学校的工程教育逐步扩大，至 1998 年底，宁波市本专科学生 1.2 万多人，在校学生比 1990 年增加 1 倍多；专任教师 1104 人，其中正高级职称教师 43 人，副高级职称教师 249 人。① 工科教育约占整个高等教育的 2/5。在这个时期，除了进一步扩大规模以外，各个高校更追求内涵的提升，如探索高校为地方服务的途径，力争专业与地方支柱产业和主导产业紧密结合；加强学科建设，多出科研成果，为设立硕士点、博士点做准备；建设示范性高等专科学校，逐步形成具有宁波特色的应用型人才培养模式等。此种种努力，为宁波高校的进一步发展奠定了基础。

另外，宁波市还有一批中等专业学校、成人高校、技工学校，也培养了一大批工科的人才和合格的技术工人。

3.2.2　宁波工程类院校

1976 年底起，宁波市除恢复宁波师范专科学校外，还大力发展其他高等学校。现按创办时间先后，对宁波市各类工程学校及工程专业做简单的介绍。

3.2.2.1　浙江农村技术师范专科学校

1976 年 11 月，浙江省批准在原宁波农业学校的基础上建立宁波地区农学院，是新时期宁波市开办的第一所高等院校。第二年 11 月，改名为浙江农业大学宁波分校，校址设在鄞东回龙桥，占地 250 亩。1984 年 11 月，根据浙江省师范教育发展的需要，改办浙江农村技术师范专科学校，为全省职业技术学校培养师资。全校设有 3 个系 6 个专业，学制 3 年。属于工科类的有电工电子、机械、农机 3 个专业。此校毕业生大多成为浙江省职业技术学校教师，很多成为教学和管理工作的骨干。此校以后成为浙江万里学院的基础。②

---

① 资料来源：宁波市教育局官网。
② 资料来源：浙江万里学院官网。

3.2.2.2　宁波高等专科学校 *

1983 年 2 月，宁波市委、市政府决定成立宁波大学筹备领导小组，5 月 11 日，得到省政府的批准，确定在校学生规模为 500 人，校址西郊文化路后河巷，占地 140 亩。学校设置地方急需具有特色的应用学科，为宁波的经济和社会发展服务，当年即招收建筑工程、经济管理 2 个专业的学生。地方办高校受到各级领导的重视和支持，中央教育部确定该校为联邦德国援助我国合作建设 4 所高专项目中的一所。为了与国际接轨，加强与联邦德国高等职业技术教育的友好合作，时任浙江省省长薛驹提议将校名改名为宁波高等专科学校，学校性质确定为以工科为主的综合性地方大学，由宁波市人民政府领导。宁波市从此有了以工程教育为主的大学。

以后宁波高等专科学校的工程教育发展顺利。除建筑工程外，逐步增加了化学工程、电子技术、机械工程等工科专业。20 世纪 90 年代后期，宁波高等专科学校还成为全国示范性高等专科学校。土木工程、机械加工工艺、计算机应用与维护等专业成为教育部教改试点专业。该校 2004 年升本为宁波工程学院。

3.2.2.3　宁波大学 *

1984 年 12 月，原籍宁波镇海县庄市的香港环球航运集团主席包玉刚先生决定捐资兴建宁波大学。1985 年 1 月，浙江省政府批文同意创办宁波大学，校址为镇海半路张，占地 1050 亩。当时确定该校受国家教育委员会与浙江省人民政府双重领导。

1985 年 10 月 29 日，宁波大学奠基典礼隆重举行。1986 年招收 5 个系的本科生 280 名，其中工科专业有土木工程；接着又陆续增加了计算机技术、机械工程、电子与电气工程、化学工程、建筑学等专业。宁波大学按照综合大学的自身规律与宁波建设的需要，开设了文、理、工、经、法众多学科，逐步形成了综合性大学的规模。1996 年，宁波大学、宁波师范学院、浙江水

---

　* 资料来源：由笔者调研过程中相关人员提供。

产学院宁波分院合并，组建新的宁波大学，为宁波大学进一步发展创造了良好条件。

3.2.2.4 浙江水产学院宁波分院

浙江水产学院宁波分院创建于 1985 年 8 月，校址在姚江文教区育才路，占地 87.6 亩。1988 年开始招生，主要培养水产和航运等方面的高级技术人才，其中属于工科专业的有海洋船舶驾驶专业，建立了航海、航艺、导航仪器、海员基本技能训练、主机、副机等实验室，此专业填补了浙江省航运系统人才培养的短缺。1996 年，浙江水产学院宁波分院并入宁波大学。①

3.2.3 宁波中等工科学校[*]

"文化大革命"结束后，随着国家建设对人才的迫切需求，中等教育结构单一化的情况开始改变，大力发展各类中等职业技术学校，中等职业技术教育步入持续、健康发展的轨道。

3.2.3.1 浙江宁波机械工业学校

浙江宁波机械工业学校创建于 1978 年 6 月，直属浙江省机械工业厅领导，是一所培养机械工业技术与经济管理人才的全日制中等专业学校。建校初期，学校设在解放桥北堍，当年招生 194 人，分机械制造、农业机械 2 个专业。1983 年以后增设工业企业管理、财务会计专业。后学校迁姚江文教区，占地 37 亩，有实习工厂一个，有物理、电工、力学、微机、金相、液压、技术测量等实验室。

3.2.3.2 宁波海洋学校

宁波海洋学校创办于 1980 年，是国家海洋局直属的我国第一所多学科性的海洋中等专业学校，校址在江东区曙光路，占地 107 亩。学校重点培养从

＊ 3.2.3 节中涉及学校的资料由笔者调研过程中相关人员提供。
① 资料来源：由笔者调研过程中相关人员提供。

事海洋科学考察、海洋环境监察与预报、海洋管理和海洋应用技术方面的中等技术人才,招收初中毕业生,学制 4 年。至 80 年代末期,有海洋水文气象、海洋环境监测和保护、电子技术应用、电子计算机应用、船舶无线电技术、船舶轮机管理等 6 个专业。

3.2.3.3　浙江纺织工业学校

在浙江工学院宁波分校的师资、设备基础上建立的浙江纺织工业学校于 1980 年 7 月成立,由浙江省轻工业厅领导,是培养纺织技术人才的中等专业学校,校址在姚江文教区,占地 112 亩。1983 年开始招生,至 80 年代末期,有棉纺、机织、染整、电子计算机应用、服装设计、纺织企业管理、经济管理、针织等专业;设有金工、棉纺保全、机制保全服装 4 个工场。该校为浙江省纺织系统培养了大批人才,其中不少成为企业的骨干力量。

3.2.3.4　宁波中等专业学校

宁波中等专业学校 1984 年 8 月成立,是一所综合性中等专业学校,招收本市的初中毕业生。创建时地处北郊路,1988 年迁至江东黄鹂新村,占地面积 27 亩。办学指导思想是培养宁波市经济建设急需的、动手能力强的应用型人才。在专业设置上,根据地方经济发展的需要,到 80 年代末,开设 9 个专业,其中工科专业有工民建、电子,学制为 4 年。该校还经常受市电业局、市乡镇企业局、市外经委等单位的委托,作短期培训。

3.2.4　宁波成人工程院校

改革开放以后,宁波市的成人教育与技工学校发展很快,其中有工程教育的学校大致有以下类型。

3.2.4.1　成人高校

宁波市职工业余大学 1979 年复校招生,至 80 年代末期,工科专业有机械、自控、工民建。

1979 年创办的宁波广播电视大学，工科专业有机械工程、电气工程、土木建筑工程、化工。

1979 年创办的宁波市纺织工业局职工大学，工科专业有棉纱、棉纺。

3.2.4.2 成人中专

创办于 1984 年的宁波轻工职业中等专业学校有轻工机械、化工分析、钳工、玻璃等专业，市轻工业局建专用校舍，拨专项教育经费。

成立于 1984 年宁波市电子工业职工中等专业学校有电子技术、机械工程、电气工程、计算机、电子元器件等专业。

创办于 1985 年的宁波市化工职工中等专业学校有化工机械专业。

创办于 1987 年的慈溪市成人中等专业学校有电子电器专业。

创办于 1988 年的宁波市成人教育学校有市政工程、工业企管专业。

另外，宁波市机械、二轻、交通、电子、化工、医药、邮电、港务、粮食、物资等局均建有职工学校和培训中心。

3.2.4.3 技工学校

创办于 1958 年的宁波技工学校于 1974 年恢复，几经变更后，1984 年有机修钳工、模具、建筑、纺织等专业。

另有主要为本公司、本系统培养合格技工的中国石油化工总公司第三建筑公司技工学校、镇海石油化工总厂技工学校、宁波市二轻工业技工学校等。

1986 年，全市 11 所技工学校开设了 20 个专业——炼油工艺、管铆工、化验、铆工、管工、起重工、安装钳工、汽车驾驶、汽车修理、烹饪、钳工、金加工、司炉、电工、车工、电气、纺织、建筑、电子、机械等。1990 年，全市 12 所技工学校共开设 65 个专业。

3.3 21 世纪以来宁波高等工程教育

提高人才培养质量已成为 21 世纪国际高等教育发展战略的重中之重。第一次全国普通高等学校教学工作会议以后，我国高教界形成的共识是，培养人才是根本任务，教学工作是主旋律，提高教学质量是永恒的主题，体制改革是关键，教学改革是核心，教育思想观念改革是先导。

3.3.1　发展历程

宁波市高等教育（高等工程教育亦在其中）在 21 世纪主要历经四个发展阶段。每一次的大发展都是在宁波市委、市政府的战略规划和统筹部署下取得的。

第一个阶段是 1999～2005 年。1999 年，宁波市委、市政府作出科教兴市"一号工程"战略决策。这一阶段，宁波市抓住国家调整高校设置的机遇，对高等教育采取了财政大投入、基础设施大建设、高层次人才大引进、高校规模大扩张等超常规的支持政策，宁波市高等教育获得了超常规的发展。

1999 年 2 月，经省政府批准，浙江农村技术师范专科学校由万里教育集团举办并改制，更名为浙江万里学院。7 月，宁波中等专业学校（李惠利中专）和宁波职工业余大学合并，成立宁波职业技术学院。12 月，筹建宁波工商职业技术学院；2001 年 5 月更名为浙江工商职业技术学院。1999 年，浙江省首家国有民办二级学院宁波大学科技学院成立。同年，筹建宁波服装职业技术学院，并于 2002 年 2 月成立。2001 年 6 月，市政府与浙江大学合作，成立浙江大学宁波理工学院。7 月，宁波高等专科学校与宁波交通职业技术学院（筹）合并为新的宁波高专，分翠柏、启运和雅戈尔校区。2003 年 3 月，成立浙江轻纺职业技术学院。同年，宁波大学职业技术学院析出，新建宁波城市职业技术学院；浙江万里学院与英国诺丁汉大学合作，创办宁波诺丁汉大学。2004 年 5 月，宁波高等专科学校经教育部批准升格为宁波工程学院。7 月，宁波大学卫生职业技术学院更名为宁波天一职业技术学院。10 月，宁波服装职业技术学院与浙江轻纺职业技术学院合并，成立浙江纺织服装职业技术学院。2005 年 5 月，宁波诺丁汉大学经教育部批准，成为中国第一家具独立法人资格、拥有独立校区的中外合作大学。2002 年宁波市建成全国第一个高教园区，以"三性三化"（主体开放性、资源共享性、功能多重性、后勤社会化、信息网络化、管理法制化）的规划建设理念，被誉为全国高教园区建设的"宁波模式"。

2005年，设立在宁波的普通高校增加到13所，其中本科院校5所，分别为宁波大学、浙江大学宁波理工学院、浙江万里学院、宁波工程学院、宁波诺丁汉大学；高职高专院校8所，分别为宁波职业技术学院、浙江纺织服装职业技术学院、宁波大红鹰职业技术学院、浙江工商职业技术学院、浙江医药高等专科学校、公安海警高等专科学校、宁波城市职业技术学院、宁波天一职业技术学院。在校生达到11.1万人，是1991年在校学生4871人的22.8倍。全市高等教育毛入学率达42%，高于全国21个百分点。办学层次提高，本科教育扩大，研究生教育起步。是年，本科在校生5.2万人，占在校生比例46.8%。2000年，宁波大学始招研究生28人。2005年，宁波在校研究生875人。

第二个阶段是2006~2012年。2005年8月，宁波市委、市政府提出构建服务型教育体系战略构想，制发了《关于加快构建服务型教育体系　增强教育服务经济社会能力的若干意见》，引导和推动高等教育逐步建立起比较完善的应用型人才培养体系、运转顺畅的产学研结合体系、形式多样的教育培训服务体系，对区域经济社会的人才支撑能力、知识贡献能力和学习服务能力明显提高，高等教育发展由规模扩张转向内涵发展。这一阶段，宁波市建成了石油化工、纺织服装、生物医药等10大应用型专业人才培养基地，建设了148个实验室和500余个实习实训基地，建成机电装备制造、石油化工类、电子信息等20个宁波市服务型重点专业群。2007年，宁波大学工程力学、通信与信息系统和水产养殖等3个学科被批准为博士学位授权学科专业。2010年，宁波工程学院的材料成型及控制工程、电子信息工程等4个专业被教育部列入"卓越工程师培养计划"首批试点专业。2012年，宁波大学成为省、部、市共建高校。

第三个阶段是2013~2018年。2013年，宁波市委、市政府作出了实施协同创新战略，制发了《宁波市人民政府关于实施协同创新战略全面提升高等教育服务经济社会发展能力水平的若干意见》。要求用五年左右的时间，把协同创新理念贯彻落实到全市高校人才培养、科学研究、社会服务和文化传承创新的全过程。

　　2013 年，宁波市获批国家职业教育与产业协同创新试验区，在校地共建、行业指导办学等方面取得显著建设成效，得到教育部的高度肯定。2015 年，浙江万里学院、宁波工程学院、浙江大学宁波理工学院、宁波大红鹰学院等 4 所本科高校成功入选浙江省首批应用型试点示范建设学校。2016 年，宁波职业技术学院、浙江纺织服装职业技术学院、浙江工商职业技术学院等 3 校入选浙江省首批重点（优质）高职院校。2017 年，宁波大学入选国家"双一流"建设高校。推动成立由市主要领导牵头的宁波市高等教育改革发展领导小组（宁波市名校名院名所名人引进领导小组），大力引进国内外高端办学机构、名人名师和创新团队。浙江大学宁波"五位一体"校区部分项目获批立项或招生，中国科学院大学宁波材料工程学院等项目有序推进。2017 年，宁波大学入选一流学科建设高校名单，成为宁波高校改革发展的重要里程碑。2018 年，宁波大红鹰学院更名为宁波财经学院，填补了宁波市财经类本科高校的空白。

　　第四个阶段是 2019 年至今。2019 年，宁波市委、市政府作出了高水平大学建设战略决策，制发了《中共宁波市委宁波市人民政府关于加快高水平大学建设推进高等教育跨越式发展的若干意见》，加快打造一流大学、一流学科、一流专业，推进高校内涵发展、特色发展、高质量发展。

　　2019 年，宁波市入选首批建设国家产教融合型城市试点，在深化产教融合，推动集成电路人才培养基地建设等方面成效显著。宁波职业技术学院入选高水平学校建设单位（B 档），应用化工技术和模具设计与制造两个专业群入选高水平专业群。宁波教育学院转型提升为宁波幼儿师范高等专科学校，成为全日制普通高等专科学校。2020 年，浙大宁波理工学院正式转设为公办普通本科高校。浙江纺织服装职业技术学院等 6 所高职高专院校入选浙江省高水平职业院校和专业（群）建设名单，宁波市高职院校实现"双高"率100%。宁波广播电视大学更名为宁波开放大学。2021 年，宁波大学省部共建农产品质量安全危害因子与风险防控国家重点实验室获科技部发文批准建设，实现宁波大学乃至宁波市国家重点实验室零的突破。①

---

　　① 资料来自 2021 年《宁波高等教育改革发展情况介绍》报告。

3.3.2 宁波高等工程教育概况

2021 年，宁波市共有高校 16 所，其中本科高校 8 所，高职高专院校 7 所，成人高校 1 所，另有浙江大学软件学院归宁波市教育局管理。其中，国家"双一流"建设高校 1 所，国家"双高计划"建设院校 1 所，浙江省首批应用型本科建设试点示范建设高校 4 所，浙江省高水平职业院校和专业（群）建设校 6 所。至 2020 年，宁波市共有全日制普通高校在校生 17.7 万人（不含武警海警学院），其中本科生 10 万人，高职高专生 6.9 万人，全日制研究生 8424 人；成人高等教育在校生 5.2 万人。全市高校专任教师 9375 人（不含武警海警学院），其中具有正高职称 1297 人、副高职称 2792 人、博士 3410 人。拥有全职院士 10 名，教育部"长江学者奖励计划"教授 9 名，省"钱江学者计划"特聘教授 17 人，市"甬江学者计划"特聘教授 27 人、讲座教授 20 名。在甬高校共有一级学科博士点 6 个，一级学科硕士点 30 个，国家级一流本科专业建设点 39 个，省级一流本科专业建设点 53 个，23 门课程入选首批国家级一流本科课程。高校开设的专业基本覆盖了全市经济社会发展急需的第一、第二、第三产业，培养层次涵盖了从专科到博士多层次学历教育人才培养体系。①

3.3.2.1 宁波各高校简介

1. 宁波大学

2003 年 12 月，宁波大学继 1995 年以优异成绩首批通过了原国家教委组织的本科教学合格评估后，第二次接受教育部本科教学工作水平评估，获得优秀等级。1996 年原宁波大学、宁波师范学院和浙江水产学院宁波分院合并组建新宁波大学。2000 年被浙江省政府列为省重点建设大学。2011 年成为国家海洋局与宁波市共建高校。2012 年成为浙江省、教育部、宁波市共建高校。

---

① 资料来源：宁波市 2020 年高等教育发展报告及 2021 年《宁波高等教育改革发展情况介绍》报告。

2015 年入选浙江省首批重点建设高校。2017 年入选国家"双一流"建设高校。2021 年，宁波大学有经济学、法学、教育学、文学、历史学、理学、工学、农学、医学、管理学、艺术学等 11 个学科门类，设有 25 个学院、10 个校级直属研究机构、3 家直属附属医院。据 ESI 公布数据，工程学、临床医学、化学、材料科学、动植物科学、农业科学等 6 个学科进入世界学术机构前 1%。拥有省一流 A 类学科 7 个、省一流 B 类学科 6 个。现有一级学科博士学位授权点 6 个，博士后科研流动站 3 个，一级学科硕士学位授权点 30 个，硕士专业学位授权类别 22 个，本科招生专业 60 个。具有研究生免试推荐权、招收中国政府奖学金公派来华留学生资格、招收港澳台学生资格。2021 年，全日制本科生近 1.7 万名，各类研究生 8000 多名，国际学生 2000 多名，高等学历继续教育学生近 1.5 万名，其中工科专业 20 个，工科在校学生 4000 多人。[①] 现有教职工 3000 多名（其中教学科研人员 2000 多名），其中正高职称人员 504 名，副高职称人员 849 名，博士学位人员 1521 名；主校区位于宁波高教园区北区，另有梅山校区、植物园校区等多个校区，总占地面积 3037 亩；图书馆馆舍总面积 5.1 万平方米，有纸质图书 295.88 万册、电子图书 243.4 万册；共有仪器设备总值 13.1 亿元。[②]

2. 宁波工程学院

2004 年 5 月，经教育部批准，原宁波高等专科学校升格为本科院校，更名为宁波工程学院，学院主体落户于宁波高教园区北区，是教育部首批卓越工程师教育培养计划 61 所实施高校之一，国家级新工科研究与实践项目、国家级大学生创新创业训练计划项目入选高校，教育部首批 CDIO 试点高校，首届长三角地区应用型本科高校联盟理事会主席单位，浙江省应用型建设试点示范高校，国家产教融合发展工程建设高校，浙江省应用型本科高校联盟首届理事长单位，CDIO 工程教育联盟成员单位。学院坚持工科为主，多学科协调发展。学院以培养综合素养高、专业知识实、具备应用研究和应用实践复合能力，具有创新思维和国际视野的应用型高级技术与管理人才为培养目标，

---

① 资料来源：2021 年 11 月笔者调研而得。
② 资料来源：宁波大学官网，数据截至 2021 年 6 月 30 日。

实施"双轮驱动战略"和"人才强校战略"。2020 年学校教职工 1000 多人，其中专任教师 880 人，正高级职称 100 人，博士 345 人。2021 年共有 43 个本科专业，其中工学专业 24 个；其中工程类专业 15 个，11 个专业通过各类国际专业认证，专业认证走在全省乃至全国同类院校的前列。2021 年成为专业硕士立项建设单位。其中，全日制工学在校本科学生 8250 人。①

3. 浙江万里学院

1998 年 11 月，原浙江农村技术师范专科学校改制为浙江万里学院，实行国有民营办学体制，创立了我国高校除公办、民办以外的第三种办学模式，实现了举办者、投资者、管理者的三者分离。继 2000 年 5 月教育部批准学校试招五个本科专业的新生后，2002 年经教育部批准正式升格为本科院校。2005 年 11 月，学校接受教育部本科教学工作水平评估，得到了评估组专家的充分肯定，取得了良好等级，这在新建本科院校中是少见的。2012 年，浙江万里学院获"物流工程"和"生物工程"两个领域的专业硕士授予权。

创新办学 20 多年来，学校已经成为一所文、经、管、理、工、农、法、艺多学科协调发展的应用型大学。现有商学院、物流与电子商务学院、法学院、文化与传播学院、外语学院、设计艺术与建筑学院、生物与环境学院、大数据与软件工程学院、信息与智能工程学院、基础学院、国际学院、中德设计与传播学院、继续教育学院等 13 个二级学院，在招本科专业数 55 个，2 个学位点的专业学位研究生教育，2 万多名全日制在校本科生、研究生、留学生。现有教职工 1400 余名，拥有高级职称教师近 600 名，包括中科院院士、国务院政府特殊津贴专家、全国模范教师、全国高等学校教学指导委员会委员、"国家自然科学基金优青"获得者、浙江省有突出贡献专家、浙江省"万人计划"青年拔尖人才、浙江省"151"人才、省高校教学名师、省高校中青年学科带头人等。学校拥有国家教学团队、农业部产业技术体系岗位科学家团队、省高校创新团队、省级科技特派员团队、省级教学团队等。②

4. 宁波大学科学技术学院

1999 年 4 月，宁波大学科学技术学院成立，成为浙江省首家进行高校体

---

① 资料来源：宁波工程学院官网及笔者调研。
② 资料来源：浙江万里学院官网，数据截至 2021 年 9 月。

制改革试点的国有民办二级学院；2004 年 11 月，经教育部确认为浙江省首批独立学院。同年 12 月，通过教育部办学条件和教学工作专项检查，并获得最高等级评价。2010 年，学院被授予首批 "全国先进独立学院" 荣誉称号。2018 年 7 月学院顺利通过浙江省独立学院规范设置验收。2019 年 9 月，学院整体从浙江省宁波市镇海区迁址到慈溪市办学。学院现有教职工 530 余人，专任教师中具有中高级以上职称的教师比例为 81.1%，具有博士、硕士学位比例的为 95.3%，学院师资队伍稳定，发展态势良好，广大中青年教师已成为学院发展的主体力量，能较好地满足人才培养、科学研究和社会服务工作的需要。

学院根据现代科学技术发展趋势和地方经济社会发展需求设置专业，设有人文学院、信息工程学院、经法学院、管理学院、生命科学与材料化学学院、设计艺术学院、机械工程与自动化学院、建筑工程学院和基础学院/马克思主义学院等 9 个二级学院，54 个本科专业，涵盖经济学、法学、教育学、文学、管理学、理学、工学、医学等 9 个学科，基本形成了门类齐全、结构合理、优势互补的学科专业体系。学院面向全国招生，现有全日制在校生人数 1.1 万余名。[①]

5. 浙大宁波理工学院

学校成立于 2001 年 6 月，前身为浙江大学宁波理工学院，2020 年 1 月更名为浙大宁波理工学院，是一所经教育部批准，由浙江省人民政府管理、宁波市人民政府举办、浙江大学支持办学的全日制公办普通本科高校。现有两院院士 3 名，享受国务院政府特殊津贴专家、长江学者、国家杰青、国家 "万人计划"、"新世纪百千万人才工程"、浙江省 "151 人才工程"、宁波市 "3315" 创新团队、"甬江学者"、宁波市领军和拔尖人才等各类市级以上人才工程人选 184 名。专任教师队伍中 42% 教师具有副教授以上职称，63% 教师具有博士学位。拥有研究生导师 121 人（其中博士生导师 21 人）。现有商学院、传媒与法学院、马克思主义学院、外国语学院、机电与能源工程学院、信息科学与工程学院、计算机与数据工程学院、土木建筑工程学院、生物与

---

① 资料来源：宁波大学科学技术学院官网，数据截至 2021 年 9 月。

化学工程学院、设计学院、材料科学与工程学院等11个学院，图书与信息技术中心、继续教育学院等6个直属单位。教育部备案专业40个，面向全国15个省份招生，目前有全日制在校本科生1万余人。①

6. 宁波财经学院

2001年4月，经浙江省人民政府批准创建宁波大红鹰职业技术学院，2002年5月，正式成立；2003年11月，成为全国创办国家级示范性软件职业技术学院的35所高校之一。2008年4月，升格为本科并更名为宁波大红鹰学院。2018年12月教育部正式发文确认"宁波大红鹰学院"更名为"宁波财经学院"。学校现有本部校区、杭州湾校区、象山校区等3个校区，占地面积1700余亩，建筑面积78万平方米；设有国际经济贸易学院、金融与信息学院、工商管理学院、财富管理学院、数字技术与工程学院、人文学院、艺术设计学院、象山影视学院、基础学院、马克思主义学院、成人继续教育学院、国际教育学院、公共文体部等教学单位，专业侧重面向信息技术产业、先进制造业、现代服务业和文化创意产业，逐步形成工、经、管、文、理多学科协调发展的学科专业建设格局。目前学校有42个本科专业，全日制本科在校生近2万人，其中8个工科专业，在校生共3531人；拥有教职工千余人，其中硕士及以上学位教师占比89.23%，副高及以上教师占比34.08%，应用型教师占比48.76%，省151人才、省级中青年学科带头人、省教学名师、市领军拔尖人才等高层次人才近百人。②

7. 武警海警学院

学院始建于1982年3月，国务院批准组建海巡训练大队。1983年9月，改建为中国人民武装警察部队水面船艇学校，隶属原武警总部。1993年9月，转隶公安部，更名为公安边防水面船艇学校。1999年3月，更名为公安海警高等专科学校。2010年3月，更名为公安海警学院，开办本科教育，是公安边防部队唯一的一所经教育部批准进行独立招生的普通高等院校，学历教育的正规性、公安业务的特殊性和培养管理的军事性是学院的办学特色。2018

① 资料来源：浙大宁波理工学院官网，数据截至2021年9月。
② 资料来源：宁波财经学院官网及调研，数据截至2021年9月。

年 6 月 30 日，转隶武警部队，组建中国人民武装警察部队海警学院。具有教授、副教授高级职称的教员 130 余人，省部级教学名师 9 人，享受军队优秀专业技术人才二类岗位津贴 2 人、三类岗位津贴 13 人，享受部级津贴 3 人，获省部级教学竞赛奖励 26 人次。学院紧紧围绕海警机构海上维权执法使命任务，以海警机构建设发展需求为牵引，依托军事学、法学、工学等学科门类，构建以维权执法、作战指挥为重点，海警特色鲜明的学科专业体系，开设了维权执法（作战指挥、法学）、船艇指挥（作战指挥、航海技术）、武警侦察指挥（侦察情报）等 40 余个专业。每年招收普通高中毕业生约 200 人。[①]

8. 宁波诺丁汉大学

2005 年，经中国教育部批准宁波诺丁汉大学正式成立，学校由英国诺丁汉大学与浙江万里学院合作创办，是在中国设立的第一家引进世界一流大学优质教学资源、具有独立法人资格和独立校区的中外合作大学，落户高教园区南区。于 2008 年 12 月获教育部批准开展博士研究生教育。目前，学校已建立社会科学学院、人文学院和理工学院三大学院，下设诺丁汉大学商学院（中国）、国际传播系、国际问题研究系、英语研究系、经济系、计算机科学系和工程系，提供多个本科、硕士和博士层次专业教学。900 余名教职员工，外籍教师占比 70%。大学目前有约 8000 名学生，其中超 7% 的学生来自我国港澳台地区以及 70 个国家和地区。[②]

9. 浙江大学软件学院（宁波）

2000 年 6 月 17 日，浙江大学与宁波市人民政府签订《共建浙江大学网络与软件学院宁波分院协议书》。2001 年 2 月 27 日，浙江大学软件与网络学院在杭州与宁波两地同时挂牌成立，同年 12 月，该学院成为教育部和国家发展计划委员会批准的首批 35 所国家示范性软件学院之一，同时更名为浙江大学软件学院。软件学院杭州办学地点在浙江大学玉泉校区和紫金港校区，以培养本科生为主。宁波办学地点在宁波国家高新区，以培养研究生（工程硕士）为主。专业方向是浙江大学软件工程硕士研究生培养的建制单位，浙江大学

---

① 资料来源：武警海警学院招生宣传材料。
② 资料来源：宁波诺丁汉大学官网，数据截至 2021 年 9 月。

软件学院设立了 12 个专业方向。每一个专业方向都与该方向产业紧密相关的一个或若干个著名企业（单位）合作开展产学研一体化的人才培养。学院以"Computer + X"和"X + Info"复合型人才培养理念，致力于培养高层次的应用型、复合型、国际化的软件工程技术和软件工程管理人才。学院通过与 IBM、Oracie、道富、浙大网新、华为、东软、中运物流等国内外知名企业的紧密合作办学，联合设立软件开发技术、金融信息技术、嵌入式软件、软件与服务工程、信息产品设计、移动互联网与游戏开发技术、商务智能技术、现代物流信息技术、软件项目管理等研究方向，建立一批联合实训中心、研发中心和示范应用中心。2010 年，浙江大学软件学院（宁波）纳入宁波市归口管理。2020 年招收了软件工程、人工智能和工业设计工程 3 个专业的研究生。2020 年招生全日制专业学位博士 14 人，非全日制专业学位博士 11 人。2020 级共录取硕士研究生 415 人。[①]

10. 宁波职业技术学院

1999 年，原宁波中等专业学校升格为宁波职业技术学院，开始招收高职生。2009 年通过了国家示范性高职院校验收。学院设置与区域绿色石化、高端装备制造等万千亿级产业发展需求紧密对接的绿色化工、智能制造等 7 个专业群，开设化学工程与工艺、材料成型及控制工程等 5 个本科专业和 33 个专科专业。其中，工程类专业有 30 个（不含艺术学院相关专业），工程类全日制在校高职学生 6000 多人。[②]

11. 浙江工商职业技术学院

1998 年，浙江省政府批准在原浙江省宁波商业学校基础上筹建宁波工商职业技术学院。2001 年 5 月，学院更名为浙江工商职业技术学院。2009 年 3 月，学院被确定为省级示范性高职院校立项建设单位。目前学校全日制在校生 1.2 万余人，成教学生 5500 余人。现有教职员工 623 人，其中教师 438 人、副高及以上职称教师 170 人，"双师型"教师占比 87.44%，硕士及以上学位教师 325 人。学校现设有经济管理学院、电子商务学院、机电工程学院、国

---

① 资料来源：《宁波市 2020 高等教育发展报告》。
② 资料来源：笔者于 2021 年 11 月实地调研数据。

际交流学院、建筑与艺术学院、电子信息学院、明智学院等 7 个二级学院与创业学院、继续教育学院，共有 30 个专业，其中工程类高职专业 17 个，工程类全日制在校高职学生 4000 多人。2021 年 3 月，学校模具设计与制造、应用电子技术专业正式通过"悉尼协议"（Sydney Accord，TAC-AD）认证。①

12. 浙江纺织服装职业技术学院

2004 年，成立于 2002 年的宁波服装职业技术学院和成立于 2003 年的浙江纺织职业技术学院合并，更名为浙江纺织服装职业技术学院，落户于宁波高教园区北区。学院构建以纺织、服装、艺术为主体，机电信息、经贸管理为两翼，相互支撑、协调发展的"一体两翼"专业格局。2009 年 3 月，学院被确定为省级示范性高职院校立项建设单位。学校有教职工 700 余人，在校生 1 万余人。学校下设 9 个学院，招生专业（方向）45 个。其中工程类高职专业 23 个，工程类全日制在校高职学生近 2000 多人。②

13. 浙江药科职业大学

1999 年 12 月，原浙江省医药学校经浙江省人民政府批准筹建浙江医药职业技术学院，2002 年 2 月，正式批准并更名为浙江医药高等专科学校。2021 年 10 月升格为浙江药科职业大学。学校现有 25 个专科专业，全日制在校生为近万人，其中工程类专科专业 11 个，工程类全日制在校专科学生 4000 余人。③

14. 宁波城市职业技术学院

2003 年 3 月，成立于 1992 年的宁波大学职业技术教育学院独立建校，更名为宁波城市职业技术学院，并落户于宁波高教园区南区。学校现有教职工 550 余人。全日制本专科在校生近万人。学校设有 30 个高职专科专业、2 个职教师资类本科专业（以宁波大学名义招生，颁发宁波大学毕业文凭和学位证书），专业涵盖旅游、艺术设计与传媒、农林牧渔、电子信息、财经等大类，基本形成了以现代服务业为特色的专业结构体系。④

---

① 资料来源：浙江工商职业技术学院官网，数据截至 2021 年 9 月。
② 资料来源：浙江纺织服装职业技术学院官网，数据截至 2021 年 9 月。
③ 2021 年 11 月笔者实地调研数据。
④ 资料来源：宁波城市职业技术学院官网，数据截至 2021 年 9 月。

15. 宁波卫生职业技术学院

2004 年 7 月，宁波大学卫生职业技术学院（2000 年原宁波卫生学校并入部分）改建为宁波天一职业技术学院，2012 年 4 月更名为宁波卫生职业技术学院。学院被教育部、卫生部确定为承担护理专业领域技能型紧缺人才培养培训基地。现有教职工近 400 人，全日制在校学生 6000 余人，成人教育学生 3300 余人。学校现有护理学院、医学技术学院、健康服务与管理学院、公共服务与管理学院、继续教育学院 5 个分院，设有护理、助产、医学检验技术、康复治疗技术等 13 个专业。[①]

16. 宁波幼儿师范高等专科学校

2005 年，学校取得全日制高职办学资格。2018 年 10 月，杭州湾新校区启用。2019 年 5 月，浙江省人民政府批准、教育部备案该校改制设立为"宁波幼儿师范高等专科学校"。学校现有杭州湾校区、宁波校区等，占地面积 518 亩，全日制学生 4300 多人。目前学校设有学前教育、早期教育、产品艺术设计、音乐表演、电子商务等 13 个专业，其中 1 个为工程类专业，工程类全日制在校高职学生 288 人。学校共有教职工 295 人，其中专任教师 190 人。专任教师中具有研究生学历或硕士以上学位 146 人，占 76.8%。专任教师中具有高级职称专业技术人员 74 人，占 39%。[②]

17. 宁波开放大学

创办于 1979 年的宁波广播电视大学在构建终身教育体系和建设学习型社会的新形势下，紧密结合宁波经济和社会发展形势，积极推进教育转型和发展提升。稳步发展学历继续教育，大力发展非学历继续教育，努力探索学历教育与非学历教育的沟通、融合。2020 年，更名为宁波开放大学。学校下设余姚、慈溪、鄞州、宁海 4 个学院，象山、奉化、镇海、北仑 4 所分校，江北、东钱湖旅游度假区 2 个工作站，办学网络覆盖整个宁波市。宁波市电大系统拥有 600 余名教职员工，各级各类学生近 3 万名，其中市校在编教职工

---

① 资料来源：宁波卫生职业技术学院官网，数据截至 2021 年 9 月。
② 资料来源：宁波幼儿师范高等专科学校官网，数据截至 2021 年 9 月。

228 人，另有外聘专家、兼职教师 300 余人。①

3.3.2.2　工程专业、学科与学位点设置概况

21 世纪以来，宁波各高校的工程专业也大幅度增加。

1. 本科工程专业（见表 3.1）

表 3.1　　　　　　　宁波市高校本科工程专业设置汇总

专业代码	专业名称	专业布点数	设置院校
080601	电气工程及其自动化	6	宁波工程学院，宁波财经学院，浙大宁波理工学院，浙江万里学院，宁波诺丁汉大学，宁波大学
080205	工业设计	5	宁波大学，浙大宁波理工学院，宁波工程学院，宁波财经学院，宁波诺丁汉大学
080301	机械设计制造及其自动化	5	宁波大学，浙大宁波理工学院，宁波工程学院，宁波财经学院，宁波大学科学技术学院
080901	计算机科学与技术	5	宁波大学，浙大宁波理工学院，宁波工程学院，宁波财经学院，浙江万里学院
081001	土木工程	5	宁波大学，浙大宁波理工学院，宁波工程学院，宁波大学科学技术学院，宁波诺丁汉大学
082801	建筑学	4	宁波大学，浙大宁波理工学院，宁波工程学院，浙江万里学院
082502	环境工程	4	宁波大学，宁波大学科学技术学院，宁波诺丁汉大学，浙江万里学院
081301	化学工程与工艺	4	宁波大学，浙大宁波理工学院，宁波工程学院，宁波诺丁汉大学
080701	电子信息工程技术	4	浙大宁波理工学院，宁波工程学院，宁波大学科学技术学院，浙江万里学院
080703	通信工程	2	宁波大学，浙江万里学院
080910T	数据科学与大数据技术	2	浙江万里学院，浙大宁波理工学院
080903	网络工程	2	宁波工程学院，宁波财经学院
080714T	电子信息科学与技术	2	宁波工程学院，宁波大学

---

① 资料来源：宁波开发大学官网，数据截至 2021 年 9 月。

续表

专业代码	专业名称	专业布点数	设置院校
080717T	人工智能	2	宁波工程学院，浙江万里学院
510203	软件工程	2	宁波财经学院，宁波大学科学技术学院
083001	生物工程	2	浙大宁波理工学院，浙江万里学院
082701	食品科学与工程	2	宁波大学，浙江万里学院
120103	工程管理	2	宁波工程学院，宁波大学科学技术学院
120701	工业工程	2	宁波财经学院，宁波大学
081804K	轮机工程	2	宁波大学，浙江万里学院
080202	机械电子工程	2	宁波财经学院，浙江万里学院
081002	建筑环境与能源应用工程	2	宁波工程学院，宁波诺丁汉大学
080203	材料成型及控制工程	2	宁波工程学院，宁波诺丁汉大学
080407	高分子材料与工程	1	浙大宁波理工学院
081803K	航海技术	1	宁波大学
082001	航空航天工程	1	宁波诺丁汉大学

资料来源：根据各高校招生简章整理。

2. 高职高专工程专业（见表3.2）

表 3.2　　　　　　　　宁波市高校高职高专工程专业设置汇总

专业代码	专业名称	专业布点数	设置院校
560102	建筑装饰工程技术	5	宁波职业技术学院、浙江工商职业技术学院、浙江纺织服装职业技术学院、宁波城市职业技术学院
560301	建筑工程技术	4	宁波职业技术学院、浙江工商职业技术学院、宁波城市职业技术学院
560501	建筑工程管理	2	宁波职业技术学院
580106	模具设计与制造	5	宁波财经学院、宁波职业技术学院、浙江工商职业技术学院、浙江纺织服装职业技术学院
580201	机电一体化技术	6	宁波财经学院、宁波职业技术学院、浙江工商职业技术学院、浙江纺织服装职业技术学院、宁波城市职业技术学院
580205	计算机控制技术	2	宁波财经学院
580405	汽车技术服务与营销	2	宁波财经学院

续表

专业代码	专业名称	专业布点数	设置院校
590101	计算机应用技术	8	宁波财经学院、公安海警学院、宁波职业技术学院、浙江工商职业技术学院、浙江纺织服装职业技术学院、宁波城市职业技术学院、宁波教育学院
590202	应用电子技术	6	宁波财经学院、宁波职业技术学院、浙江工商职业技术学院、浙江纺织服装职业技术学院、宁波城市职业技术学院
560106	园林工程技术	2	宁波财经学院、宁波城市职业技术学院
560404	楼宇智能化工程技术	4	宁波财经学院、宁波职业技术学院、浙江工商职业技术学院、宁波城市职业技术学院
580103	数控技术	5	宁波财经学院、宁波职业技术学院、浙江工商职业技术学院、浙江纺织服装职业技术学院、宁波城市职业技术学院
580109	工业设计	2	宁波财经学院、浙江工商职业技术学院
580110	计算机辅助设计与制造	3	宁波财经学院、宁波职业技术学院、浙江工商职业技术学院
580402	汽车检测与维修技术	2	宁波财经学院、宁波城市职业技术学院
590102	计算机网络技术	5	宁波财经学院、宁波职业技术学院、浙江工商职业技术学院、浙江纺织服装职业技术学院、宁波城市职业技术学院
590106	计算机信息管理	5	宁波财经学院、宁波职业技术学院、浙江工商职业技术学院、浙江纺织服装职业技术学院、宁波城市职业技术学院
590107	网络系统管理	1	宁波财经学院
590108	软件技术	3	宁波财经学院、宁波职业技术学院、浙江工商职业技术学院
580109	工业设计	2	宁波财经学院、宁波职业技术学院
590208	信息安全技术	1	宁波财经学院
590303	计算机通信	1	宁波财经学院
680203	边防船艇指挥	1	武警海警学院
520401	航海技术	1	武警海警学院
520405	轮机工程技术	1	武警海警学院
530209	化工设备维修技术	1	浙江药科职业大学
580112	医疗器械制造与维护	1	浙江药科职业大学

续表

专业代码	专业名称	专业布点数	设置院校
530201	应用化工技术	1	宁波职业技术学院
530208	工业分析与检验	1	宁波职业技术学院
550105	材料工程技术	1	宁波职业技术学院
580125	机械制造生产管理	1	宁波职业技术学院
580202	电气自动化技术	2	宁波职业技术学院、浙江工商职业技术学院
580203	生产过程自动化技术	1	宁波职业技术学院
580301	机电设备维修与管理	1	宁波职业技术学院
590301	通信技术	1	宁波职业技术学院
600301	工业环保与安全技术	1	宁波职业技术学院
560502	工程造价	1	浙江工商职业技术学院
610207	新型纺织机电技术	1	浙江纺织服装职业技术学院

资料来源：根据各高校招生简章整理。

3. 工学学科（见表3.3）

表3.3　　　　宁波市高校省级重点工学学科汇总

学校	学科级别	学科名称	评审确定年份
宁波大学	省一流建设A类	信息与通信工程、电子科学与技术	2016
	省一流建设B类	食品科学与工程、土木工程	2016
	市重点建设学科A类	食品科学与工程、土木工程、机械工程、材料科学与工程、交通科学与工程、船舶与海洋与工程	2018
	市重点建设学科B类	电气工程	2018
宁波工程学院	省一流建设B类	交通运输工程、机械工程、电子科学与技术、化学工程与技术、土木工程、材料科学与工程	2016
	市重点建设学科A类	材料科学与工程、化学工程与技术、机械工程、土木工程	2018
	市重点建设学科B类	交通运输工程、电子科学与技术	2018
浙大宁波理工学院	省一流建设B类	化学工程与技术、土木工程、机械工程	2016
	市重点建设学科A类	机械工程、土木工程、化学工程与技术	2018
	市重点建设学科B类	计算机科学与技术、控制科学与工程	2018

续表

学校	学科级别	学科名称	评审确定年份
浙江万里学院	省一流建设 A 类	生物工程	2016
	省一流建设 B 类	信息与通信工程、计算机科学与技术	2016
	市重点建设学科 A 类	食品科学与工程	2018
	市重点建设学科 B 类	信息与通信工程、环境科学与工程	2018
宁波财经学院	省一流建设 B 类	计算机科学与技术、机械工程	2016
	市重点建设学科 B 类	计算机科学与技术	2018
宁波诺丁汉大学	省一流建设 B 类	化学工程与技术、材料科学与工程	2016
	市重点建设学科 A 类	化学工程与技术、材料科学与工程	2018
	市重点建设学科 B 类	电气工程	2018

资料来源：根据《宁波市 2020 高等教育发展报告》整理。

4. 工学学位点（见表3.4和表3.5）

表 3.4 宁波市高校工学学科博士点

学校	学科层次	学科代码	学位点名称	评审确定年份
宁波大学	一级学科	0809	电子科学与技术	2018
		0810	信息与通信工程	2011
		0908	水产	2011
		1002	临床医学	2018
	二级学科	0701Z1	统计与数量经济	2019
		081001	通信与信息系统	2007
		081002	信号与信息处理	2011
		0810Z1	移动计算与人机交互	2011
		0810Z2	量子信息与通信	2012
		081073	微纳信息系统	2012
		081024	信息功能材料与器件	2012
		0910Z5	生物医学信息处理	2014
		090801	水产养殖	2007
		090803	渔业资源	2011
		0908Z1	渔业经济管理	2012
		0908Z2	水产资源综合利用	2012
		0908Z3	渔业工程与材料	2012
		0908Z4	渔业设施与装备	2015
宁波诺丁汉大学			工程	自主招生

资料来源：根据《宁波市 2020 高等教育发展报告》整理。

表 3.5 　　　　　　　　　　　　宁波市高校工学学科硕士点

学校	学位点类型	学科层次	学科代码	学位点名称	评审确定年份
宁波大学	学术型硕士点	一级学科	0802	机械工程	2018
			0809	电子科学与技术	2018
			0810	信息与通信工程	2006
			0812	计算机科学与技术	2018
			0814	土木工程	2011
			0823	交通运输工程	2018
			0824	船舶与海洋工程	2011
			0832	食品科学与工程	2011
			0908	水产	2006
		二级学科	081001	通信与信息系统	2000
			081002	信号与信息处理	2006
			0810Z6	信息检测与智能系统	2014
			081401	岩土工程	2011
			081402	结构工程	2006
			081403	市政工程	2011
			081405	防灾减灾工程及防护工程	2011
			081406	桥梁与院道工程	2015
			082401	船舶与海洋结构物设计制造	2011
			082402	轮机工程	2003
			0824Z1	港航技术与管理工程	2011
			083201	食品科学	2003
			083204	水产品加工及贮藏工程	2000
			090801	水产养殖	1998
			090802	捕捞学	2006
			090803	渔业资源	2006
			100201	内科学	2006
	专业硕士学位点		0854	电子信息	2019
			0855	机械	2019
			0856	材料与化工	2019
			0859	土木水利	2019
			0860	生物与医药	2019
			0861	交通运输	2019
			0951	农业	2005

续表

学校	学位点类型	学科层次	学科代码	学位点名称	评审确定年份
浙江万里学院	专业硕士学位点（试点）		0860	生物与医药	2011
	专业硕士学位点			生物与医药	2021
				工程管理	2021
宁波诺丁汉大学	中英合作办学理学硕士			BIM 应用与地理信息工程	自主招生
				电子通信及计算机工程	自主招生
	中英合作办学研究型硕士			化学工程与技术	自主招生
				可持续建筑能源技术	自主招生
				机械工程	自主招生
				材料科学与工程	自主招生
				环境科学与工程	自主招生
浙大软件学院	专业硕士学位点		85405	软件工程	2011
			85410	人工智能	2018
			85507	工业设计工程	2011
宁波工程学院	专业硕士学位点		0859	土木水利	2021
			1256	工程管理	2021

资料来源：根据《宁波市 2020 高等教育发展报告》整理，其中宁波工程学院、浙江万里学院为 2021 年新增专业硕士学位点。

3.3.2.3　各高校重点专业建设（见表 3.6）

表 3.6　　　　宁波市高校特色专业（工学、工程类）建设点汇总

所在学校	重点专业类型	专业层次	专业名称
宁波大学	国家一流本科专业	本科	机械设计制造及其自动化、通信工程、计算机科学与技术、水产养殖学
	国家卓越农林人才教育培养计划改革试点项目——拔尖创新型	本科	水产养殖学
	国家专业综合改革试点	本科	机械设计制造及其自动化
	国家特色专业	本科	计算机科学与技术、机械设计制造及其自动化、水产养殖学

续表

所在学校	重点专业类型	专业层次	专业名称
宁波大学	省一流本科专业	本科	土木工程、工程力学、电子信息科学与技术、食品科学与工程、电气工程及其自动化、材料科学与工程、微电子科学与工程、建筑学
	省"十三五"优势专业	本科	计算机科学与技术、通信工程、土木工程、水产养殖学、微电子科学与工程、电子信息科学与技术
	市品牌专业	本科	通信工程、计算机科学与技术、水产养殖学、土木工程、机械设计制造及其自动化、电子信息科学与技术、微电子科学与工程、材料科学与工程、电气工程及其自动化、食品科学与工程
宁波工程学院	国家特色专业	本科	土木工程
	省一流本科专业	本科	化学工程与工艺、建筑环境与能源应用工程、交通工程、计算机科学与技术、电子信息工程、汽车服务工程
	省"十三五"优势专业	本科	土木工程、汽车服务工程、化学工程与工艺、交通工程
	市品牌专业	本科	土木工程
	市优势专业	本科	化学工程与工艺、汽车服务工程、交通工程、计算机科学与技术、建筑环境与能源应用工程
浙大宁波理工学院	国家一流本科专业	本科	机械设计制造及其自动化
	省一流本科专业	本科	自动化、土木工程、计算机科学与技术、生物工程
	市品牌专业	本科	机械设计制造及其自动化
	市优势专业	本科	生物工程、自动化、信息与计算科学
浙江万里学院	国家一流本科专业	本科	生物技术
	省重点专业	本科	信息管理与信息系统、生物技术、信息与计算科学、通信工程
	省级计算机类专业培养服务外包人才试点	本科	计算机科学与技术
	省"十三五"优势专业	本科	物流管理
	省"十三五"特色专业	本科	生物技术、通信工程、物联网工程
	市重点专业	本科	通信工程、信息与计算科学、生物技术

续表

所在学校	重点专业类型	专业层次	专业名称
浙江万里学院	市服务型教育重点建设专业	本科	通信与电子工程专业群
	市品牌专业	本科	生物技术
	市特色专业	本科	计算机科学与技术、电气工程及其自动化
	市优势专业	本科	生物技术、通信工程
	市新兴专业	本科	数据科学与大数据技术
宁波诺丁汉大学	省"十三五"特色专业	本科	环境工程
	市重点专业	本科	计算机科学与技术、环境工程
	省一流本科专业	本科	材料成型及控制工程、电气工程及其自动化、土木工程、化学工程与工艺
宁波财经学院	省一流本科专业	本科	计算机科学与技术、信息管理与信息系统
	市品牌专业	本科	计算机科学与技术
	市优势专业	本科	计算机科学与技术
	市服务型重点专业群	本科	面向软件外包的软件信息技术专业群
宁波职业技术学院	教育部高职高专教育教学改革试点专业、教育部高等职业教育创新发展行动计划骨干专业认定、省普通高校重点专业、省高职高专院校特色专业、省"十三五"优势专业、市优势专业	高职高专	机电一体化技术
	中国特色高水平专业群 国家示范性高等职业院校重点建设专业、教育部高等职业教育创新发展行动计划骨干专业认定、省高职高专院校特色专业、省"十三五"优势专业、市品牌专业	高职高专	模具设计与制造
	国家示范性高等职业院校重点建设专业、教育部高等职业教育创新发展行动计划骨干专业认定、省普通高校重点专业、省高职高专院校特色专业、省"十三五"优势专业、市品牌专业、市优势专业	高职高专	电子信息工程技术

续表

所在学校	重点专业类型	专业层次	专业名称
宁波职业技术学院	中国特色高水平专业群、国家示范性高等职业院校重点建设专业、教育部高等职业教育创新发展行动计划骨干专业认定、省高职高专院校特色专业、省"十三五"优势专业、市重点专业、市优势专业建设项目	高职高专	应用化工技术
	国家示范性高等职业院校重点建设专业	高职高专	计算机应用技术
	国家示范性高等职业院校重点建设专业、省高职高专院校特色专业	高职高专	建筑工程技术
	市服务型教育重点专业建设	高职高专	软件及服务外包专业群、机电装备制造专业群
	省高职高专院校特色专业、市特色专业	高职高专	电气自动化技术
	中央财政支持高等职业学校建设专业	高职高专	机电设备维修与管理
	省"十三五"特色专业	高职高专	乐器制造与维护、环境监测与控制技术、
	市新兴专业	高职高专	工业机器人技术
浙江纺织服装职业技术学院	中央财政支持专业省特色专业	高职高专	针织技术与针织服装
	中央财政支持专业	高职高专	纺织品装饰艺术设计
	省优势专业、市优势专业	高职高专	纺织品设计、人物形象设计、服装与服饰设计
	省特色专业	高职高专	染整技术、现代纺织技术、国际贸易实务
	省特色专业、市品牌专业	高职高专	纺织品检验与贸易
	省特色专业、市优势专业	高职高专	服装设计与工艺、城市轨道交通机电技术
	市特色专业	高职高专	市场营销、包装技术与设计
浙江工商职业技术学院	国家骨干专业省"十三五"优势专业、市级重点（品牌）专业	高职高专	应用电子技术

续表

所在学校	重点专业类型	专业层次	专业名称
浙江工商职业技术学院	国家骨干专业省"十三五"优势专业、市重点专业	高职高专	模具设计与制造
	省"十三五"特色专业、市优势专业	高职高专	计算机网络技术
	省"十三五"特色专业	高职高专	投资与理财、工业设计
	市重点专业	高职高专	环境艺术设计
宁波城市职业技术学院	国家级	高职高专	园艺技术
	省"十三五"优势专业	高职高专	园艺技术
	省"十三五"特色专业	高职高专	计算机网络技术
	市品牌专业	高职高专	园林技术、城市园林
	市特色专业	高职高专	计算机应用技术
	市重点专业	高职高专	电子商务、旅游管理、园林工程技术、艺术设计
	市服务型重点专业	高职高专	宁波生态园林城市创意与建设专业群
宁波卫生职业技术学院	全国职业院校健康服务类示范专业点	高职高专	康复治疗技术、护理（老年护理方向）
	省一流本科专业	本科	计算机科学与技术、环境设计
	省重点专业	本科	计算机科学与技术
	市优势专业	本科	机械设计制造及其自动化专业、软件工程专业、环境设计专业
	市新兴专业	本科	计算机科学与技术（商务智能技术方向）

资料来源：根据宁波市 2020 高等教育发展报告整理。

3.3.3　教学质量保障机制建设

加强师资队伍建设、重点实验室与教学基地建设、产学研合作机制建设等，是提高教学质量的重要保障。

3.3.3.1　师资队伍建设

师资队伍的整体素质直接影响着高等教育人才培养的质量。为创建一支学习型、研究型、创新型的高校师资队伍，提高高校的科研能力和教学水平，加速形成一支高校科研和教学骨干队伍，按照数量足够、素质优良、结构合理的要求，坚持引进和培养并重的原则，宁波市高校加大了师资队伍建设力度，使师资队伍的数量和质量得到了发展，师资队伍的整体水平迈上了一个新的台阶。至 2020 年，宁波市高校共有专任教师 9375 人，其中正高职称教师 1297 名，副高以上教师占专任教师总数比例达 43.6%，博士以上学历教师占专任教师的比例达 36.4%。[①]

2000 年，宁波市正式启动高校"名师工程"，每年安排经费专门用于高校名师队伍建设。2006 年，宁波市推出"甬江学者计划"。2007 年起，全市各高校全面实施教育部和浙江省教育厅"质量工程"，经过多年的努力取得了显著成效，培养出了一批高校名师和优秀教学团队，使得高校师资队伍的整体水平有了明显改善。至 2021 年，宁波市高校有 9 人入选"长江学者"特聘教授或讲座教授，国家"百千万人才工程"1 人；有 17 人入选"钱江学者"特聘教授；有 47 人入选"甬江学者"特聘教授。在宁波市"人才工程"方面各高校也表现不俗。全国优秀教育工作者 1 名，全国优秀教师 3 名，全国模范教师 1 名，浙江省杰出教师 1 名。国家级教学名师 1 人。浙江省"万人计划"教学名师 1 名，浙江省高校教学名师 22 人。[②]

3.3.3.2　重点实验室和科技创新基地建设

宁波市高校不断加强学科重点实验室和科技创新平台的建设，至 2020 年，宁波市高校共有国家级科研创新平台 12 个，省部级科研创新平台 42 个。国家级重点实验室 1 个，4 个部级、省部级重点实验室。教育部工程类重点实验室 39 个，27 个省级科研创新平台，141 个市级科研创新平台。[③]这些实验室和科技创新基地的建设大大提升了宁波市的工程实验和科技创新水平，并积极为宁波地方经济的发展服务。

3.3.3.3　教学实验室与教学基地建设

加强工程类专业的实验、实习和工程训练，培养工程类学生的实践操作

---

①②③　资料来源：根据《宁波市 2020 高等教育发展报告》整理。

能力，是提高工程类专业教学质量十分重要的教学环节；加强工程类专业的实验室和实践基地建设，是提高专业教学质量的可靠保障。多年来，宁波市高校千方百计加强教学投入，十分重视并致力加强教学实验室与实践基地建设，在建设中还得到中央和省财政有力支持，取得了显著的成绩。至 2020 年，宁波市高校共有工程类国家级实验教学示范中心 4 个、国家级实践教学基地 12 个、省级实验教学示范中心 49 个。财政部实验室建设项目、中央财政支持的职业教育实训基地、浙江省研究生教育创新示范基地、省级实践教学基地以及省高职高专院校示范性实训基地均有大幅增加，为提高学生的工程实践能力提供了坚实的教学资源。

3.3.3.4 产学研合作机制建设

1. 产学研合作

在服务型教育体系建设工作的推动下，高校与企业开展深度合作，通过学校、企业、政府三方联动，形成了合作办学、合作育人、合作就业、合作发展四位一体的产学研合作机制，建立了运转顺畅的产学研合作体系。宁波市应用型专业人才培养基地建设和宁波市服务型教育重点专业建设的开展，推动了各院校加强与行业、企业的联系和合作，并采用多种形式，使产学研合作不断深入，产学研成果不断创新突破，产学研合作载体不断拓宽，逐步形成各自的特色。如与企业、公司、科研院所等成立校企合作委员会，聘请企业家或首席工人为学校的兼职教授；校企共建专业实验实训室、工程中心、专业人才培养基地（培训中心）、研发中心、研究所等；建立校企紧密型的校外实习实训基地或产学研基地；成立校企合作学院和校企合作特色班，拓宽办学空间；以战略合作为依托，推进产学研联盟建设；开展教授、博士进企业、社区活动；加强与地方（县、区）合作，探索政产学研合作新模式；与政府、国内外高端企业和培训机构合作，建立高端职业技能培训、考核及鉴定中心等。

2. 高校科技创新能力

宁波市高校十分重视科研工作的开展，十几年来高校科技创新能力持续增强。比较 2020 年与 2007 年宁波市高校科研项目及经费情况，从纵向项目来看，2020 年项目总数几乎比 2007 年增加了近 1.5 倍，国家级项目数比 2007年增加了 4 倍；从横向项目来看，2020 年 10 万元以上的项目数比 2007 年增加了 3 倍多（见表 3.7）。宁波市高校获得的科技成果奖励及成果转化也随之显著提高，不少项目获得了国家和省级科技进步奖。2007～2020 年宁波市高校教师在 SCI、EI、一级核心期刊的学术论文数增加迅速，其中被 SCI 收录数增加了 10.9 倍，被 EI 收录数增加了 8.8 倍，专著数增加了 2.7 倍（见表3.8）。这些充分体现了宁波市高校承担高级别课题和重大科技攻关项目的能力显著增强，高校教师的科研水平快速提升，尤其是工程类课题的研究水平。

表 3.7　　　　　　　　2007～2020 年宁波市高校科研项目及经费情况

年份	纵向项目及经费							横向项目及经费			
	项目总数（项）	国家级（项）	部省级（项）	厅市级（项）	市局级（项）	总经费（万元）	到位经费（万元）	项目总数（项）	10万元以上项目数（项）	总经费（万元）	到位经费（万元）
2007	1424	56	206	715	241	8192	4496	763	205	14085	9163
2008	1176	67	168	560	381	7737	6132	838	242	13780	10000
2009	1365	78	202	757	328	12332	5290	835	224	13001	9858
2010	2286	109	265	1021	365	9377	5860	1024	393	18285	9349
2011	1822	125	305	1030	332	20853	14203	1246	387	19937	14824
2012	2094	188	366	964	495	25919	19393	1034	385	20115	11581
2013	1984	181	351	941	511	27502	11985	1249	487	21673	13609
2014	2156	168	306	1090	592	30781	15204	1397	505	22910	15281
2015	2088	176	350	1033	492	26106	14270	1270	431	21748	14102
2016	2346	209	441	959	614	30734	20366	1691	644	28468	18031
2017	2298	197	436	1076	472	24388	18568	2009	783	37833	21123
2018	1801	201	392	840	351	2664	20420	2468	861	40463	24946
2019	2122	266	505	1034	263	34198	20054	2785	1172	59834	47529
2020	2077	205	394	918	418	44399	22137	2633	1039	43489	30902

资料来源：宁波市各年份高等教育发展报告。

表 3.8　　　　　　　　**2007～2020 年宁波市高校教师论著发表情况**　　　　　单位：篇

年份	发表学术论文情况						出版学术著作与教材情况					
	论文总数	SCI	EI	其他重要索引	核心一级	其他	出版著作数	专著	编者	译著	资助出版数	出版教材数
2007	5480	280	203	236	431	4270	125	61	43	21	20	179
2008	6057	377	321	166	381	4812	176	93	69	14	20	244
2009	5709	314	390	212	1175	4482	257	109	48	29	10	203
2010	5522	322	693	270	1010	3992	199	113	54	28	11	194
2011	6761	580	1453	330	1679	4623	210	122	55	8	24	186
2013	6998	789	912	250	1406	4288	183	107	35	29	21	207
2014	6444	767	722	119	1605	4263	241	161	57	16	23	219
2015	5470	841	767	100	692	3282	264	163	38	25	20	237
2016	6058	965	772	128	951	3497	254	168	58	23	30	176
2017	5242	1198	887	219	776	3031	221	156	26	13	20	159
2018	5815	1559	1132	237	889	2771	206	149	41	15	28	166
2019	6034	2610	1598	332	1053	2338	193	154	29	4	6	114
2020	7074	3054	1785	191	372	2057	205	163	42	12	18	103

资料来源：宁波市各年份高等教育发展报告。2012 年数据空缺。

　　2013 年 1 月 18 日，宁波大学王礼立教授作为第一完成人的"非线性应力波传播理论进展及应用"获国家自然科学奖二等奖（一等奖空缺），实现了宁波市国家自然科学奖零的突破。王礼立教授是爆炸力学与冲击动力学专家，也是"非线性应力波传播理论进展及应用"科研团队的带头人。他在应力波的传播及其效应、材料动态力学行为等方面都有很大贡献，在力学方面的研究成果曾多次获得有关科技奖。2017 年，宁波工程学院材料与化学工程学院仇丹博士作为项目第二完成人完成的《重要脂溶性营养素超微化制造关键技术创新及产业化》项目，荣获了国家技术发明二等奖。2019 年，宁波大学物理学院副教授高淼在中国人民大学攻读博士研究生期间参与完成的《铁基超导电子结构与磁相互作用的理论研究》荣获 2019 年度国家自然科学奖二等奖。

随着宁波高等教育的跨越式发展，宁波工程教育得到迅速发展，教育规模迅速扩大，院校结构显著改善，学科和专业日趋齐全，教育层次直线提升，师资队伍、教学科研实验室与基地等教育资源建设达到历史最好水平；人才培养模式不断改革创新，教育教学质量不断提高，对地方经济发展的贡献度不断增大，宁波工程教育在整体上已具有相当实力和水平。

第4章 面向2035现场工程师培养前瞻

随着时代的发展和国际政治经济环境的不断变化，我们对工程人才的需求标准也必将发生变化，只有通过对未来规划专业需求和行业发展规律进行分析和前瞻，借鉴国内国外对于工程人才未来标准的研讨，才能为我国未来面向2035工程人才的培养未雨绸缪。

4.1 面向2035工程人才培养标准前瞻

4.1.1 "十四五"规划和2035年远景目标纲要的理念指引

2021年3月，我国发布《中华人民共和国国民经济和社会发展第十四个五年规划和2035远景目标纲要》（以下简称《规划和纲要》），阐明了国家战略意图，明确了政府未来的工作重点。在这一份对未来中国发展方向的引领性文件中有许多可以作为面向2035工程人才培养标准的核心前瞻。在《规划和纲要》中有三大部分与工程人才培养有关，分别是：坚持创新驱动发展加快发展现代产业体系；形成强大国内市场，构建新发展格局和实行高水平对外开放，开拓合作共赢新局面；提升国民素质，促进人的全面发展和加强社会主义民主法治建设。

4.1.1.1 面向未来的工程人才的培养，要重视创新、原创和基础原则

在《规划和纲要》的第二篇中就提出要坚持创新驱动发展，全面塑造发

展新优势。《规划和纲要》指出："坚持创新在我国现代化建设全局中的核心地位，把科技自立自强作为国家发展的战略支撑，面向世界科技前沿、面向经济主战场、面向国家重大需求、面向人民生命健康，深入实施科教兴国战略、人才强国战略、创新驱动发展战略，完善国家创新体系，加快建设科技强国"（新华社，2021）。新中国成立以来，以美国为首的西方资本主义国家对我国实行了技术壁垒、技术遏制，甚至不惜以背信弃义的方式压制我国的科技发展，计算机芯片、光刻机等一系列在国家科技发展中非常重要的组成，被外国"卡脖子"，限制进口，这使得我国的各项技术发展受到了极大的限制。因此创新成为了未来工程人才培养的重要核心标准，只有坚持以创新为核心标准才能将未来我国工程人才的培养推向更高的高度，才能让我国的工程技术发展不会被外国所限制，才能在未来激烈的国际技术竞争中占有一席之地，甚至引领全球发展。

在坚持创新驱动发展的核心理念中，我们发现，《规划和纲要》还提出了创新中的一个重要概念——原创。《规划和纲要》指出："要加强原创性引领性的科技攻关，在事关国家安全和发展全局的基础核心领域，制定实施战略性科学计划和科学工程。瞄准人工智能、量子信息、集成电路、生命健康、脑科学、生物育种、空天科技、深地深海等前沿领域，实施一批具有前瞻性、战略性的国家重大科技项目"（新华社，2021）。创新性面对的是问题解决和有经济效益的应用，它强调的是工作本身在当前的使用价值；而原创性则指的是贡献新颖和有意义的知识，它强调的是源头性引领性和基础性。在很长的一段时间内我们对创新性的重视程度非常高，但是对原创性的重视程度不够，这导致我们的创新一旦失去了原创的支持之后就成了无本之木，尤其是在知识产权越来越被重视的今天。例如，假设某手机操作系统是基于某种系统内核的一种开发，它让本厂的手机用户能够在手机上拥有更好的体验，能够拥有更实用的操作，这种创新为厂商带来了很高的经济效益，但是若内核的所有者停止向他们进行授权（尽管通常它宣称自己是免费使用和自由传播的），那么该手机厂商就无法再进行这方面的创新，这种创新就受到来自他人原创和知识产权的限制。而像华为在 5G 中的角色，就属于原创者的角色，因此尽管美国再三阻挠华为在 5G 方面的布局，依然无法在核心技术上绕开华为

5G 的专利。所以在培养面向 2035 工程人才时我们一定要重视原创，不仅要有创新，更要有原创，同时"倡导敬业、精益、专注、宽容失败的创新创业文化，完善试错容错纠错机制"（新华社，2021），让工程人才能够没有后顾之忧地进行创新，只有这样才能为我国的工程技术发展提供坚实的基础。

另外在《规划和纲要》中，我们发现国家未来对于基础研究的重视。《规划和纲要》指出："强化应用研究带动，鼓励自由探索，制定实施基础研究十年行动方案，重点布局一批基础学科研究中心，建立健全符合科学规律的评价体系和激励机制，对基础研究探索实行长周期评价，创造有利于基础研究的良好科研生态；实施产业基础再造工程，加快补齐基础零部件及元器件、基础软件、基础材料、基础工艺和产业技术基础等瓶颈短板。"（新华社，2021）。在之前的发展中我们过多地重视应用而对基础的研究重视不够，在工程人才的培养中也是如此，太过于重视应用能力的培养而忽视了基础能力的培养。因此在对未来工程人才的培养标准上要把基础研究的能力放到重要的位置上，学校在专业的开设上也应当重视基础学科、基础产业的专业，这种对基础能力和基础研究的培育是创新和原创性产生的重要条件。

4.1.1.2　构建国内新发展格局与实施高水平对外开放

面向未来的工程人才培养标准要同时重视面向国内新发展和对外开放对外合作两个维度。

在构建国内产业新发展格局的主题上，《规划和纲要》指出，要提升产业链供应链的现代化水平，推动制造业优化升级，"坚持经济性和安全性相结合，补齐短板、锻造长板，分行业做好供应链战略设计和精准施策，形成具有更强创新力、更高附加值、更安全可靠的产业链供应链……深入实施智能制造和绿色制造工程，发展服务型制造新模式，推动制造业高端化智能化绿色化"（新华社，2021）。这一系列的推动，为我们的工程人才培养提出了更高的要求。随着强大国内市场、畅通的国内大循环的形成，不断升级和优化的产业要求我们的人才培养要重视人才的适应性和发展性，面向未来的工程人才，不但要能掌握当下的工程技术知识和能力，同时也要能够紧跟迅速发展的国内格局，快速适应不断发展的产业，能够融入和铸造新兴产业，这需要知识技能和精神的双重保障。我们在建设高水平人才培养体系的时候，容易习惯性地把西方的人才培养标准作为我们最重要的参照，容易眼睛只盯着国外而忽视了国内，因此我们首先要重视工程人才培养在发展重点上的偏向性，应当以国内的发展为重点，更多以国内发展的需求作为核心。

在重视国内视角的基础上，人才的国际视野与国际合作和交流的能力也是不可忽视的。《规划和纲要》指出，"立足国内大循环，协同推进强大国内市场和贸易强国建设，形成全球资源要素强大引力场，促进内需和外需、进口和出口、引进外资和对外投资协调发展，加快培育参与国际合作和竞争新优势……推动中国产品、服务、技术、品牌、标准走出去"（新华社，2021）。尽管在过去的一段时间内逆全球化似乎成为了国际合作和交流的主题，但是我国提出了人类命运共同体与"一带一路"倡议，这对我们的工程人才培养在国际视野上有了更高的要求，我们所培养的工程人才应当能够走出去，能够与国际上的其他工程人才进行竞争、合作、交流，能够把自身的发展与产业技术的发展放到一个更宏大的国际视角中去思考和实践。

4.1.1.3　人的全面发展与思想政治的支撑

面向未来的工程人才培养标准，应重视人的素养和理想信念、规则法律意识的教育。

在面向2035的工程人才培养标准中，不仅应当重视知识技能上的培养，更要对人的全面发展和其精神思想进行培养。这一部分的内容我们通常会把它归纳到思政的体系中去，但是针对工程人才的培养有相关的特殊性，我们更应该要制定符合工程人才培养的人的全面发展和思想政治的支撑标准。

《规划和纲要》指出，"建立健全'不忘初心、牢记使命'的制度和长效机制，加强和改进思想政治工作，持续开展中国特色社会主义和中国梦宣传教育，加强党史、新中国史、改革开放史、社会主义发展史教育，加强爱国主义、集体主义、社会主义教育"（新华社，2021）。对于我国各种人才的培养来讲，思想政治教育是必不可少的，在牢固的政治思想和坚定的理想信念的支撑下，知识与技能才能发挥出它应有的作用。对于未来的工程人才培养来说，首先应当加强爱国主义教育，我们的工程人才培养是为国家发展服务的；其次应当重点发展不忘初心、牢记使命的教育，当前我们所碰到的人才发展异化、偏离、功利的问题，都是忘记初心的体现。

同时，《规划和纲要》提出，要弘扬中华优秀传统文化，提升中华文化的影响力，培养具有人文素养的人才。这是我们在制定工程人才培养标准中非常容易忽略的部分。一段时间以来自然科学和社会科学的冲突与对立，导致我们培养的一些社会科学人才没有科学精神，自然科学人才缺乏人文素养。对于工程人才而言，具备人文素养是工程技术推进的重要保障，也是工程审美、工程文化的基础。

最后，《规划和纲要》提出，要完善弘扬社会主义核心价值观的法律政策体系，把社会主义核心价值观要求融入法治建设和社会治理；推进公民道德建设，大力开展社会公德、职业道德、家庭美德、个人品德建设。在学术不端和学术道德事件频发的今天，我们对工程人才的培养标准更应当重视关于遵守工程伦理和工程相关的法律法规方面的内容。伪造芯片、医疗数据造假、违背基因编辑伦理进行人体实验等种种违反伦理和法律法规的行为，都会给国家和社会带来巨大的伤害。当没有道德和法律的约束时，强大的科学技术和知识能力会带来更大的灾难。

4.1.2　国内学者与高校在工程人才培养上的经验和反思

自从我国提出要建设制造强国，培养更多工程科技人才以来，本国的学者和高校对工程人才如何培养以及要制定什么样的培养标准，进行了大量的实践，并在此基础上作出了评价和反思。这些反思跟评价可以帮我们总结已有的经验教训，为今后工程人才的培养以及其标准制定提供思考。

在面向 2035 年的工程人才培养标准之前，上一个阶段，也就是面向 2025 年的工程人才培养所带来的思考和反思，是非常值得借鉴的。《中国制造 2025》与工程技术人才培养研究课题组在综合了大量的实践调查和探讨之后，认为我国目前工程人才培养的结构和质量与产业的需求尚有一定的差距；工程教育缺乏行业的引导和支持，工程师执业资格制度还不完善，高校也无法按照行业的用人标准来进行人才培养，这与企业缺乏与高校人才培养合作的

积极性、校企合作缺乏制度和法律保障有很大的关系（《中国制造 2025》与
工程技术人才培养研究课题组，2015）。

研究者们指出，人才培养的质量标准体系不够完善，机制不健全，保障
不到位，教学方法和评价方式过于单一，知识更新速度较慢，教学手段不够
先进；同时由于培养标准中缺乏相关的具体标准指引，导致学生的创新意识
和创新创业意义能力不足，缺乏探索和批判的勇气；一部分工科院校由于培
养理念和培养条件的缺乏，导致学生缺少团队合作意识，缺少沟通协调能力，
缺少社会责任感和全球视野等人文素养（《中国制造 2025》与工程技术人才
培养研究课题组，2015；方冬慧，2018；刘雪静、黄薇，2014）。中低端人才
理论素养不足，高端人才实践能力不足；培养标准太过于注重应试量化，机
械单一，专业划分过于细致，过窄，缺乏交叉性、综合性和其他专业的互动。

鉴于这些对人才培养现状的反思，研究者们为进一步推进我国工程人才
培养，对人才培养标准进行修改和发展提出了一些思路：

（1）要面对和适应日益更新的工程专业挑战，顺应时代的发展。

（2）可以借鉴国外的先进经验，推动人才培养标准的进一步改革（李丽
红、高桂娟、金子祺，2020）。

（3）以人为本，重视文化背景，重视文化对工程人才的影响以及工程人
才在活动中造就的文化（王世斌、顾雨竹、郄海霞，2020）。

（4）继续推进教育为社会主义现代化服务的政策，促进工程人才的全面
发展（教育部，2010）。

（5）不仅要强调应用，更要强调技术创新，强调"创新以致用"（孟凡
芹等，2015）。

（6）培养目标和标准的确定必须立足对产业发展人才需求的深刻理解，
紧密对接人才培养与社会发展需要（施晓秋、蒋宗礼，2016）。

4.1.3　国际上对工程人才培养的经验借鉴

对于工程人才的培养来说，国外有很多的经验可以借鉴，学术研究者、
教育者和各类的组织制定了不同的对于工程人才的标准，这些标准和论述可

以为我们面向 2035 年的工程人才培养标准的前瞻带来一定的启示，和我们已有的标准和思想进行互补。

目前，国际工程教育界最具影响的人才培养标准包括 CDIO 标准和美国 ABET 工程类和技术类专业认证标准，其变化和调整表明了国际工程人才培养标准的新动向（顾雨竹、郄海霞，2017）。CDIO 是由美国麻省理工学院和瑞典皇家理工学院等四校提出的构思（conceiving）、设计（design）、实现（implementing）、运行（operation）的工程教育理念，其 2.0 版本还增设了工程领导力和工程创业两个子模块。而 ABET（Accreditation Board for Engineering and Technology）则是国际上公认最具权威和普遍性的认证体系，也是发起华盛顿协议的 6 个工程组织之一，它以一个独立于政府之外的民间组织的身份，为工程教育制定专业鉴定政策、准则和程序（ABET，2021）。除了这两个广为人所知的组织标准之外，还有一些其他国家的组织为工程人才培养标准提出了自己的理解。

4.1.3.1　澳大利亚工程师协会

澳大利亚工程师协会制定了面向成熟的职业工程师的职业标准手册，该手册可以被认为是澳大利亚工程师协会对于工程人才培养的期望，其中对职业工程师应当具备的角色定位进行了描述，并且详细地叙述了他们应当具备的各方面能力。

1. 角色要求

澳大利亚工程师协会将职业工程师的角色要求分成 4 个方面（Engineers Australia，2017）：

（1）职业工程师被要求对工程项目和过程最深远的意义负责。这其中包括材料、组件、分支系统、科技等功能的可靠性，将其整合为一个完整的可持续的和自我协调的系统，以及技术系统与其运行环境之间的所有互动。这就意味着在培养工程人才的时候不能只关心工程技术，对于工程人才的培养标准应当包括要求他们了解客户、广泛的利益相关者和整个社会的需求，要求他们能够做到在工程产品或者项目的整个生命周期内去优化社会、环境和经济成果。这不仅仅需要在标准中加入广泛的知识技能，还需要加入对于工程人才与其他学科专业和人员的互动能力，因为他们要负责向社会、企业和政府解释技术的可能性。

（2）职业工程师要负责从多个来源获取知识，以开发复杂事宜和问题的解决方案，确保技术和非技术因素得到适当的整合并负责管理风险和可持续性的问题。在澳大利亚工程师协会看来，虽然工程师的成果具有物理的形式，但是专业工程师的工作主要还是智力性质。也就是说，我们所培养的工程人才，除了要专注于他的知识应用和实践的能力，更应当重视工程人才关注技术进步和通过创新创造变革开发新技术以及其应用的能力。

（3）职业工程师特别有责任确保项目的各个方面都有坚实的理论基础和基本原则，并要清楚地了解新发展如何与既有经验和实践相联系。因此，我们制定面向未来的工程人才培养标准时，要强调夯实工程人才的理论基础，让他们能够把实践和理论结合起来，工程人才需要厘清工程技术发展的历史和脉络，了解与工程技术互动的其他学科的关联。这给予我们培养工程人才一个重要的启示，就是把工程人才培养的纵向系统和横向系统连接起来，并且让我们培养的人才能有一个更广度的认知，尤其是对其他学科甚至是社会科学的认知。

（4）职业工程师应当领导和管理与工程活动相关的团队，并要有能力建立他们自己的公司或者担任高级管理职务。这给我们的人才培养标准提出了一点启示，这是在培养面向未来的工程人才时还需要重视培养他们的管理能力和领导能力。优秀的工程人才，不仅仅是现场的应用者，更是行业的引领者和团队的领导者，他们应当有能力带领整个团队，创造出更好的工程产品。

2. 能力要求

在工程师应当具备的能力方面，澳大利亚工程师协会将其分为 3 个大项，16 个小项。这 3 个大项分别是知识与技能基础、工程应用能力、专业和个人属性（Engineers Australia，2017）。

（1）知识和技能基础。其中包括 6 个小项分别是：对于自然物理科学以及适用于工程学科的工程基础知识的全面的基于理论的理解；对于支撑工程学科的数学、统计、数字分析、计算机和信息科学的概念性理解；对于工程学科的专业知识体系有深入的理解；对工程学科内在知识发展和研究方向的认知；了解工程设计实践和影响工程学科的背景因素；了解特定学科中可持续工程实践的范围、原则、规范、责任和界限。

（2）工程应用能力。包括 4 个小项：应用已有的工程方法解决复杂工程问题；熟练应用工程技术、工具和资源；系统工程综合与设计过程的应用；系统方法在工程项目实施和管理中的应用。

（3）专业和个人特征。包括 6 个小项：道德行为和职业责任；在专业和非专业领域进行有效的口头和书面沟通；创造性、创新性和主动性；信息的专业使用和管理；有秩序地管理自己的职业行为；有效的团队成员和团队领导能力。

澳大利亚工程师协会在这方面所制定的能力标准给予了我们培养工程人才的启示，在对于工程人才能力的认定中还包括个人特征的认定，它在人才培养中不仅仅属于德育的范畴也同样是属于专业的范畴。这是目前在我国工程人才培养标准中所欠缺和不够详细的。可以这么认为，工程人才的专业和个人特征不仅仅是发挥知识技能的基础和条件，同样也是他们达到更高高度的必备能力。

4.1.3.2　英国皇家工程师协会

作为最早和最有成效的开展工程教育的国家之一，英国在工程人才培养上面的成就有目共睹，作为英国最重要的工程人才组织，英国皇家工程师协会在《全球工程能力报告》（Global Engineering Capability Review）中提出了关于工程人才培养的 6 点思维习惯，可以为我们制定面向未来工程人才培养标准的工程思维方面提供借鉴（Royal Academy of Engineering，2021）。

（1）系统性思维。能够看到一个整体的系统，以及知道各个部分是如何连接、合成、依存的。

（2）发现问题思维。找到需求，检视现有的解决策略，调查背景并进行验证。

（3）想象的思维。从抽象到具象的能力，能对材料、物理空间和实用设计解决方案进行脑内预演。

（4）提升的思维。通过实验和原型开发进行设计、假设、草图、猜想的思维。

（5）创造性问题解决思维。从不同的传统应用科技，汇聚他人的解决方案和思路，接受逆耳忠言，把工程看作一个团队活动。

（6）适应的思维。测试、比较、反思的思维。

在制定面向 2035 年的工程人才培养标准时，除了要考虑到知识和技能、思想道德品质之外，还应当加入对于工程人才思维方面的培养标准，这让我们能够更有针对性地设计课程，这也是我们之前的标准中较为忽略的部分。

4.1.3.3　经济合作与发展组织

经济合作与发展组织（OECD）是由 30 多个市场经济国家组成的政府间国际经济合作组织，在国际政治经济发展中扮演着重要的角色。作为一个一直致力于国际合作和交流的组织，OECD 对人才的国际竞争能力有着非常重要的论述。

OECD 所认为的人才国际能力分为 4 个部分，分别是检视本土、国际和跨文化事宜的能力；理解和欣赏他人和国际观点的能力；为集体利益和可持续发展采取行动的能力；参与开放、适合、有效的跨文化互动的能力（OECD，2018）。OECD 对于人才国际能力的论述可以详细地补充我们对于面向未来工程人才培养标准中国际能力的论述，通过技能、知识、价值、态度四个向度，着重培养人才的合作、鼓励激励他人、团队协作、好奇心以及有效交流等方面的思想和行为。

在 OECD（2018）的基础上，奥尔蒂斯－马科斯和布鲁科（Ortiz-Marcos & Breuker，2020）对人才的国际能力态度和个人特质进行了分类论述，进一步阐释了人才在国际能力上需要具备的条件。其中包括：

（1）对话交流的能力，对应的是开放的态度和接受差别性的个人特质。

（2）使用外语交流的能力，对应的是灵活的态度和积极应对的个人特质。

（3）整体思维的能力，对应的是适应的态度和适应力的个人特质。

（4）协商的能力，对应的是求知欲的态度和主动性的个人特质。

（5）冲突管理的能力，对应的是自信的态度和面对挑战的个人特质。

（6）合作的能力，对应的是自我认知的态度和面对挑战的个人特质。

（7）解决问题的能力，对应的是共鸣共情的态度和创造性的个人特质。

（8）鼓励和激励他人的能力，对应的是国际化倾向和坚韧不拔的个人特质。

（9）团队合作的能力，对应的是社交的态度。

（10）对世界联系性理解的能力。

（11）决策的能力。

以上论述中有许多与国际能力有关的项目和特质是我们在工程人才培养标准中不常见到的，但对于工程人才的国际能力的培养而言却至关重要，例如冲突管理的能力、鼓励和激励他人的能力、使用外语交流的能力等，这是我们在未来工程人才培养标准中可以加入的部分。需要再一次指出的是，OECD 对于人才国际能力的论述不仅仅是国际化同时也是本土化，只有基于本土化才有国际化和跨文化交流的能力。

总之，西方对于工程人才培养标准的制定是从西方文化社会和需求的角度出发的，它诞生于西方的背景，带有典型的西方认知思维，且是为西方工程技术的发展服务的。它并不完全适用于中国面向 2035 年的工程人才标准的前瞻，因此在制定我们自己的人才培养标准时，依然要坚持以中国国情为出发点，以中国的需要作为核心内容，以中国的社会运行方式作为思维框架，绝不能照搬照抄西方的经验和标准，更不能觉得西方的经验和标准高人一等，处处将西方国家、协会、组织的认证标准作为要求，而应当以西方的人才培养标准为借鉴，取其精华、去其糟粕，制定属于中国的人才培养详细标准。

4.2　面向 2035 建筑工程领域发展前瞻

《中华人民共和国国民经济和社会发展第十四个五年规划和 2035 年远景目标纲要》提出，"2035 年基本实现社会主义现代化的远景目标，建成健康中国，形成绿色生产生活方式，碳排放达到峰后稳中有降"，强调"加快数字化发展，以数字化转型整体驱动生产方式、生活方式和治理方式变革"。

建筑业是我国国民经济的支柱产业，但其碎片化、粗放式发展模式带来的产品性能欠佳、生产效率低下、资源消耗巨大，环境污染严重等问题依旧突出，距高质量发展要求仍有差距。为此，国家"十四五"规划明确提出"加快推动传统产业高端化、智能化、绿色化，推动绿色低碳发展，支持绿色技术创新，发展绿色建筑"。同时，发达国家和地区相继发布了建筑业发展战略，强调建筑业应通过工业化、数字化、智能化等方式增强产业竞争力。

在此背景下，基于"立足现在、谋划未来"的基本思路，通过对建筑工程领域未来发展方向、发展需求和变化趋势的研究分析，本书提出面向2035年的建筑工程领域发展思路、战略目标以及科技发展与人才培养路径，为制定面向2035年的建筑工程领域现场工程师的人才要求与培养标准提供依据与指导。

4.2.1　世界建筑工程领域科技发展展望

4.2.1.1　建筑工程领域科技国际前沿

美国：《美国基础设施重建战略规划》明确建筑产品和基础设施要实现安全（韧性）、绿色和耐久，并关注建造过程的经济效益和可持续发展。该规划提出：到2025年，建筑产品全寿命周期的成本要比现在降低50%；到2030年，工程建设百分之百要实现碳中和设计。与此同时，美国还提出了《地球自然灾害防护计划》，旨在准确了解大自然灾害对城市基础设施的破坏效应，并提高其抵御自然灾害的能力。

英国：《英国建造2025》制定的远景目标、共同目标中都强调了绿色、可持续发展的内容，提出了实施数字设计、智慧建造，低碳和可持续建筑的战略措施。

日本：《建设工地生产力革命》（i-Construction）从建筑产品的品质、安全、效益到创新等方面，强调绿色。日本的关注重点在工地，并指出，工地上的管理水平太低，不可能有工程安全和质量，更不可能有绿色。

综上可见，未来 15～30 年，国外主要发达国家建筑工程科技领域的发展前沿是：以安全、高效、绿色为核心，推进建筑工程向工业化、智能化、绿色化的方向发展。

4.2.1.2　建筑工程领域科技发展图景

展望 2035 年，建筑工程科技领域孕育着一批具有重大产业变革前景的颠覆性技术（聂建国，2016；"中国工程科技 2035 发展战略研究"项目组，2019）。

（1）可持续高性能土木工程材料与结构体系关键技术群。这包括：以高安全性能、高施工性能、高使用性能、高耐久性、高维护性能和高经济性能等特征的高性能可持续结构体系；实现感觉和自我调节功能的"智能材料－结构系统"；基于大数据的土木工程基础设施健康管理技术；利用生物技术延长建筑物寿命，增强防腐防破能力，减轻或消除施工带来的污染，有效利用新能源技术。

（2）恶劣环境条件下的巨型复杂土木结构工程关键技术群。面向特殊功能需求和恶劣服役环境，土木工程先进科技成果推广到能源工程、海洋工程、国防工程等交叉学科领域，不断涌现出超大规模地下空间结构、空中城市结构、海上城市结构的建造技术，以及适用于跨海连岛工程的新型超大跨度桥梁、深海基础、超长海底隧道结构的建造技术。

（3）土木工程结构智能绿色建造关键技术群。传统土木工程技术逐渐与电子控制技术、信息技术、智能设备、数字仿真技术和数据挖掘技术等深度融合，涌现出可对土木工程建造过程进行监测、感应、数据采集与分析的智能设备，机器人在极端恶劣环境和高风险区域开展施工，现场工程师、工人和监理穿戴便携式智能设备对土木工程建造过程进行实时交流。

（4）土木工程结构高性能模拟仿真关键技术群。复杂土木工程环境的感知、融合与表达技术体系不断发展，土木工程建造与运营的数据集成、虚拟仿真和动态模拟能力不断加强。对一些工程规模特别大、安全性要求特别高或建造环境和地质条件极为复杂的工程，以信息技术、仿真技术、可视化技术和虚拟技术为支撑，构造一个集成的、综合的、可运行的重大工程安全仿真环境，实现重大工程全寿命周期演变的精确、逼真的仿真，实现重大工程结构安全分析与仿真的数字化、综合化和智能化。

4.2.2　2035 年我国建筑工程领域发展需求分析

4.2.2.1　绿色建筑及建筑工业化

绿色建筑是指在全寿命期内，节约资源、保护环境、减少污染、为人们提供健康、适用、高效的使用空间，最大限度地实现人与自然和谐共生的高质量建筑。绿色建筑的基本内涵可归纳为：减轻建筑对环境的负荷，即节约能源及资源；提供安全、健康、舒适的生活和工作空间；与自然环境亲和，做到人及建筑与环境的和谐共处、永续发展。2013 年，国务院办公厅转发了国家发展改革委和住房城乡建设部的《绿色建筑行动方案》，将推动建筑工业化作为一项重要内容。党的十八大报告明确提出，"要坚持走中国特色新型工业化、信息化、城镇化、农业现代化道路，推动信息化与工业化深度融合"。

进入新的发展阶段，以信息化带动的工业化在技术上是一种革命性的跨越式发展，从建设行业的未来发展看，信息技术将成为建筑工业化的重要工具和手段。

建筑工业化是城乡建设实现节能减排和资源节约的有效途径，是实现绿色建造的保证，是解决建筑行业发展模式粗放问题的必然选择。绿色建筑是系统工程，是建筑业整体素质的提升，是现代工业文明的主要标志。建筑工业化的绿色发展必须依靠技术支撑，必须将绿色建筑的理念贯穿到工程建设的全过程。

从健康角度来看，绿色建筑及建筑工业化提供了安全健康的人居环境，满足人民对美好生活的向往。从环境角度，它追求与环境和谐共处的可持续发展；从排放角度，强调降低环境负荷。因此，绿色建筑、建筑工业化与国家"十四五"规划的理念相吻合，是建筑领域实现"双碳"目标的重要路径。

1. 发展历程

早在 20 世纪 60 年代，美国建筑师保罗·索勒瑞就提出了生态建筑的新理念。20 世纪 70 年代，石油危机使得太阳能、地热、风能等各种建筑节能技术应运而生，节能建筑成为建筑发展的先导。1992 年"联合国环境与发展大会"使可持续发展思想得到推广，绿色建筑逐渐成为发展方向。1990 年世界首个绿色建筑标准在英国发布。之后，美国、加拿大等陆续推出了地区性的绿色建筑标准。

20 世纪 90 年代，绿色建筑概念引入我国。2004 年 9 月建设部"全国绿色建筑创新奖"的启动标志着中国的绿色建筑发展进入了全面发展阶段。2006 年，住房和城乡建设部正式颁布了《绿色建筑评价标准》。2007 年 8 月，住房和城乡建设部又出台了《绿色建筑评价技术细则（试行）》和《绿色建筑评价标识管理办法》，逐步完善适合中国国情的绿色建筑评价体系。2008 年，住房和城乡建设部组织推动绿色建筑评价标识和绿色建筑示范工程建设等一系列措施，成立了中国城市科学研究会节能与绿色建筑专业委员会，对外以中国绿色建筑委员会的名义开展工作。2013 年又颁布了《绿色工业建筑评价标准》（GB/T50878 - 2013）、《绿色办公建筑评价标准》（GB/T50908 - 2013）。2016 年国务院办公厅印发《关于大力发展装配式建筑的指导意见》；2019 新版《绿色建筑评价标准》（GB/T50378 - 2019）颁布；为贯彻落实习近平生态文明思想和党的十九大精神、推动城乡建设绿色发展和高质量发展、以新型建筑工业化带动建筑业全面转型升级、打造具有国际竞争力的"中国建造"品牌，住房和城乡建设部等 9 部门 2020 年联合印发了《关于加快新型建筑工业化发展的若干意见》。

2. 发展现状

随着中国绿色建筑政策的不断出台、标准体系的不断完善、绿色建筑实施的不断深入及国家对绿色建筑财政支持力度的不断增大，中国绿色建筑保持迅猛发展态势。截至 2017 年底，我国共有绿色建筑标识项目 1 万余个，建筑总面积超过 10 亿平方米[①]。从绿色建筑标识项目分布情况看，东部沿海经济发达地区的绿色建筑发展较快、数量较多，中西部经济欠发达地区的绿色建筑发展相对较慢、数量较少。在绿色建筑星级分布上，根据 2008~2017 年的标识数量统计，高星级项目占比逐年提高。在建筑类型分布上，在 2008 ~

① 绿色·健康·智慧·环保——绿色建筑求"质"时代来临［J］.城市住宅，2018，25（5）：5.

2017 年的建筑标识比例中，公共建筑与住宅建筑占比差距较小，但工业建筑占比较低。截至 2016 年 9 月，寒冷、夏热冬冷、夏热冬暖 3 个气候区共获得4237 个绿色建筑标识认证，占全国获取绿色建筑认证项目总量的 94%；其中夏热冬冷地区 2147 个项目获得绿色建筑认证，占认证总数的 48%；寒冷地区1391 个项目获得绿色建筑认证，占认证总数的 31%（赵强等，2021；张季伟等，2021）。

3. 发展趋势分析

尽管绿色建筑与建筑工业化发展势头良好，规模上升较快，但发展过程中也暴露出一定问题，需要在未来发展中着力解决。未来绿色建筑发展呈现三个趋势：从"设计"绿色建筑向"全过程"绿色建筑转变、从技术绿色向管理绿色转变、从政策绿色到市场绿色转变。

从"设计"绿色建筑向"全过程"绿色建筑转变。目前，我国已完成的绿色建筑评价项目中，94% 为设计标识，而获得运营标识的项目较少（赵强等，2021）。一方面，由于规范建设的不完善，缺少对绿色建筑全过程运营效果的可靠模拟，导致全过程评价困难；另一方面，绿色建筑的实际运行效果受规划设计、施工建设、运营管理等的影响，只针对某个阶段进行的绿色建筑评价存在片面性。面向 2035 年的"绿色建筑"发展要从设计"绿色"向全过程"绿色"转变，需要从政策、规范、评价手段等方面进行深入研究。

从技术绿色向管理绿色转变。绿色建筑的评价体系存在"重技术、轻运营"问题，市场实践中，也存在设计阶段利用新技术营造噱头，运营阶段管理粗放的问题。很多绿色建筑技术无法发挥其效能，不恰当的应用还有可能带来更多的能耗和浪费，违背绿色建筑的初衷。因此，面向 2035 的绿色建筑发展将从单纯的单项技术绿色，向系统整体绿色、运营管理科学系统性转变。这也同样依赖于管理水平的提高和评估体系的完善。

从政策绿色到市场绿色转变。目前的绿色建筑发展是以政策导向为主，缺乏市场端从下而上的自发改进。建筑的开发者、建设者、使用者只关注于建筑短期效益，对全生命周期的环境效益、经济效益了解不多或者缺乏重视，也是绿色建筑发展虽然看上去轰轰烈烈、数量庞大，但社会经济效益不明显，其理念并未深入各利益方生活的重要原因。

面向 2035 年的绿色建筑发展过程中，需要在上述评价手段研究完善的基础上，以政策引导，将环境效益、生态效益与各利益方的经济效益直接挂钩，使政府行为过渡到市场行为，形成自下而上的绿色建筑发展新形势。

4.2.2.2　智能建筑及智慧建造

1. 含义及发展历史

随着大数据、物联网、云计算等新一代互联网技术进入建筑行业，建筑智能化技术也开始提档升级，不断延伸、拓展，"智能建筑"概念随之兴起。智能建筑是指通过将建筑物的结构、系统、服务和管理根据用户的需求进行最优化组合，从而为用户提供一个高效、舒适、便利的人性化建筑环境。这个概念由美国建筑学会首次提出。

杨宝明（2010）指出，利用信息化技术让建造手段更加精细化，减少日前严重存在的材料浪费、窝工、进度延迟、施工错误等信息，大大降低成本，是多方受益的"智慧建造"。其有两层含义：一是产业的和谐发展，与大自然和谐可持续发展。我国建筑业规模约占全球 50%，建筑用钢材水泥约占全世界 50%，是资源能耗、能源消耗和污染产业最大的行业，实行精细化管理减少消耗和排放时不我待。二是让行业武装先进的数字神经系统。无论是行业还是企业、项目管理，都在先进的信息化技术系统支撑下，经营环境公平透明，企业项目管理高效精细（杨宝明，2010）。

智慧建造是智慧城市、智能建筑的延伸。即，"智慧""智能"延伸到工程项目的建造过程中，就产生了智慧建造的概念。智慧建造意味着在建造过程中充分利用智能技术及其相关技术，通过建立和应用智能化系统，提高建造过程智能化水平，减少对人的依赖，实现安全建造，并实现性能价格比更好、质量更优的建筑。

2020 年 8 月 28 日，住房和城乡建设部、教育部、科技部、工业和信息化部、自然资源部、生态环境部、中国人民银行、市场监管总局、银保监会等九部门联合印发《关于加快新型建筑工业化发展的若干意见》，以大力发展建筑工业化为载体，以数字化、智能化升级为动力，创新突破相关核心技术，加大智能建造在工程建设各环节的应用，形成涵盖科研、设计、生产加工、施工装配、运营等全产业链融合一体的智能建造产业体系，提升工程质量安全、效益和品质，有效拉动内需，培育国民经济新的增长点，实现建筑业转型升级和持续健康发展。到 2025 年，我国智能建造与建筑工业化协同发展的政策体系和产业体系基本建立，建筑工业化、数字化、智能化水平显著提高，建筑产业互联网平台初步建立，产业基础、技术装备、科技创新能力以及建筑安全质量水平全面提升，劳动生产率明显提高，能源资源消耗及污染排放大幅下降，环境保护效应显著。推动形成一批智能建造龙头企业，引领并带动广大中小企业向智能建造转型升级，打造"中国建造"升级版（聂建国，2016）。

2. 发展趋势分析

土木工程产业表现出高度工业化与智能化的特征，绿色低碳可持续、空间资源能源利用效率高将成为土木工程产业发展的基本原则。土木工程技术将与其他领域先进技术，如人工智能、物联网、自动化等，高度融合集成。其发展主要体现在以下两方面：

第一，智慧建造技术发展。技术发展和普及是智慧建造赖以生存和发展的根基。通过学科交叉，将人工智能领域的先进技术嫁接到建造领域，并针对性改进与发展，形成适合于建造领域的智慧科技，是建造智慧化、建筑智慧化的根本保证。

第二，创新管理推动智慧建筑与建造。结合建筑领域的实践经验与先进的技术，充分利用各种资源，实施单位间、部门间协同创新，才能充分发挥智慧建造的优势。

4.2.3　我国建筑工程领域科技发展前瞻

4.2.3.1　发展思路与目标

根据"中国工程科技 2035 发展战略研究"项目组（2019）对中国建筑工程领域 2035 发展趋势的研究，2035 年我国建筑工程领域科技发展思路与目标如下：

（1）发展思路。在 2035 年国家新型城镇化建设战略、"一带一路"倡议、可持续社会建设压力、人口红利消退等一系列国家经济社会发展情景下，发展高性能可持续土木结构工程技术将成为面向 2035 年我国建筑工程领域科技发展的核心战略。多学科交叉融合将成为未来建筑工程领域技术发展的突出特征，新材料、信息化、机械控制、电子、网络等技术将为未来建筑工程领域技术发展带来新动力。预计 2035 年，建筑工程领域将全面实现绿色低碳可持续、现代化与智能化、产业结构转型升级、民生保障质量提升的发展愿景。

（2）战略目标。网联化、协同化、智慧化的建筑工程领域科技取得重大进展，基础设施和技术装备全面达到国际领先水平，相关产业转型升级基本完成。发展以高安全性能、高施工性能、高使用性能、高耐久性能、高维护性能和高经济性能等为特征的高性能结构体系为核心目标。围绕发展目标，高性能可持续土木工程技术体系走向产业化并广泛应用，土木工程先进技术在海洋、国防、新能源等其他领域发挥重要作用，智慧建造与运营支撑体系走向成熟并在其他领域深度推广，开发出具有国际影响力的自主知识产权土木工程 CAE 软件及先进规范标准体系。

4.2.3.2　发展路径

根据"中国工程科技 2035 发展战略研究"项目组（2019）对中国建筑工程领域 2035 发展趋势的研究，面向 2035 年建筑工程领域的重点任务是发展全生命周期可持续高性能结构工程，发展恶劣环境下的复杂工程建造和健康维护技术。为实现重点任务，应集中力量发展"可持续高性能土木工程材料与结构体系关键技术""全生命周期土木工程结构设计、施工、运维关键技术""恶劣环境下复杂土木工程结构工程关键技术""土木工程结构智能绿色建造关键技术"等（"中国工程科技 2035 发展战略研究"项目组，2019；中国工程院土木、水利与建筑工程学部，2012）。

1. 可持续高性能土木工程材料与结构体系关键技术

发展以高安全性能、高施工性能、高使用性能、高耐久性能、高维护性能和高经济性能等为特征的高性能结构体系。研发高性能可持续土木工程材料及其在工程结构中的应用技术，实现"材料高性能"向"结构高性能"的跨越。高性能结构工程针对不同工程结构在不同环境或使用要求下对其性能的不同要求，应具有不同的性能特点和表现形式，特别是针对大型立体城市集群构建、深海工程建设等领域工程具有巨型化、复杂化、超高化、系统化的突出特征，因此对高性能可持续结构工程提出了更综合且更复杂的性能需求。研发包括超高性能混凝土、长寿命高抗裂及裂缝自修复混凝土、高耐久智能混凝土在内的土木工程材料将会极大地提升基础设施的综合力学性能、安全性、耐久性和智能性，实现其轻量化、高性能化、损伤可控、可持续化以及全寿命周期维护成本最小化设计。

2. 全生命周期土木工程结构设计、施工、运维关键技术

建立与我国工程结构服役环境相适应的结构全生命周期设计、耐久性结构施工、运营维护技术体系，包括：研发可持续结构工程的分析、设计、建造、运营、监/检测、维护、加固、改造集成技术；研究基于信息技术、大数据管理的土木工程结构全生命周期资源配置技术；研发土木工程结构快速建造、拆除、分解、再利用、功能恢复集成技术；研发既有结构剩余使用年限的基准预测、结构延寿技术、退役拆除技术。

3. 恶劣环境下复杂土木工程结构工程关键技术

面向特殊功能需求和恶劣服役环境，将传统土木工程的先进科技成果推广到深海工程、新型能源、战略储备等一系列新兴产业，研发适用于大型立体城市集群建设的大规模地下空间结构、海上城市结构、空中城市结构，适用跨海连岛工程、漂浮平台岛屿的设计与建造技术，建立完善土木结构工程综合防灾减灾科技体系。

4. 土木工程结构智能绿色建造关键技术

预计到 2035 年，传统土木结构工程行业将完全被现代化、智能化、柔性化的制造、运输、安装和科学管理的生产方式所取代；劳动生产率将大幅提升，建设速度将显著加快，工程成本将逐步降低，工程质量将更易控制。到 2035 年，土木结构工程建造技术将逐步展现出现代化、工业化、智能化的特征。随着信息化技术、3D 打印技术以及大数据、互联网等手段的不断涌入，土木结构工程将实现高水平智能化的建造过程，绿色建造以及可持续建造理念也将得到普及。同时，通过将先进自动化技术、信息技术、机械技术与土木结构工程的有机融合，实现土木结构工程建造过程的自动化与智能化；利

用实时数据库、传感器、诊断装备、信息管理工具实现建造过程的科学决策；研究将智能设备用于土木工程建造过程中的监控、感应、数据采集、分析等；研发压电材料、光导纤维、形状记忆合金等智能材料在桥梁健康监测中的应用（张军等，2017）。为满足桥梁高精度动静态应变测量的要求，将基于实时监测数据研发新型智能传感材料，从而减少海量数据处理和人工诊断中遗漏的问题，达到验证设计、保障结构安全运营与及时预警的目的。智能减震、隔震设备的研发也将实现超长跨度桥梁的风致、地震、冲击、交通荷载等各种作用力下的自适应振动智能控制。

5. 土木工程结构高性能模拟仿真关键技术

目前我国在大规模基础设施建设的实践中解决了诸多土木工程技术难题，但所用的土木工程理论、方法与软件等基本都是发达国家学者最早建立的，特别是在结构工程抗震分析和设计中最常用的结构动力学、地震反应谱等理论方法、CAE 软件都是国外最早建立和开发的。此外，我国土木工程建设标准体系在顶层设计和编撰机制方面存在诸多不足，因此严重制约了标准的先进性及其引领作用的发挥。土木结构工程 CAE 软件以及规范标准体系历来是反映各国土木工程科技水平的标志性成果，也是制约我国土木工程科技国际竞争力的两大短板。我国必须在自主知识产权的土木结构工程 CAE 软件以及高水平规范标准体系方面取得突破性进展，构建引领先进科技潮流的土木结构工程规范标准体系。在模型试验方面，研发多灾种和极端恶劣环境的实验室模拟技术。

4.3　面向 2035 交通工程领域发展前瞻

习近平总书记在党的十九大报告中提出，中国从 2020～2035 年，在全面建成小康社会的基础上，再奋斗十五年，基本实现社会主义现代化。党的十九届五中全会通过《中共中央关于制定国民经济和社会发展第十四个五年规划和二〇三五年远景目标的建议》，坚持创新在我国现代化建设全局中的核心地位，并勾画了 2035 年基本实现社会主义现代化的远景目标。国家"十四五"规划明确提出未来 30 年我国将加快建设交通强国，其中到 2035 年，基本建成"人民满意、保障有力、世界前列"的交通强国，到 2050 年全面建成交通强国。

交通运输是国民经济重要的基础性、先导性、服务性行业，是社会生产、生活组织体系中不可缺少及不可替代的重要环节。交通工程是交通运输行业的一个重要领域，交通工程专业也是目前我国交通运输类专业群中的两大核心专业之一，重点培养交通运输领域工程建设、规划、设计与管理方面的工程技术人才。在社会经济快速发展以及新一代信息技术深度应用与跨界融合的新形势下，交通工程领域面临着安全、高效和环保等方面的重大挑战，为此，欧美日等世界发达国家均对交通工程科技发展作出了战略性规划。

在此背景下，本书基于"立足现在、谋划未来"的基本思路，通过对交通工程领域未来发展方向、发展需求和变化趋势的研究分析，提出面向 2035 年的交通工程领域发展思路、战略目标以及科技发展与人才培养路径，从而更好为制定面向 2035 新一代交通工程现场工程师的人才要求与培养标准提供依据与指导。

4.3.1　世界交通工程领域科技发展展望

4.3.1.1　交通工程领域科技国际前沿

美国以《2050 年远景：国家综合运输系统》为导向，统筹协调各种运输方式，合理配置和利用交通运输资源，发挥综合交通的整体优势，提出了建设具有一体化、国际化、联合化、包容化、智能化、创新化的"6I"型交通运输系统。

欧盟以《交通运输白皮书》为核心，注重道路网、公交网、铁路网、水运网的合理配置，相互衔接及综合交通枢纽建设，构建高效协同、绿色环保的综合交通运输系统，到 2050 年的主要目标包括：城市里不再有传统燃料车行驶；航空领域使用 40% 可持续的低碳燃料，海运方面减少至少 40% 的排放；使 50% 的中等距离的城市间旅行的乘客和货物改为乘用铁路或水运交通；

到 21 世纪中期，减少 60% 的交通运输碳排放。

德国实施《联邦交通网发展规划》的国家战略，综合考虑自然环境、区域发展与城市建设的整体利益，建设低排放、低成本、高效率、高协同的环境友好型交通运输网络。

英国发布《交通愿景 2050》，将以"无缝、安全、净零、互联、低成本、可及和可靠的方式"发展未来交通系统，到 2050 年，航空和城市交通、铁路货运以及往返英国岛屿的渡轮将完全实现自动驾驶，交通服务将"接近 100% 可靠"，尽管道路交通增加一倍，但"系统"将确保道路相关死亡人数为零。

日本以《综合交通政策体系》为战略导向，注重交通总体规划和交通方式的集约化，通过构建层次分明的内陆、海岸、航空等综合交通立体架构，实现高效有序的综合交通运输管理。

综上可见，未来 15～30 年，国外主要发达国家综合交通工程科技领域的发展前沿是：以安全、高效、绿色为核心，推进综合交通运输系统向网联化、协同化和智慧化的方向发展。

4.3.1.2　交通工程领域科技发展图景

展望 2035 年，交通工程科技领域孕育着一批具有重大产业变革前景的颠覆性技术：

（1）北斗卫星导航系统、5G/6G 通信、可信计算、移动互联、云计算、大数据、物联网、城市大脑、天临空地交通通信网等新一代信息技术的深度应用与跨界融合，将推动综合交通运输生产方式和发展模式的革命性变化。

（2）综合交通基础设施、运输工具、运行管理与服务都将在新一代信息技术的深入渗透下催生出新业态、新格局。

（3）陆海空交通资源将在信息技术的支持下全面整合，形成信息共享、资源协调、优势互补的网联化、协同化、智慧化立体综合交通系统。

（4）运载工具快速向智能化方向转型，无人驾驶、遥驾驶、空地一体化立体交通等新型交通系统不断涌现，并逐渐进入公众日常生活。

（5）移动互联网和大数据技术有效支撑综合交通信息的获取、交互、融合与决策，同一交通方式的系统要素之间协调组织，不同交通方式之间互联互通、综合协同，交通运输行业的服务品质和科学治理能力全面提升。

4.3.2　2035年我国交通工程领域发展需求分析

4.3.2.1　我国交通工程领域行业发展现状与趋势分析

1. 我国交通工程领域发展历程

相对于发达国家，我国交通工程领域经历了从传统交通工程向智能交通、智慧交通的演变历程，大致可以概括为4个发展阶段。

（1）20世纪30～90年代初期：传统交通工程建设期。1930年美国成立交通工程师协会，标志着交通工程学科的诞生。该协会初期主要探讨有关减少交通阻塞、保障交通安全和交通管理等问题。40年代注意到交通规划问题。50年代注意研究道路交通中人、车、路三者的相互关系，创立了交通流理论。60年代开始在交通工程中应用计算机控制信号灯、处理资料和制订规划，并注意研究交通公害问题。70年代在交通工程领域引入系统工程的知识。1978年以来，以张秋先生为代表的各国交通工程专家，先后在各地讲学，系统介绍了西方发达国家交通规划、交通管理、交通控制及交通安全等方面的建设与管理经验。80年代，我国交通工程进入快速发展期。1980年上海市率先在国内成立了交通工程学会，1981年中国交通工程学会成立。东南大学、同济大学、北京工业大学等院校相继设立了交通工程本科专业，并着手培养交通工程专业的硕士研究生和博士研究生。一般认为，我国交通工程学科产生于20世纪80年代初，而美籍华人张秋先生是该学科的奠基人。[①]

（2）20世纪90年代中期～2007年：智能交通建设期。自90年代中期开始，在科技部的大力支持下，我国高校和科研组织相继开展了智能交通系统（intelligent transportation system，ITS）发展战略、体系框架、标准体系等研

---

① 张郃生，等. 交通工程学基础［M］. 北京：人民交通出版社，2008.

究，集中进行了智能交通关键技术攻关和试点示范。随后，我国智能交通系统的建设逐步由靠科技立项推动发展，过渡到由业务应用推动的转换期，特别是在各地公安交管部门对各类智能交通视频监控系统建设需求的快速增加以及技术的不断成熟，智能交通逐步进入全面应用期，智能交通发展由面向公众的应用和行业应用主导。

（3）2008～2011 年：智慧交通概念的提出。2008 年底，智慧城市在中国首次提出引起各方关注，IBM 抓住机遇连续召开多场针对中国市场的研讨会，并与包括沈阳、南京在内的我国许多城市达成战略合作。智慧交通作为智慧城市中关键部分也引起了社会各界的研究兴趣。

（4）2012 年至今：智慧交通开启建设序幕。2012 年，中国成立了智慧城市创建工作领导小组，智慧交通是智慧城市的重要组成部分，由此智慧交通开启了建设序幕。2014 年，交通运输部在全国交通运输工作会议上提出当前和今后一个时期的战略任务是：全面深化改革，集中力量加快推进综合交通、智慧交通、绿色交通、平安交通的发展，简称"四个交通"，将智慧交通作为国家交通运输行业的重点建设内容之一。2016 年，交通运输"十三五"发展规划中提出"要求各地开展智慧交通示范工程"。2017 年 9 月，交通运输部颁布《智慧交通让出行更便捷行动方案（2017—2020 年)》，中国智慧交通进入全面建设阶段。

2. 智慧交通建设迎来政策机遇期

2017 年以来，中国颁布了一系列智慧交通、交通强国政策，重点引导交通数字化、智能化发展。

2017 年 9 月 14 日，交通运输部印发了《智慧交通让出行更便捷行动方案（2017—2020 年)》，提出四大建设方向：提升城际交通出行智能化水平；加快城市交通出行智能化发展；大力推广城乡和农村客运智能化应用；完善智慧出行发展环境。

2018 年 2 月，交通运输部颁布了《关于加快推进新一代国家交通控制网和智慧公路试点的通知》，提出 6 个重点方向：基础设施数字化、路运一体化车路协同、北斗高精度定位综合应用、基于大数据的路网综合管理、"互联网"路网综合服务以及新一代国家交通控制网。前期试点项目实施包括北京、河北、吉林、江苏、浙江、福建、江西、河南、广东等省份。

2019年9月，中共中央和国务院颁布了《交通强国建设纲要》，提出大力发展智慧交通。推动大数据、互联网、人工智能、区块链、超级计算等新技术与交通行业深度融合；推进数据资源赋能交通发展，加速交通基础设施网、运输服务网、能源网与信息网络融合发展，构建泛在先进的交通信息基础设施；构建综合交通大数据中心体系，深化交通公共服务和电子政务发展；推进北斗卫星导航系统应用。

2021年2月，中共中央、国务院印发了《国家综合立体交通网规划纲要》，明确发展目标是：到2035年，基本建成便捷顺畅、经济高效、绿色集约、智能先进、安全可靠的现代化高质量国家综合立体交通网。实现国际国内互联互通、全国主要城市立体畅达、县级节点有效覆盖，有力支撑"全国123出行交通圈"（都市区1小时通勤、城市群2小时通达、全国主要城市3小时覆盖）和"全球123快货物流圈"（国内1天送达、周边国家2天送达、全球主要城市3天送达）。交通基础设施质量、智能化与绿色化水平居世界前列。

2021年8月，交通运输部和科学技术部联合颁布了《关于科技创新驱动加快建设交通强国的意见》，聚焦制约交通运输高质量发展的主要问题，强化高质量科技供给，推动产业创新发展，促进新技术与交通运输融合，加强科技创新能力建设，完善体制机制，充分发挥科技创新在推动交通运输高质量发展中的关键作用，加快构建安全、便捷、高效、绿色、经济的现代化综合交通体系。到2035年，交通运输基础研究和原始创新能力全面增强，关键核心技术自主可控，前沿技术与交通运输全面融合，基本建成适应交通强国需要的科技创新体系。

2021年9月，为落实《交通强国建设纲要》和《国家综合立体交通网规划纲要》总体要求，加快建设交通强国，推动交通运输领域新型基础设施建设，交通运输部颁布了《交通运输领域新型基础设施建设行动方案（2021—2025年)》，坚持创新驱动、智慧发展，以数字化、网络化、智能化为主线，重点打造智慧公路重点工程、智慧航道重点工程、智慧港口重点工程、智慧枢纽重点工程、综合交通运输"数据大脑"等交通新基建重点工程，以点带面推动新基建发展，促进交通运输提效能、扩功能、增动能，不断增强人民群众获得感、幸福感、安全感。

3. 智慧交通成为智慧城市建设重要突破口

当前，智慧交通已成为智慧城市建设的重要突破口。首先，从应用成熟度看，在今天，无论是卡口还是电子警察，视频监控都是对图像和视频数据进行语意化和结构化处理最成熟、最完整、应用深度最深的领域。智慧交通可能是现在新兴技术和应用领域里，率先突破数据应用瓶颈的一个技术领域。其次，从技术角度看，包括大数据、云计算的技术架构，最先在智慧交通里落地，智慧交通也必将引领整个智慧城市各个子模块的技术潮流和走势。最后，从使用者与应用者关联的角度看，交通的智能化，最终会影响到每一个人骑车、驾车、公交出行的感受。要实现每位市民都有非常好的交通秩序体验，就需要智慧交通的技术方案去支撑实现。

4. 智慧交通行业发展趋势分析

尽管智慧交通已成为智慧城市建设的重要突破口和主力军，但智慧交通的特点在"智慧"，落脚点仍在"交通"，"智慧"服务于"交通"。在交通强国背景下，智慧交通从前期"单纯以新技术应用"为导向，开始向"业务问题解决的效率和质量"为导向转变，将更加注重对交通运输行业问题的解决实效，未来智慧交通将实现三个转变：由重"智慧"向重交通转变、由单一发展向融合发展转变、由重管理向重服务转变。

从技术发展趋势看，未来智慧交通技术发展的总体趋势主要包括以下四个方面：

（1）交通运行态势精确感知和智能化调控。从目前的交通运行态势来看，虽然人们可以在百度地图或者是高德地图上实时查到交通拥堵情况，但实时交通数据的融合和精确的感知还远远没有达到，包括手机通信数据、停车数据、收费数据、气象数据等都没有形成有效的大数据。而随着智能交通技术的进一步提升，交通数据的采集将迎来很大的变革，会逐步实现交通运行态势的精确感知和智能化控制。例如，公安部即将要推行的电子车牌，实际上就是在每辆车上装一个 FID 标签，这样在车辆的行驶过程中，就能够通过路测的浏览器清楚地了解车主的行车轨迹，采集有效的交通数据，实现数据的共享和流转。

（2）载运工具智能化与人车路的协同。随着汽车智能化程度的日益提升，适应智能汽车发展的交通应做哪些相应的变革是今后必须要思考的问题。就现阶段来说，部分车辆已经能够实现自动驾驶或者辅助驾驶，但这部分车辆在行驶过程中就不免受到其他非智能汽车的干扰，给行车过程造成危险。针对这样的问题，以后势必会在一些高速公路或者城市道路上专门为智能车设计专有的车道，缩短在行驶过程中，智能车和车之间的距离，这样道路的通过能力就会提高一倍。所以说为了适应汽车智能化的改变，就必须将整个人车路的体系配套起来做相应的变更，这也是智能交通技术需要研究的重要方向。

（3）基于移动互联的综合交通智能化服务。随着移动互联网应用的增多，目前出现了滴滴打车等打车软件，以及定制化公交等服务，人们的出行模式在逐渐发生着变化。未来买车或许不再是一种必要。此外，以后的交通信息服务会发展成像众包模式的信息服务，只是提供一个平台，具体交通信息由大家共同来提供。当然随着交通方式的改变，支付方式也会相应作出一定的变化，在未来无论是公交刷卡、高速收费还是停车收费都会通过一个统一的支付体系，更方便快捷地完成支付。在交通控制系统领域，交通控制策略会从最开始的模型驱动、区域控制向自动驾驶汽车的自主控制发展，现有的红绿灯系统也会相应地被取消。

（4）主动式交通安全保障与交通应急联动。目前涉及最多的主动安全防控技术，已经实现了全球定位系统的实时跟踪，接下来会向交通系统运行状态安全状态辨识、应急响应与快速联动技术几个趋势发展。另外交通状态的研判和主动安全保障技术也是未来的发展方向。这都是未来的一些技术，在不久的将来我们会看到的它们的应用。在科技部、国家发改委、交通运输部，包括工信部的支撑下，我们已经进行了项目的研究和标准化的工作，其中包括安全方面的、V2X通信方面的，以及我们在高速公路上也有一些实验的方式。

4.3.2.2　2035年我国交通强国发展愿景

综合交通运输作为经济社会发展的先导性、服务性行业，是社会经济活动的基础支柱和重要纽带。2035年，我国庞大的经济规模和人口数量，需要与之相适应的交通运输供给能力；交通运输的服务品质和安全需求也需要随着生活质量的提高而提升到新的水平；"碳中和、碳达峰"背景下，严酷的节能环保需求将驱动综合交通系统的运行效能不断提升。根据《交通强国发展纲要》和《国家综合立体交通网规划纲要》，从 2021 年到 21 世纪中叶，我国分两个阶段推进交通强国建设。

（1）到 2035 年，基本建成便捷顺畅、经济高效、绿色集约、智能先进、安全可靠的现代化高质量国家综合立体交通网，实现国际国内互联互通、全国主要城市立体畅达、县级节点有效覆盖，有力支撑"全国 123 出行交通圈"（都市区 1 小时通勤、城市群 2 小时通达、全国主要城市 3 小时覆盖）和"全球 123 快货物流圈"（国内 1 天送达、周边国家 2 天送达、全球主要城市 3 天送达）。交通基础设施质量、智能化与绿色化水平居世界前列。交通运输全面适应人民日益增长的美好生活需要，有力保障国家安全，支撑我国基本实现社会主义现代化。

（2）到 2050 年，全面建成现代化高质量国家综合立体交通网，拥有世界一流的交通基础设施体系，交通运输供需有效平衡、服务优质均等、安全有力保障。新技术广泛应用，实现数字化、网络化、智能化、绿色化。出行安全便捷舒适，物流高效经济可靠，实现"人享其行、物优其流"，全面建成交通强国。

因此，随着综合交通工程科技的不断进步，我国交通运输系统的效率、安全、节能、环保、智慧水平将提升至一个新的高度，同时，交通基础设施、载运工具、运营管理、运输与出行服务等产业将得到全面转型、升级和可持续发展。

4.3.2.3　2035 年我国交通工程领域科技发展需求

展望 2035 年，我国综合国力持续提升，新型工业化、信息化、城镇化、农业现代化的加速推进将带来旺盛的运输服务需求。综合交通工程科技发展面临的重大问题包括：协调组织多种运输方式，提升运行效率和服务品质；实现交通系统要素的协同运行，提升交通系统的安全水平，实现交通事故零死亡目标；降低交通运输的能耗与排放，降低交通系统对环境的影响。这些重大问题对综合交通工程领域的科技创新提出了新的重大需求。

（1）强化前沿关键科技研发。瞄准新一代信息技术、人工智能、智能制造、新材料、新能源等世界科技前沿，加强对可能引发交通运输工程产业变革（如无人驾驶等）的前瞻性、颠覆性技术的研究。强化汽车、民用飞行器、船舶等装备动力传动系统研发，突破高效率、大推力/大功率发动机装备设备关键技术。加强区域综合交通网络协调运营与服务技术、城市综合交通协同管控技术、基于船岸协同的内河航运安全管控与应急搜救技术等研发。

（2）完善道路交通、轨道交通、水上交通及航空交通基础设施及综合枢纽，整合各交通系统优势资源，构建不同运输方式的最优组合，实现综合交通运输系统的协调组织和竞合发展，满足城市群、城市带、城镇化发展的交通运输需求。

（3）构建交通物联网技术体系，为客货运输提供更完善的出行信息服务，满足旅客出行和物流运输的多样化、个性化和动态化需求，提升综合交通运营服务的协同能力。

（4）提升载运工具的自动化、智能化和协同化运行水平，促进以无人驾驶、遥控驾驶等为主要工具的空地一体化新型智能交通系统的建设与发展，增强交通事故的主动防控能力。

（5）充分利用移动互联网、大数据技术、云计算平台对综合交通多元感知数据进行有效管理、分析、共享与应用，推进多种交通信息服务平台的对接和交通共享出行模式的建立，为公众提供精准、人性化的综合交通信息服务。

（6）分析人口迁徙规律、公众出行需求、枢纽客流规模、运输工具行驶特征等，为优化综合交通运输设施规划与建设、安全运行控制、综合交通运输管理决策提供支撑，并采用一系列的技术与管理手段，持续降低交通系统能耗及对环境的不利影响。

4.3.3 我国交通工程领域科技发展前瞻

4.3.3.1 发展思路与目标

根据张军等（2017）对中国综合交通工程领域 2035 年发展趋势的研究，

2035 年我国交通工程领域科技发展思路与目标如下：

（1）发展思路。面向 2035 年，我国交通工程领域将以引领新型城镇化的创新发展、适应区域协同发展模式的重大变革、落实生态绿色发展的重大责任、支撑国民经济可持续发展为战略定位，坚持"供需平衡、快捷舒适、协同服务、安全可靠、智能高效"的发展思路，以移动互联、交通大数据、云计算等技术为主要手段，以网联化、协同化、智慧化为主要特征，以提升综合交通运输的协同运行水平、服务品质和主动安全保障能力为主要目标，实现我国综合交通工程科技的创新发展。

（2）战略目标。我国交通工程领域将以"协同运行"与"智慧服务"为两大重点发展战略目标，到 2035 年，我国网联化、协同化、智慧化的综合交通工程科技将取得重大进展，交通基础设施和技术装备全面达到国际领先水平，多种运输方式协同组织与运行优化趋于完善，形成一体化的综合交通服务体系，有力地支撑我国经济的增长和社会的进步；综合交通需求与供给基本平衡，交通拥堵得到有效缓解；各种交通运输方式实现信息共享，提供无缝衔接、高品质、差异化、智能化的综合信息服务。

4.3.3.2　发展路径

前文的发展战略目标，需要通过"绿色低碳背景下的综合运输组织与优化""移动互联环境下的综合运输协同服务""面向未来交通的新一代综合交通系统"三大重点任务的完成来实现。

（1）绿色低碳背景下的综合运输组织与优化。未来 15 年甚至更长一段时间，仍是我国城镇化、机动化的快速发展期，交通运输需求仍会持续增长。为解决交通供需矛盾问题，需要重点研究未来绿色、低碳和可持续发展背景下，综合交通枢纽协同组织与运行优化、货物多式联运智能化、旅客出行一体化等关键技术，提高综合交通运输的效能。

（2）移动互联环境下的综合运输协同服务。不断提升服务品质，是综合交通运输发展的主要目标之一。我国应以新一代信息技术特别是大数据、5G/6G、移动互联技术等为支撑，提高数据和信息的辅助决策能力，提升综合运输服务品质；重点研究综合交通大数据的多元感知与实时协同处理、移动互联环境下的综合交通信息服务等技术，提升移动互联环境下综合运输的服务品质。

（3）面向未来交通的新一代综合交通系统。随着科技的进步和智慧交通的快速发展，网联技术、无人驾驶技术将成为未来交通的重要支撑，并将建立起空地一体化的新型立体交通系统。我们应重点研究协同式无人驾驶与运行优化、移动互联环境下遥控驾驶与智慧运行、空地一体化无人智能交通系统等技术，提升综合运输的智能化与安全水平。

4.4　面向 2035 现场工程师的培养要求

根据以上对 2035 年我国建筑工程和交通工程领域未来发展方向、发展需求和变化趋势的研究分析可知，未来建筑工程和交通工程领域具有网联化、协同化、智慧化的新趋势，存在工程巨大、跨界协同、互联互通等新特点，面临大数据、云计算、人工智能、移动互联等新技术扑面而来的新形势，这对工程领域一流人才和现场工程师的培养提出了更高的要求。

（1）思想政治要求。以习近平新时代中国特色社会主义思想为指导，坚持立德树人的育人宗旨，将"文化自信""交通强国""工匠精神""劳模精神""知行合一""工程担当""社会责任""人文情怀""法制观念"等思政要素贯通人才培养全过程，全面构建建筑、交通等工程专业课程思政体系，培养一批爱党爱国具有国际水平的战略科技人才、科技领军人才、青年科技人才和创新团队，造就一支具有较强思想政治觉悟的知识型、技能型、创新型劳动者大军。

（2）素质素养要求。面对未来建筑、交通等工程领域技术发展的新趋势和新特点，现场工程师应恪守"勤、勇、合、创、智、通"六字标准，需要具备勤于实践、勤于思考、勤恳待人、勤快做事；勇于负责、勇于试错、性格坚强、意志坚定；胸怀宽阔、气度宏大；敢为人先、不断进取；严谨严格、追求效率；跨界互联、大工程观等素质素养要求。

（3）知识能力要求。面对未来工程领域技术发展新形势，现场工程师需要具有系统思维、跨界思维、互联思维、批判思维，秉承终身学习态度和国际化视野，积极"拥抱"大数据、人工智能、云计算智能制造等新理论、新技术、新方法，具备扎实的理论基础和工程建设领域所需的问题分析、方案设计、模拟计算、方案评估等理论和实践知识，能从事工程建设、规划、设计、建设、运营与管理等方面工作，具有创新思维和国际化视野，成为"懂规划、会设计、善管理、精施工"的现场工程师。

（4）工程行为要求。面向 2035 年，面临大量前所未有的创新型工程、越来越多的智慧型工程、越来越多的跨领域工程和大量大而复杂的巨型工程，现场工程师需要勇于创新、勇于担当、勇于突破、勇于面对，整合智慧，融会贯通，交融通达，不断进取，创立新技术，创设新标准，创建新方法，创造新业绩，创造新未来。

第5章 地方高校现场工程师人才培养

地方高校应走应用型高校发展路线，且以产教融合为其发展的突破口。但地方高校在产教融合过程中面临着一系列矛盾需要解决，如高校与企业之间的制度性矛盾，人才供给与产业需求之间的结构性矛盾，管理者与教师之间的内源性矛盾等。这些矛盾也是高校在办学观念、运作逻辑、评价体制、管理体制等方面存在障碍的反映。要破解这些障碍，应从重构地方高校战略定位、创新产教融合体制机制、提高高校产教融合能力三个方面同时发力。双能型人才培养模式在社会和时代要求毕业生具备更高的知识、素质与能力的呼声中诞生，它引领着应用型本科高校实现研究与实践相结合的转型发展。高校应以"从实践中来，到实践中去"为原则，抛弃"闭门办学"的传统思维，重新调整人才定位，制定"双能"型人才培养方案、打造"双能"型师资队伍、形成"双能"型育人环境、构建"双能"型人才评价机制，培养大学生创新创业精神，以政府为主体，加强高校与企业之间的长期合作，降低毕业生"毕业即失业"的风险。

5.1 地方高校产教融合障碍及其破解之道

很显然，庞大的高等教育规模不可能只有一个质量标准，必须是多元的，而且应该分层次和分类型，否则容易造成高等教育内部的无序竞争。地方高校是我国高等教育体系的重要组成部分，其发展定位直接关系到办学质量能否有效提升的问题。2015 年教育部、国家发展改革委、财政部联合发布的

《关于引导部分地方普通本科高校向应用型转变的指导意见》指出，各地各高校要从适应和引领经济发展新常态、服务创新驱动发展的大局出发，以改革创新的精神，推动部分普通本科高校转型发展，并且指出产教融合是地方高校转型发展的突破口。[①] 2017 年国务院发布了《关于深化产教融合的若干意见》，明确规定"将产教融合作为促进经济社会协调发展的重要举措，融入经济转型升级各环节，贯穿人才开发全过程，形成政府、企业、学校、行业社会协同推进的工作格局"。[②]

5.1.1　地方高校产教融合面临的突出矛盾

5.1.1.1　高校与企业深度融合存在制度性矛盾

高校与企业是两类性质完全不同的组织，要实现有效合作并非易事，只有清晰地把握相互的关切点才能在产教融合过程中做到有的放矢，否则就很容易使合作流于表面。目前，很多校企的合作主要停留在硬件资源共享这个显性层面（王文顺等，2020）。如高校与企业共建实验室、实训实习基地等，这些合作形式当然是必要的，但深度上还远远不够。不少高校邀请企业办公大楼入驻校园或将大学搬至产业园等，这种物理空间上的接近确实为深度合作创造了条件，但如果没有有效的机制牵引，合作也往往停留在表面。如有的高校虽然与企业共建实验室，但由于高校担心国有资产流失，企业担心投入难以得到应有回报（郝天聪、石伟平，2019），所以合作迟迟难以推进。如果无法消除彼此间的顾虑，就难以共同研发、共同开展深度合作。

在人才培养方面，企业与高校之间也未建立长效的合作机制。目前企业参与高校人才培养过程还停留在浅层次，如高校邀请企业、行业管理者或技术人员为学生开设零星的讲座、提供有限的实习基地等，还没有参与人才培

---

① 三部门印发关于引导部分地方普通本科高校向应用型转变的指导意见［EB/OL］. http：// www. gov. cn/xinwen/2015 – 11/16/content_5013165. htm.

② 国务院办公厅关于深化产教融合的若干意见［EB/OL］. http：// www. gov. cn/zhengce/content/ 2017 – 12/19content – 5248564. htm.

养计划和人才培养过程管理中，而且双方对应用型人才的培养目标、能力素质要求、培养方式等认识都是模糊不清的。企业是以营利为导向的，如果他们看不到与高校合作的益处，那么参与学校专业规划、教学设计、教材开发、课程设置等方面的积极性就不足（刘耀东，2019）。可以说，目前校企合作主要局限于高校与企业负责人之间的私人关系（郝天聪、石伟平，2019），这种合作的深度是非常有限的。要深化"引企入教"改革，就必须充分调动企业参与产教融合的积极性和主动性，从制度上激励并保障企业以多种形式参与学校专业规划、教材开发、教学设计、课程设置、实习实训（马树超、郭文富，2018）。

5.1.1.2　人才供给与产业需求存在结构性矛盾

目前高校专业设置陈旧且趋同化现象严重，与我国产业升级、技术更新迭代迅猛的趋势严重不适应。地方高校的专业课程设计仍遵循传统的学科逻辑，不仅专业设置的趋同现象非常严重，而且培养过程中存在着重理论灌输轻实践应用的弊端，从而毕业生难以满足企业或行业快速变化的多元需求，进而不可避免地导致人才供需关系的结构性矛盾（林云，2015）。

之所以如此，就在于高校内部主要是按照学科体系来划分院系，这种组织形态相对封闭，难以主动、充分适应产业生态（毕文键，2020）。为了改变这种状况，不少高校开始建立产业学院，进行专业设置改革，但新型产业学院如何运作就成为一个突出问题。产业学院虽然集中了学校优势专业资源，但其功能定位更多立足于当前，缺乏跟随产业变化的战略性功能定位（陈春晓，2020），也难以起到带动战略性布局的引领作用。

5.1.1.3　管理者积极与教师消极的内源性矛盾

过去我们对"高校在产教融合中积极性高"存在着一个误判，认为高校所有人都对产教融合积极性高，其实不然，所谓"积极性高"主要集中在管理者，而非基层教师。之所以出现产教融合中"领导偏热，老师偏冷"的状况，就在于高校管理者认识到产教融合是地方高校改革的出路，而一线教师并不这么认为，因为教师评价方式仍然是以论文和纵向课题为主，一旦开展产教融合就影响了论文产出和纵向课题获得机会，从而会对其职称晋升、专业发展产生不利影响。当然，教师也深切地感到自身能力不足，难以把握市场的技术需求或难以进行技术攻关。加上不少高校教师存在较为严重的封闭心理，不乐意走向田野，从而在思想上和行为上都显得比较保守。虽然一些高校要求教师必须到企业挂职锻炼，但由于他们缺乏内驱力，从而多是敷衍了事，这就严重影响到合作的质量。

我们知道，教师评价对教师发展有着指挥棒和风向标的作用，其本质功能是通过实施有效的评价，促进教师的发展，实现教师在教学、科研与社会服务等方面能力的改进与提升（徐金益、许小平，2019）。当前的职称评审制度、绩效考核制度、人事制度等评价机制不仅没有激励教师投入产教融合，反而阻碍了教师参与的积极性，限制了教师的发展空间，所以，许多教师认为参与产教融合得不偿失，是额外的工作付出，占用了纵向课题申报、职称评审等宝贵时间，于是他们在产教融合的工作上多是应付。一些高校从国内外重点大学引进了不少博士、博士后，他们在教学中不自觉地沿袭了研究型大学的培养理念、培养方式，且自身不具备专业/职业实践动手操作技术与能力，甚至从思想上轻视、排斥企业实践，进而在行为上抵制校企合作与学生的企业实习和实训（董立平，2014）。

教师在产教融合的科研合作上也较为消极，导致双方合作的范围较小且层次较低，从而科研合作不能很好地服务于社会，也难以反哺到教学和人才培养。一方面，教师既没有树立"科研即服务"的理念，对企业亟须的科研技术攻关不感兴趣，也不愿沉下去深入企业了解企业所需，对应用型科研的积极性不高。另一方面，只有极少数教师的社会服务能力强，能够与企业进行较多合作并开展技术攻关、产品研发等，从而获得了更多的校内外资源，进一步稳固了在产教融合方面的优势地位。这些教师能够起到一定的示范引领和辐射带动作用，但由于绝大多数教师服务社会的意识、能力较差，甘愿固守自己"一亩三分地"，不愿与其他教师合作，甚至不屑于参与其中。由此，教师服务社会能力间的差距越来越大，呈现了"马太效应"。教师间缺乏协作，尤其是跨学科的合作，难以形成研究团队进行攻关，与企业的合作较为零散、不成体系，很难形成不可替代的优势。尤其是同研究型大学相比，地方本科高校教师的科研能力、科技创新能力以及服务地方的能力都极为有限，从而行业企业在选择校企科研合作对象时，往往优先选择研究型大学，如此一来地方高校明显处于劣势低位（张应强，2014）。

5.1.2 地方高校产教融合的多重障碍

地方高校在产教融合过程中涉及政府、企业、社会等多方利益主体，如何清晰定位是有效合作的关键。现实中各利益主体都存在着定位不清问题，如政府存在着权力边界模糊与角色定位不清，存在"放任"和"越权"两种极端（李政，2018）。高校在办学观念、运作逻辑、评价体制、管理体制方面存在诸多的障碍。

5.1.2.1 办学观念障碍：封闭式办学

在计划经济时代，我国高校几乎都是由政府一手包办，高校缺乏应有的决策权力，基本上都是依据上级指令行事，从而形成"等、靠、要"的普遍心态。改革开放之后，政府不断给高校下放自主权，但高校长期以来形成的依赖习惯很难改变，仍然遵循行政主导的运作逻辑，甚至出现行政逻辑取代学术逻辑的现象，违背了学术组织的特性（王洪才，2013）。高校应该由教育家而不是官员办学，教育家型领导更具有自信、魄力和开拓进取的精神。当前高校基本上仍然是封闭式办学，仍按照学科逻辑办学。受这种封闭型的办学观念的影响，我国很多地方高校仍然缺乏面向社会办学的积极性，开放意识还相当淡薄（张应强，2008）。

在普通本科高校中有一半左右是新建本科高校，它们是在高等教育大众化进程中诞生的，它们本应有独特的定位与使命，但却想走研究型大学的发展道路，甚至还有很多高校想复制、模仿清华和北大的发展目标与路径（潘懋元，2019）。它们办学观念封闭保守，对外界需求并不敏感，难以把握产业界的创新需求。在科研方面，它们缺乏市场意识和问题导向，科研活动与产业系统相关性不高，致使创新资源"失活""迟滞""错位"，给产教融合带来障碍（庄西真，2018）。在学科建设方面，它们依然按照知识发展的逻辑建设学科，不同学科间难以形成优势互补和资源共享，难以面向产业发展规划重点学科和新兴学科。在人才培养方面，由于不了解产业发展需求，从而与企业合作难以深入，难以为产业发展提供相应的人才。

地方高校要适应地方、服务地方经济社会发展要求，就必须实行开放式办学。开放性是产教融合的内源性特征，行业产业与高等教育都应持有开放的态度和理念（蔡敬民等，2019）。当今的学校组织是一个由封闭走向开放的系统（庄西真，2003），地方高校更是如此。根据资源依赖理论，组织降低获取生存资源的不确定性，才能减少依赖。所以地方高校从封闭组织走向开放组织，面临的首要问题是获取外部资源。提升资源获取能力不仅能体现地方高校的办学活力和社会服务能力，也是高校打破固有发展模式的有效路径。

5.1.2.2 运作逻辑障碍：过分行政化

"行政化"，是指以官僚科层制为基本特征的行政管理在大学管理中被泛化或滥用，即把大学当作行政机构来管理，把学术事务当作行政事务来管理（钟秉林，2010）。高校行政化分为外部行政化和内部行政化两个方面（杨德广，2010），外部行政化强化了高校的封闭性办学观念，也直接促成了高校内部的行政化运作逻辑（李立国等，2010）。近些年学界也一直在呼吁"去行政化"，但实际上地方高校在转型发展中，改变程度最小的是组织结构和管理体制（陈霞玲、屈潇潇，2017），高校的行政化治理结构和运行逻辑并没有发生实质性变化。

大学一方面想抵制行政化，但另一方面又在迎合行政化。在学科建设方面，学科建设决策主要通过高度行政化和集权化的方式实现，呈现出典型的行政化管理色彩（杨超，2019）；在企业合作方面，多是签订校企合作协议、挂牌实习实训基地等形式合作。这些举措也多是借鉴其他高校做法，而较少根据学校的内生需求创新产教融合方式，较少由学术人员根据学科发展、人才培养需求等进行专业决策。不论是盲目模仿研究型大学发展，还是照搬照抄其他应用型大学发展，都折射出了地方高校缺乏变革的内在动力和能力，呈现出急功近利的特点，也彰显其仍然沉浸在"政府包办"的幻想中。

在高校内部，决策主体是行政管理人员，教师是被管理者。产教融合也多是通过行政力量进行推动，导致教师认为这是学校管理者的事情而非教师的事情。行政化管理强调权力的自上而下，管理者仅仅是管理工具，而不是主动的服务者。管理者尤其是基层管理人员害怕承担责任，只能执行自上而下的命令和决定，遇事不能灵活处理甚至推诿扯皮。企业不愿与公办院校合作的一个关键原因即高校需要层层汇报，导致效率过低严重影响企业的市场变革需求速度。

5.1.2.3　管理机制障碍：监督式管理

行政管理的根本目的在于利用现有的有限资源，充分调动全体人员的积极性，提高管理的效率（谢安邦，1999）。换言之，管理是为了更好地服务于全体人员的发展。当前地方高校普遍采用的是监督式管理，这种管理不适用于高校教师，因为他们具有独立人格，传统的职位权威对他们不具有绝对约束力。他们强调自我管理与引导，主动地适应周围环境。他们从事的教学科研工作具有较强的创造性和自主性，需要相对宽松的工作环境和弹性的工作时间（江忠华，2017）。当管理者不信任教师时，教师就成为被监督、被管理的对象，就会严重打击教师的积极性和主动性，其创造性和自主性也在其中受到了严重损害。

高校推进产教融合的过程，也是其从封闭组织逐渐转变为开放组织的过程。开放性组织的核心竞争力在于组织应对环境变化和需求的能力，这种能力最终表现为教师能够及时调整教学和科研计划，能够自行建立小的自治单元，允许他们根据需求相对自主地完成必要的任务（陈霞玲、屈潇潇，2017）。如果要在组织内广泛建立自治工作群体，就需要有这样一种管理氛围，即必须发展一种自我调节的工作结构以对未来的环境变化作出反应（埃德加·沙因，2009）。但监督式管理不可能为教师应对环境变化提供有力的支持，它反而会挫伤教师变革的积极性和主动性。无疑，产教融合中的根本力量正是这些基层教师，只有为他们提供动力机制、发展机制、保障机制等，才能让教师真正走向企业，面向企业进行教学和研究，从而提高服务企业的能力，最终提升学校应对外界需求的能力。

5.1.2.4　评价机制障碍：科研导向评价

目前高校评估制度过于整齐划一，过分注重"标准"的评估制度，且过于强调学术研究型发展定位（徐小荣，2016）。虽然有些省份开始尝试分类评价，但多数省份对评价指标中是否要增加产教融合成果比例摇摆不定，因为担心学校层次降格和经费减少。当前评价制度也让高校领导陷入左右为难状态中，从而难以在学校近期利益和长远目标、个人政绩与学校发展之间获得平衡。地方高校普遍有升格发展需求，纵向项目经费往往是重要指标，如果为地方服务则反而成为"绊脚石"。

高校在评估教师时也是采用论文数量、刊物级别等定量评估手段，且来自产业界的应用与实践研究被视为"学术等级不高"，这显然不利于激励教师采用"应用需求为导向"的知识生产范式（谢笑珍，2019）。如此，教师只能沿袭学科知识的逻辑开展研究，与学生和社会的实际需求没有什么关联（李政，2018）。其结果也必然是教师的科研成果难以应用于产业真实问题的解决，也无法很好地对接应用型人才的培养。

5.1.3　地方高校产教融合的突破路径

地方高校产教融合推进应该是一个长期发展战略，需要在办学理念、办学定位、办学模式等方面进行全面的强化。

5.1.3.1　重构地方高校战略定位，引领转型发展

以产教融合为突破口的应用型高校建设，符合我国高等教育发展新常态的战略要求，即实现地方高校服务区域经济社会发展的使命，满足地方高校转型发展的内生需求。地方高校的出路是凸显应用性，而产教融合正是为其指明了一条康庄大道。推进地方高校的产教融合，其实质是要求大学从封闭办学走向开放办学。产教融合不是一项简单的政策和文件，而是促进地方高校转变思维方式、变革发展模式的综合举措。地方高校只有勇于打破传统封闭的办学观念，提升发展视野，坚持开放办学，才能破解发展瓶颈（陈锋，

2018）。但开放办学并不是毫无定力地满足外界的一切需求，如部分地方高校将岗位所需技能提前搬至课堂，这确实满足了知识的即学即用，但教育不是仅为了满足当下，更是为了满足未来。

地方高校的开放也应是有限度的，不是社会上出现热门行业就去开设相应专业，一窝蜂地盲目追赶市场与盲目模仿学术型院校的性质是一样的，都是大学缺乏定位与特色的表现。高校的办学定位是一个包括诸多项目的系统，同时又是一个动态发展的系统（郭贵英，2002）。从横向看，合理定位要依据地方经济社会发展需求和高校自身的实际情况，细化目标定位、类型定位、学科定位、科研服务定位、人才规格定位等多方面，不是笼统的定位为高水平应用型大学。从纵向看，在当前权力下放的治理变革大趋势下，越来越强调"学院办大学"，所以高校定位不仅应有学校整体的定位谋划，也应有局部的定位即二级学院的定位，如此才能激发二级学院作为办学主体的积极性，才能真正结合二级学院特点办出特色，从而为实现学校的整体目标服务。譬如宁波工程学院新设立的机器人学院，采取理事会领导下的院长负责制，采取扁平化内部治理模式，拥有充足的自主权，极大地调动了二级学院的积极性。高校的发展定位如果不能细化到体现在高校各个层面的工作规划中，则往往成为口号，难以指引学校找到共同的发展目标。只有落实各方面的定位发展，才能改变办学定位不清、特色不突出、专业结构不合理、人才同质、片面追求学术导向等严重制约其发展的问题（牟延琳，2014），才能促进地方高校内涵式发展建设。

办学观念和发展定位的落实需要围绕外生和内生的需求，制定相应的战略规划，做好顶层设计。战略规划是高校办学观念的外显化，也是发展定位的具体化，将办学观念和发展定位变得可操作、可测量才能推进产教融合。同时，战略规划也是高校围绕产教融合将与其紧密相关的资源进行整合，充分调动所有资源形成合力，避免高校过于关注短期利益的临时性、盲目性、散乱性的突击式改革，而是关注高校长远发展和整体发展的有战略、有规划、有步骤的系统性变革。

5.1.3.2 创新产教融合体制机制，激发内在活力

现有的体制机制不健全，难以支撑产教融合行动，阻碍了产教融合的深入推进。办学观念、办学定位和战略规划是地方高校推进产教融合的宏观站位和行动方向，体制机制改革则是支撑产教融合行动的中微观策略。高校的体制机制改革不能简单模仿其他高校，而应该开放思想大胆创新，真正创新出适合高校自身的机制体制。体制机制创新，一方面是自上而下的设计，另一方面是自下而上的探索。自上而下的顶层设计要提供宽容的制度环境和有利的政策空间，为基层机构和教师个体的自主创新提供良性土壤。自下而上的探索后，要及时总结经验，争取开辟出高效低风险的路径。自上而下和自下而上有机结合，使之形成合力，推动顶层设计和基层探索的良性互动，探索出有利于地方高校产教融合发展的体制机制新经验。

体制改革涉及高校改革的中观层面，其关键是管理体制和组织架构的改革。管理体制方面应该构建横向和纵向互通的有机衔接网络，能够实现跨部门的合作，整合人财物等多方面的资源。另外，管理体制改革应该打破科层化的垂直管理模式，加强基层组织的话语权和决策权，激发基层组织的活力，简化流程提高管理效率。根据学科的分化制度，大学实行以学科为基础的学院（系、所）的独立设置，因为学科之间的封闭、分隔，大学中各个学院（系、所）相对独立、封闭，学科及大学组织结构的专业化分割、孤立又被不断强化（刘小强，2011）。不同学科、不同组织机构难以相互支撑，也难以共享资源并形成跨学科合作。但产教融合是面向现实的综合问题，需要多部门的协作和多学科的交叉融合。地方高校的组织应当凸显办学实践导向，并成为满足行业需要理念的重要载体。特色行业学院作为产教融合的新型组织形式之一，在传统的行政组织和学术组织之外，引入市场力量与社会需求，实现权力关系的重塑（陈新民，2019）。也有部分地方高校尝试探索了以专业群为主体重组二级学院，建设跨学科的研发中心、成果转化中心等平台，其目的也是打破固有的学术组织架构，扭转传统的学科知识生产模式，建设更为灵活的以知识应用为导向的生产模式。

机制变革涉及微观的能够实际操作和执行的制度和政策，涉及产教融合

的方方面面，如学术评价机制、评聘晋升机制、专业建设机制、协同育人机制、校企合作机制等。高校管理中不缺乏各种机制，但这些机制的运行效果和落实情况却不容乐观。以往的机制变革我们更关注机制的内容，但机制的制定主体、制定过程、制定目标等也值得深思。如果仅有管理者作为制定主体，制定过程是封闭的，制定目标是为了简单的管理之便，机制内容就不可能符合多方利益诉求，更不可能很好地被执行落实。机制的制定应该是政府、产业行业、管理者、教师、学生等各方利益相关者不断磋商，最终达成共同治理契约的决策活动，从而保障各项科学机制的有效运作。

5.1.3.3 提高高校产教融合能力，推进实质融合

当前产教融合中高校与企业的地位并不对等，高校相对处于弱势，究其原因是高校应用科研能力不足所致。所以，高校要提升自身地位就必须在办学观念、办学定位、体制机制等方面进行战略变革，真正把应用型科研作为发展重点。只有把应用型科研作为发展重点，才能真正带动高校发展转型，才能在产教融合过程中发挥主导作用。应用型科研也是培养应用型人才的根本支撑。因为应用型人才培养不仅要教给学生具体知识，更是要培养学生解决实际问题的能力，这要求培养过程不能仅以掌握知识为目的，而应是以问题为导向培养学生的实践能力。为此就需要改革人才培养体系，修订人才培养方案，提升人才培养规格。人才培养质量的提升是高校综合实力提升的表现，从而有助于提升高校对企业的吸引力，进而在产教融合过程中发挥更加积极的作用。譬如宁波工程学院建筑与交通学院拥有建筑设计院、交通设计院、工程检测、监理和工程咨询 5 家校园产业，可以开展基于校园产业的产教融合人才培养。

建设双师型教师队伍是高校实践产教融合发展战略的主力军，它对教师素质提出了更高的要求，要求教师在教学能力、专业建设能力、课程开发能力、应用科研能力、团队合作能力等方面获得质的提升。教师能力的提升不仅靠个体努力，更主要靠学校提供渠道、制度保障、资源支持等，从而引导并促进教师的知识能力结构转型。为此，地方高校需要搭建教师与企业对接的平台，并且着力建设一支面向产业的科研攻关团队，瞄准行业中的重点技

术需求，与企业形成紧密的伙伴关系。正如"八爪鱼"一样，只有形成强有力的吸盘，紧紧吸附在行业的重点科技领域，才能加强校企合作关系。这些紧密的科研合作也能够很好地反哺教学和人才培养，更容易以产出导向的思路倒逼教学的改革，提高应用型人才培养质量。

5.2　地方高校现场工程师培养的国内经验

"卓越工程师教育培养计划"中工程技术人才包括本科层次的现场工程师、硕士研究生层次的设计工程师和博士研究生层次的研究工程师（史铭之，2011）。一般认为"现场工程师"就是工作在工程技术一线的工程技术的实践者、工艺技术的设计师、技术难题的解决者（刘文渊，2017）。面向 2035 年的工程领域要求一线工程技术人才的学历层次和能力不断提升，高素质现场工程师成为我国高新技术产业发展亟须的人才类型。

地方高校培养现场工程师的主体是应用技术类本科院校，本节收集了以 G12 联盟高校（全称为全国部分理工类地方本科院校联盟，简称"G12 联盟"）为代表的国内地方高校现场工程师培养案例，归纳整理出从卓越计划实施以来的现场工程师培养的主要实践经验，为后续研究打下基础并为决策提供参考借鉴。地方应用型高校在培养现场工程师方面的可行举措大致归纳为：明确目标、培养模式变革、革新机制、政策保障。

5.2.1　准确定位现场工程师的培养理念和目标

5.2.1.1　应用型、复合型、创新型的人才总理念

在"卓越计划"提出后，现场工程师概念内涵、培养标准等得到了一些细致的研究。有学者提出地方高校工程教育人才培养的规划就是现场工程师，是将传统上的技能型人才、技术型人才和工程型人才三类复合一体化；进而提出现场工程师的职业能力培养取向主要是以技术知识为能力基础、以现场应

用为能力导向、以职业技能为能力特色、以创新实践为能力关注、以职业伦理为能力升华（张弛，2017）。

现场工程师身处生产、管理、服务一线岗位，应具有用科学技术创造性地解决工程实际问题的能力。这类人才被看作是沟通研发型工程师和普通技术操作人员的桥梁。他们既要领会、理解、落实研发型工程师的设计和意图，又必须通过加强集体协作以解决实际问题。只有经过他们的努力才能使研究型人才的研发、设计、规划、决策转换成物质形态或者对社会产生具体作用。现场工程师的职业特征决定了他们具有独特的知识能力结构：与技能型人才相比，现场工程师知识基础更加深厚，具有更完整的理论、更系统的知识结构、更严密的逻辑；与研发型工程师相比，现场工程师专业知识面更宽广，更重视实践应用能力、综合应用能力和解决实际问题的能力，特别是具备解决现场问题的应变能力（史铭之，2011）。由此，G12 高校不约而同提出了"应用型、复合型、创新型"人才培养总理念。

国内地方高校在培养理念上还增加了国际化视野。如合肥学院、宁波工程学院等都有与德国技术大学、德国大企业合作的项目，形成中外产学合作协同育人。合肥学院贯彻"以产业标准培养应用型人才"的理念，根据产业需求制定培养目标。合肥学院与德方高校及企业共同成立"专业及协调委员会"，明确提出"双元制"人才培养目标，即：具有国际视野，能解决复杂工程问题，能跨部门跨专业协作，并具有终身学习能力和创新精神的现场工程师（张光洲，2021）。

5.2.1.2 针对产业需求，标准化、具体化人才培养目标

地方高校目前达成的共识是以产业需要为导向，能力培养为主线，强调产学研协同，着重培养在技术实践、技术设计及技术研发方面能适应现行产业发展需要的高级技术型及管理型人才（云波，2015；刘文渊等，2017）。有学者对应用技术本科院校所具有的职业教育属性和工程教育属性以及普通高等教育属性做了追根溯源的理论分析，他们认为，培养具有较强工程技术理论知识、实践能力和创新意识，服务于生产、管理一线的应用型技术人才即"现场工程师"，这一培养目标与我国"卓越工程师教育培养计划"提出的本

科层次"卓越现场工程师"的培养要求具有高度的一致性（史铭之，2011）。对于现场工程师的内涵，研究学者的看法较为一致，但是探索技术本科"卓越现场工程师"的培养机制和培养体系，一直以来还是值得继续研究的问题。

现场工程师是各个产业细分领域都需要的，根据各高校专业的不同和工程技术人才培养领域的不同，对现场工程师所提出的具体培养目标会有所不同。总体而言，地方高校需将现场工程师的培养标准具体化。例如，宁波工程学院面向 2035 的建筑与交通领域发展最初提出用"勤、勇、合"来概括该领域现场工程师人格与素质培养要求，后来随着该领域云计算、大数据、人工智能等新技术兴起，对现场工程师提出了更高要求，后补充"创、智、通"为知识与能力的新要求，形成"勤、勇、合、创、智、通"6 字培养标准（吕忠达，2019）。

准确定位现场工程师培养理念和目标的同时，其实是对地方应用型高校自身发展规划的高水平定位。这种高水平必须来源于特色办学、有效办学，培养的现场工程师要得到行业和社会的认可，让学生在学校有强烈的获得感，毕业后有较强的职业成就感。

5.2.2　校企联合的人才培养模式创新

地方高校之所以能够百花齐放各有特色，依靠的是与当地产业、行业、企业的联合培养。避免培养同质化的学生，才能够使学校及其毕业生具有独特的竞争力。地方高校现场工程师培养目标在于强化学生岗位胜任力、实践创新能力和持续发展能力，建立行业企业深度参与专业建设和人才培养的新机制，如课程体系、教学内容、教学方法、教师队伍和学生考核方式，这些都是人才培养模式创新的主要方面。

5.2.2.1　校企联合制订培养方案

地方高校通过与企业、社会组织合作，了解人才的需求，确立专业方向，让企业参与到人才培养的全过程，校企双方共同制订人才培养方案，这是普遍的改革方向。在细节上，地方高校现场工程师的培养方案设计有各自的特色。如合肥学院在人才培养方案中融入技术和工作标准，将现代化、国际化的职业能力要求列入其中，优化现有课程体系和实践模块。一是增加现代企业所需要的相关技术模块，并融入信息化、数字化和智能化等内容；二是根据专业实际需要引入管理学、经济学等学科知识（刘建中等，2021）；三是部分课程实行中德双语教学，提升学生跨文化交流能力；四是优化理论课程体系，强化实践教学环节。上海电机学院校企定制培养智能制造类现场工程师：一方面在每次修订人才培养方案时，邀请企业资深技术专家及人力资源主管，提出企业对智能制造产业学院毕业生岗位胜任能力要求，校企共同制订人才培养方案，实现课程体系与企业需求接轨；另一方面根据企业特殊需求，采用"3＋1"模式（3年学校学习，1年企业学习），为企业定制培养急需的特殊人才（上海机电学院，2021）。

5.2.2.2 校企联合提升专业建设内涵

G12联盟院校普遍突出产业导向和需求导向，改造升级传统专业，促进新工科与新农科、新医科、新文科融合发展。产业基础成为了政产学研合作中的重点因素，如在浙江省政府引导下，各地方着力打造数字经济、生命健康、新材料、乡村振兴、人工智能、跨境电商、绿色环保等领域急需紧缺专业，培养适应和引领现代产业发展的高素质创新型、复合型、应用型人才；各个地方高校，在专业建设上各有侧重，例如宁波工程学院的五大专业群对接五大产业，在支撑宁波三大战略产业和五大优势产业中，学校除了时尚纺织服装业没有涉及，其余七大产业都设有相关专业，在三大优势专业群首先建立了三个现代产业学院。地方高校将产业与专业紧密对接，坚持工程教育回归"工程"，遵循内涵式发展办学思想，强化工程实践能力培养。湖南理工学院将专业实验室和科研实验室联动起来，构建了由"基础教学实验室＋专业教学实验室＋工程训练中心＋学科实验室"组成的立体化实践平台（陈松等，2021）。

引企入校一直以来是地方高校校企合作专业建设的普遍形式。在有条件的情况下，校企合作跨出了原有的校园限制，入企办学、入产业园办学、新建政产学研协同创新基地都是专业布局的新形式。如湖北工程学院每个二级学院都引入了企业联合培养学生，跟现场工程师直接相关的有：化材学院与企业合作共建宇电学院，师生共同研发、中试新产品；机械工程学院与北京华晟经世合作共建智能制造试点学院；土木工程学院与中天建设集团联合开设"工程管理定制班"；计算机学院与达内时代科技集团联合培养面向软件产业的工程技术人才（丁远坤、石钧，2021）。南阳理工学院自 2008 年起，先后与企业共建了九州通班、华新班、汇森班、三荣班、黄河班、恒发班等校企合作班，根据企业需求单独授课，提高学生实践能力和创新能力（朱荣凯，2014；南阳理工学院，2021）。这类加强版的校企合作要将教学内容对接区域重点发展产业、战略性新兴产业发展需求，调整和优化专业结构，就必须有企业深度参与专业教学改革，共建专业教学指导委员会。

5.2.2.3　校企合作共同开发重实践的优质课程

现场工程师的培养过程中，地方高校能注重通过校企合作将产业新技术、新工艺、新规范纳入教学标准和教学内容，尤其是引入企业共同开发高质量的课程、新形态教材和工程案例集。

上海电机学院智能制造产业学院成立校企合作课程建设工作组，共同完成课程体系规划、教材编写和课程开发。南阳理工学院和企业共同整合专业基础课、专业课、实验实践课，形成突出实践能力培养的应用型课程群或课程模块。以产业需求进行课程改革、设计课程体系、优化课程结构。湖南理工学院推动"主干课程精品化、专业课程工程化、优质课程视频化"的课程三化工程，组建设计、制造、自动化等三大鲜明特色的专业核心课程组群。建设完善的专业课程及配套教学材料的数据库，同时将上述数据库材料实现网络化，方便学生自主学习和复习，实现开放共享（汪永明、戚晓利，2019）。

在现场工程师的培养过程中，创设真实工业环境，打造实践教学平台很重要。2020 年，教育部等三部委联合印发的《现代产业学院建设指南（试行）》着重提出，以行业或企业技术革新项目为依托，紧密结合产业实际创新教学内容、方法和手段。依据专业特点，使用真实生产线等环境开展浸润式实景、实操、实地教学，着力提升学生的动手实践能力，有效提高学生对产业的认知程度和解决复杂问题的能力。上海电机学院智能制造产业学院为了打造完全真实的企业生产场景，学校投资近 1000 万元建设"工业 4.0—智能工厂"示范线。示范线完全参照工业企业实际标准，直接采用工业化设备及软硬件，让学生在真实工业环境中进行实训操作（吉文斌等，2018），全面提升了学生在智能制造领域分析问题、解决问题的能力。这类实践教学平台例子还很多，是地方高校现场工程师培养的重要经验之一。

5.2.2.4　协同推进教学方法改革

地方高校在培养现场工程师过程中的教学方法改革主要是侧重不断优化实践教学方面以及如何开发学生的软技能，增强学生的学习自主性。

G12 高校普遍运用各类先进教学手段，打造线上、线下、线上线下混合、"VR + 智慧课堂"和社会实践等"金课"，深度融合信息技术，运用智慧教学、智慧课堂推进启发式讲授、互动式交流、探究式讨论。基于新工科背景，推行项目化教学、问题导向教学、产出导向教学，并打造一批能强有力支持实践实训的公共平台。G12 高校在人才培养方案设计时，不仅实践课时占比大于 30%，而且尽可能地开设与实际工程案例一致的综合实验。湖南理工学院全面采用任务驱动、合作探究、虚拟现实体验等教学方法，引导学生自主学习、协作和探究。坚持知识传授与价值引领紧密结合，主动对接具体产业发展需求。合肥学院双元制专业教学场景根据各阶段培养目标的不同在高校与企业之间进行灵活切换。G12 高校"1 + 2 + 1""2 + 2"等改革，实质都是通过企业与学校学习环境的多次切换，理论与实践的反复交融，提升了学生理论与实践的结合能力，构建了现实意义上的校企协同育人、合作教育新模式（刘建中等，2020）。

5.2.2.5　校企联合建设高水平"双师双能型"教师队伍

地方高校都在探索校企人才双向流动机制，推动高校与行业企业合作建设教师培训基地，打造高水平"双师双能型"队伍。深入实施高校教师专业发展工程，特别是教师产学研践习制度。有的学校通过教师与企业技术骨干结对，共同组成技术攻关小组、课程开发小组等方式，不断提升校内教师实践技术技能，获得相关行业资格认证，有计划有目的地实现"双师双能型"

转变。有的企业为学校教师开展专业教学改革、教材建设、创新创业教育研究等提供资源，同时接收专任教师到企业挂职工作和实践锻炼。

让高校教师深入生产现场，通过理论课程与实际案例的紧密结合不仅加强了学生对知识的理解，同时也让教师们加深对行业发展的认知，更新自己的知识储备，优化课程教学。如合肥学院在政府及企业的支持下，鼓励教师赴企业挂职并担任专业学生在企业学习期间的班主任，同时全职引进企业正高级工程师；实施"双聘""双挂"制度，制定"双能型"高层次人才引进政策，利用中德教育合作示范基地，培养和引进具有国际专业背景的"双能型"教师。

地方高校引进行业或企业资深专家、技术骨干和管理专家担任专兼职教师，聘请行业或企业高级工程技术人员作为行业背景型教师为学生进行专业教学、实训指导等工作，这已经是工程教育教师队伍建设的常态。

5.2.2.6　多方协同开展学生考核评价

现场工程师培养的效果就是要看学生毕业后在实际工程项目中的胜任力，而在培养过程中应用实践训练环节为主，就需要对考核评价做细致的改进。G12 高校大多采用了过程考核与结果考核相结合、校内评价与企业评价相结合的综合评价方式（刘建中等，2020）。

校企共同制定考核标准及其评定办法，全过程、分阶段共同完成考核过程。上海电机学院以企业实际技术问题开展毕业设计，通过校企教师联合指导，引进企业技术等级评判标准，科学评价学生实习、毕业设计等实践能力。湖南理工学院针对学生在理论、实验课程、实习、毕业设计和课外实践等所有环节中的表现进行全过程跟踪评估与指导，并及时给学生反馈建议。合肥学院的特色是中德合作"双元制"培养，学校与企业共同商讨双元制"大陆班"专业企业实训环节的评价标准，根据学生知识掌握情况、实践期间工作表现、工作能力和行为习惯等进行全方位打分，不仅考察学生的学科知识掌握情况，同时考察学生解决复杂工程问题及应对职场挑战的能力。这些是多方协同评价的典型做法，不再局限于学校的学业评价，企业参与学生评价，使评价更精准更公平。

黑龙江工程学院认为，专业标准＋认证标准＋职业标准＝自己学校的特色标准（刘柏森，2021）。厦门理工学院进一步改革学生评价，突出了针对德智体美劳全面发展的育人要求的评价内容。这是对现场工程师综合素质的考量。这些地方高校对学生考核评价的方法越来越精细化，由此才有了多方参与的情况，因此才能尽可能科学有效及时地反馈出学生教学效果，对学生成长非常重要。

5.2.3　革新现场工程师培养的机制

总体上而言，国内地方高校已经普遍认识到切合地方产业需求开展产教融合人才培养改革的重要性。这种观念是不断通过政策导向获得更新的，从卓越计划 1.0 版到新工科建设、地方本科高校向应用型转变，再到卓越计划 2.0 版、现代产业学院的推进，国家逐步将产教融合从制度层面上升到国家战略。地方高校不断升级培养现场工程师的机制是最为不易的。理想很丰满，现实很骨感，在人才培养过程中，最新理念可以先行，但是模式、机制的革新却比较慢。地方高校的产教融合工程是一步步不断深入推进的，各个学校进度不同，取得的成果也不尽相同。

我国当前致力于培育"专精特新"的单项冠军企业，人才是其重要支撑，地方高校高素质的现场工程师培养与技术企业成长相辅相成，是校企联合开展人才培养的起点。校企联合有各种形式，以往的订单班、实习基地等已经转变为最新的协同育人和现代产业学院模式，企业深度参与人才培养，使得现场工程师培养更为有效。

5.2.3.1　建立产教融合协同育人平台

国家自上而下推动建立产教融合协同育人平台，如产教融合基地、产教融合联盟、产学合作协同育人项目，领域覆盖科创高地建设和主要产业群。传统的地方高校的科研职能，逐步演化为地方高校与行业或企业共建协同创新中心、技术合作中心、研究生联合培养基地等平台，联合开展应用课题研究、科技攻关、成果转化、项目孵化等技术服务。

依据国家产教融合的系列文件精神，地方高校以"新工科、新医科、新农科、新文科"建设为依托，探索"校企联合""校所联合""校地联合"等多种合作办学模式，完善产教融合协同育人长效机制，打造集"产学研用创"一体的育人平台，强化共建共管，资源共享、人才共育，实现互利共赢。例如，合肥学院突破原有的专业框架，推动多学科交叉融合的学科专业结构改革，对现有传统工科专业进行升级改造（刘建中等，2020），基于国际校企协作育人平台，构建"双元制"现场工程师培养新体系。

校企合作共建技术服务和科研平台，不断拓展合作的广度和深度，这是地方高校产教融合平台的传统形式升级。例如，2011 年，南阳理工学院与中小企业合作实施的"星月计划"，专家教授以学校科研资源为依托，发挥专业优势，带领学生走进企业，为企业技术革新、技术改造、新产品研发等提供支持，提高了教师的实践能力，培养了学生的创新能力，推进合作育人、合作就业、合作发展。"星月计划"实施之后成效明显，主要体现在企业共建实习实训基地、联合申报课题，参与企业技术革新、技术改造、新产品研发等方面，切实做到了服务地方中小企业，扎根地方、融入地方，服务地方经济社会发展（朱荣凯，2014）。

5.2.3.2　建立产教融合重要抓手

2020 年教育部、工业和信息化部《现代产业学院建设指南（试行）》发布后，各省区市、各高校都在重点推进现代产业学院。现代产业学院是在特色鲜明、与产业紧密联系的高校建立的与地方政府、行业、企业等多主体共建共管共享的示范性人才培养实体，与应用型本科建设、新工科建设密切相关，可见，现代产业学院也是培养高素质高水平现场工程师的重要抓手。目前正在建设现代产业学院的应用型本科高校有宁波工程学院、上海电机学院、东莞理工学院、常熟理工学院等。

现代产业学院为培养现场工程师提供了极其强大的产业资源、教师资源、实训实习资源、就业创业资源、创新研发资源等。以宁波工程学院杭州湾汽车学院为例，宁波工程学院杭州湾汽车学院的诞生，源自学校主动融入区域发展，对接汽车产业，迁入汽车产业集聚的杭州湾新区办学，校园、产业园、研发园融为一体（徐可明，2020）。产业园包括吉利集团、大众汽车两大整车企业和 100 多家世界 500 强汽车零部件企业，是学生就业实习的重要基地。研发园由杭州湾汽车研究院、吉利汽车（杭州湾）全球研发中心、中汽研汽车检验中心（宁波）等校内外研究机构构成，是创新人才培养的重要基地（徐可明，2020）。"三园融合"大大提高了相应产业现场工程师培养的数量和质量。

地方高校的建设跟自身优势和地方产业优势有关。例如，常熟理工学院建有光伏科技学院和电梯工程学院，是江苏省示范性现代产业学院；南阳理工学院建立了想念新零售产业学院、信息技术产业学院等。高校为主体建立现代产业学院，其合作对象一般是有强大实力、社会影响力和社会责任感的行业学会、龙头企业、科研院所或政府机构等，并且热心于产教融合与人才培养（许广举，2021）。产业学院一般作为学校内设二级学院独立运行。现代产业学院是新兴的教学改革热点，建立在原有校企合作的基础上，仍然存在一些老问题，需要采用真正的新举措来深化产教融合。

现代产业学院在校企合作协同创新方面发挥了比以往的单一技术服务更为广泛的作用。它基于已有的学科基础，整合了合作企业和校内资源，建设了产业技术研究中心，共享校企双方实验研发条件，将企业实际生产实践中的关键问题作为课题组工作重点，以解决企业实际难题作为科技攻关目标，课题成果往往有助于整个行业。校企合作和产教融合是地方高校职业教育和工程教育发展的必由之路，这种合作化的育人模式充分发挥学校和企业的人力资源和物质资源，保障了人才培养对接实践需求，同时对于企业和产业界而言，技术支持带来的利益成为共赢之策（张弛，2017）。

5.2.4 制定相应制度政策保障落实目标

从现场工程师培养的主客体以及环境来看，要达到培养目标，需要通过政策制度激发领导者、教师、学生、企业等主体的积极性，真正做到产教融合协同育人。地方高校在以下几方面作了一些尝试，有成功经验，也有需要尽快改进的空间。

5.2.4.1　加强组织领导和顶层设计

地方高校要实现高素质高水平现场工程师的培养目标，需要从政策保障角度加强组织领导和顶层设计。因为人才培养是个系统工程，现场工程师的培养平台或载体需要建立一定的组织架构，提供培养现场工程师的政策支持和资金支持等，例如，组织领导班子建设表明了重视程度，教师分类考核制度、激励机制就是教育教学工作的指挥棒。

地方高校受到政府政策变动、外部产业环境变动的影响是比较大的，这些变动又不可避免会存在。高校领导者需要对学校整体发展有较为长期稳定的顶层设计，方能推动大的人才培养项目改革进展。从现场工程师培养角度看，地方应用型高校有较长久的工程教育或职业教育的积累，现在的问题就是如何能跟上时代步伐和产业需求变化。在深化产教融合工程中，做好学校发展长期的空间布局和时间规划，有的学校在班子选配、经费投入等多方面对协同育人项目、产业学院予以重点支持。例如优先安排赴先进高校和合作企业挂职锻炼、学习提升、海外研修等；安排独立的办学场地，配备满足需要的教学科研用房、实验用房和办公用房等；加大经费投入并有自主调配使用权等。这些顶层设计不是很容易，但是很多地方高校都已经做到了。

5.2.4.2　提高教育者对人才培养的积极性

如果教师对现场工程师培养认知清晰而又付诸努力，那么人才培养目标就已经达成一半。激发教师的积极性，实质是要建立教师的激励机制。高校教师的激励政策就是使教师做好教学、研究、社会服务的合理协调，并对本职工作具有热情。针对培养现场工程师所在的学科专业，G12 高校大多制定了促进产学研结合的奖励机制，对解决企业重大技术难题的研发成果重点奖励，对教学优秀、帮助学生完成创新创业项目、解决工程项目任务的老师给予奖励。在以往重科研轻教学受到诟病的情况下，许多高校建立了教师评优评先、职称评定、绩效评定等方面向教学倾斜的激励机制。中共中央、国务院于 2020 年 10 月 13 日印发了《深化新时代教育评价改革总体方案》，地方高校也要行动起来进一步改进教师评价。高校教师最为注重的职称评审条件上，着力破除"五唯"，扭转不科学的评价导向，调整学历学位要求，降低论文数量要求，减少"帽子称号"直接挂钩评定职称，突出实际绩效贡献与质量（嵇国平等，2021）。与激励机制相配套，高校要构建"培养—认定—提升"系统化的应用型师资专业发展新机制（厦门理工学院，2021），这有利于地方高校现场工程师的培养。

教师是组织中的人，高校教师有教学团队、研究团队、研发团队等，不同的团队发挥的作用不同，受认可程度也不同。所以基层教学组织设计安排是否合理也是对教师工作积极性有影响的。另外，需要建立现场工程师培养过程中的教师团队，团队对促进教师个人成长和人才培养效果都有影响。高校对教师团队的评价也要有合理的方法。针对工程教育和现场工程师人才培养过程，要重点考核团队带头人的产业化经验、团队组织的双师型教师比例、团队运作机制等，注意评估程序、方法的科学、公正与可操作性。

5.2.4.3 提高学生自主学习的积极性

教师的教学最终要落实到学生个体对知识的渴求、能力提升的迫切愿望和个人成长的要求。现场工程师的培养除了专业技术能力，还有软技能。根据地方高校学生的特点，通过建立学生学业评价机制外，还要运用各种活动组织的策略和学生团队建设策略来提升学生学习的热情，如结合课程教学内容和能力要求，引导学生根据兴趣爱好，在教师指导下进行创新性课程设计与学科竞赛，参加国家级"创新设计大赛""工程能力大赛""挑战杯大赛""创新创业大赛"等赛事。许多高校明确将竞赛成绩与学生的创新学分认定、评奖评优、保研升学等结合。湖南理工学院建立了"课程评价—教学评价—社会评价"三结合的人才培养质量评价与反馈机制，依据社会对毕业生的评价，不断优化培养目标和毕业要求，从而构建和改进毕业要求、课程体系、课程大纲、教学过程和教学效果。厦门理工学院形成面向产出的综合评价，学生评价结合年级阶段发展全过程和德智体美劳各要素；优化教育评价方式，完善学生评教等结果评价；创新评价工具，利用人工智能、大数据等现代信息技术，优化过程评价；完善评价结果运用，综合发挥导向、鉴定、诊断、调控和改进作用（厦门理工学院，2021）。各地方高校都在探索学生、家长、教师、用人单位以及社会等参与评价的有效方式。除了调查毕业当年学生外，借鉴工程教育认证的"以学生为中心、成果导向"等理念和做法，对毕业后五年甚至更久的校友进行调查评价，增加家长满意度评价，以及用人单位和社会的评价广度和深度。学生的持续追踪工作今后有很大的提升空间，需要投入不少的人力物力。

总体而言，学生自主性增强，学习主动性增加，让学生真正想学并学到，这就是对学生最大的激励，要做好各方面的配套保障，如学分制度、学生管理制度、实习管理制度、社团建设等。

5.2.4.4　增强高校对企业和社会资源的吸引力

现场工程师是面向一线岗位的，其培养离不开产业的支持。产业所提供的资源需要转化为教育资源，但前提是产业能够被高校的教育理念和目标所吸引，愿意投入人才培养工作中。总体上看，地方高校选择合作的企业拥有的技术能力普遍超过了高校本身的技术能力，这是企业能够提供研发场所和学生实践场所的原因。高校为产业发展培养人才，企业需要用人，但以往经常出现培养出的毕业生不符合企业需求的情况，大学生就业难。所以这就带来了产教融合、校企合作育人的逻辑基础和事实基础，高校和企业的共同目标就是培养企业所需要的人才。

现实中教学资源与产业资源需要相互匹配，高校和企业也要互相选择，深度融合过程中还涉及利益冲突。产业系统是市场为主导的运行机制，强调市场在资源配置中起决定性作用；而教育系统是政府为主导的运行机制，政府在教育资源配置上起决定性作用，调节公平与效率；产业系统以营利为目标，而教育系统以育人为目标。因此要实现教育与产业深度融合，必须解决市场与政府的矛盾、盈利与育人的矛盾，通过产权保护维护合作方权益，通过风险共担明确双方义务与责任。在此基础上，构建产教融合制度体系，培育产教融合创新模式，从而实现教育与产业机制的深度融合（汤正华、谢金楼，2020）。

目前高校所开展的产教融合是一步步推进深化的，虽有不足，但是通过高校的主动作为，已经建立了许多的协同育人平台，管理措施、资源分配和共享、利益分配和风险承担机制都有建立。高校对企业的吸引力还来自技术服务能力，相对独立于人才培养体系，但现在通过产学研结合，对于培养现场工程师的重要性越来越强。

5.3 地方高校"双能"型现场工程师培养

在人工智能、大数据、5G和云计算时代，科技引领社会发展，社会实践对科技发展提出新要求。一线操作人员要研究工艺，现在我们国家最缺的就是这个方面，从大的角度来讲有设计研究、规划研究，特别是设计研究，像纳米、芯片等能够设计出来，但是做不出来，这就涉及装备，没有好的装备就做不出来高精尖的东西。这还涉及工艺水平、材料，最后工艺的发展就是装备和新材料。针对毕业生对工程现场、管理现场问题解决能力的欠缺，我们提出了"应用研究、应用实践"（简称"双能"）的人才培养模式，很快在业界得到较大响应。近年来，以"双能"型人才培养为抓手，不断深化教学科研改革，推进教师队伍建设，引领应用型本科高校转型发展，取得了很大进步，也遇到一些问题。

5.3.1 "双能"型人才：概念与内涵

过去，我们谈人才培养，总是会提到西方苏格拉底心中的"全人"，卢梭心中的"爱弥儿"，古典教育中的"绅士"等；在中国，则有"君子""贤人""经邦治国之材""天之骄子""国家栋梁"等诸多说法。在高等教育大众化时代，大学作为知识生产和人才培养的中心，对社会的影响力达到了前所未有的程度，而社会对大学的发展，也给予了殷切的关注和施加了强有力的影响，不断试图以自己的"口味"改造大学——改变传统的人才培养模式。而且，社会要求培养创新人才、拔尖人才、创业人才、复合型人才、应用型人才等的呼声，徘徊在校园内外。"双能"型人才培养，也正是社会和时代的一个回应。

所谓"双能"型人才，即地方本科院校毕业生要具备应用研究、应用实践能力，一是知识应用研究，二是知识应用实践。从动态关系来说，知识应用研究主要是知识创新，一个通过探求和积累新知识、增加知识附加值的过程。理论研究是揭示事实与现象之间关系，建立某种科学理论的过程，也可以是科学成果与实际问题相结合，创造和运用新技术与新工艺、开发新产品、提供新服务、采用新经营管理模式的过程。显然，应用实践能力更加注重后者。从静态关系来说，"双能"对人才培养进行定位。科学研究是大学的基本职能，大学有研究型大学、教学研究型大学和教学型大学之分。研究型大学与研究性人才培养、教学型大学或职业技术学院与技术职能人才培养的分类很清晰，而教学研究型大学的人才培养模式一直难以厘清。"应用研究"是相对于理论研究而言的；"应用实践"是学校相对于社会而言的。不管是"应用研究"还是"应用实践"，都是一种创造性的知识活动。

（1）"双能"人才的知识结构。基于互联网及人工智能应用的知识生产模式，是由创新 1.0 向创新 2.0 迈进、以跨学科的创新平台为知识生产单元而进行的智能化创新形态（劳凯声，2019）。一直以来，受传统办学思维的束缚，很多地方高校走的是学术型人才培养的道路，同类高校的组织架构、学科与专业设置大多雷同，学生知识结构单一。知识生产没有实现从课堂、实验室扩展到企业研发机构、生产车间的转变，反映科技前沿、体现社会需求的知识和技能并没有及时纳入大学课程内容体系，校园内并没有形成创新创业的强烈意识，教师和学生也没有体会到创新创业的激励和环境氛围。"双能"将知识与能力、学校与社会的距离拉近了。

（2）"双能"人才的素质结构。从人力资本角度来看，知识资本带有强烈的功利色彩。但不可否认的是，大学作为"象牙塔"的精神和文化正在发生改变："全人"向"有用的人"转变——使学生为个人的成功和生活中的实际工作做好准备。[①]"双能"人才培养，除了培养大国工匠般的吃苦耐劳、刻苦钻研和精益求精之外，还强化大学生特别是高年级学生的创新创业教育

[①]　History of Stanford [DB/OL]. [2009 - 5 - 20]，http：//www. stanford. edu/home/stanford/history.

内容，在实习实践中培养学生的创新意识、创业精神。"应用科研、应用实践"能力在服务于社区建设、企业发展、科研机构研发中，培养和锻炼学生的创业能力，积累创业经验。反过来，创业精神和创业教育成为全新的大学文化，形塑新时代大学，给青年学生打下深深的烙印。"知识创新和信息技术革命提供了大量新的文化表现形式和传播手段，特别是支配着大众文化的大众传媒，而且通过其特有的形式改变人们看待自身以及自身在世界上的地位和方式，从而改造着人们的思想观念和精神面貌"（闵维方，1998）。

（3）"双能"人才的能力结构。以教师和学科为中心的大学，面临技术变革、工作组织变化对劳动力市场和高等教育的影响，并没有迅速提高对就业者的技能需求，也没有要求大力发展高等教育规模。在劳动力市场千变万化的情况下，要求就业者具备扎实的基础知识和基本技能，高等教育应开展广泛的通识教育，提高就业者的基本知识和素质比提供简单的职业技能更为重要。"双能"人才培养，需要建立一个对迅速变化的劳动力市场不断变革的技能需求作出弹性反应的教育和训练系统。

知识结构、素质结构和能力结构三者有机组合、互相叠加，推动人才培养模式与制度创新。

5.3.2 "双能"型人才培养：目标设计与模式设计

知识为什么要应用到研究中去、到实践中去？知识经济时代的大学已经脱离大学"象牙塔"的藩篱，走向社会中心，在走向社会的同时也让社会认同了大学。大学毕业生不仅要取得学历认证，还需要接受"社会认证"，如果不能适应社会和满足社会提出的要求，就有可能面临"毕业即失业"的风险。

1995年，联合国教科文组织明确提出了高等教育的三大危机：质量危机、财政危机和道德危机。《国家中长期教育改革和发展规划纲要（2010—2020年）》指出，"把提高质量作为教育改革发展的核心任务"。高等教育质量就是人才培养质量，高等教育质量问题就是人才培养质量问题。当前人才培养表面上反映的是质量问题，而隐藏质量背后的根本矛盾，是人才培养改革相对滞后而引起的单一人才培养模式与多样化社会需求和个性化学习需求的矛盾。这个质量问题，是科学技术革命带来的，是急剧的社会变革带来的，也是教育自身因循守旧带来的。那么，高校教育教学改革应该是问题导向的、权变与合乎社会需求的。基于质量命题的人才培养目标与模式设计应该包含三层含义：其一学校是一个开放的学习空间；其二学校教育只是学生的一个生命周期；其三学校教育应当因人类存在形式而作出改变。

（1）目标设计。"双能"型人才培养，遵循这样一个原则：从实践中来，到实践中去。"双能"型人才培养，是人才培养目标，而不是人才培养结果。作为一个生命周期的学校教育，学生走向社会，是个体学生接受社会的检阅，对于一个或多个高校来说，就是社会的一个群体、一个阶层，从而成为社会的一个有机组成部分。社会即学校，学校即社会。社会扩大了学校的学习空间，学校是社会化组织，社会成为学校化社会。也就是说，教育资源的供给者，社会所有人和机构都可以成为教育资源的提供者，学校成为一个学习中心。学生在这里起步，又在这里远航。在这个愿景中，"应用研究、应用实践"是一种工作能力或职业能力，又是一种学习能力或知识能力。它要解决工作问题，在工作中生存获得价值；又要解决学习问题，学习是生存境遇的需要，也是个体发展的需要，生命因此变得有意义。从根本上说，它是一种可持续学习能力，也是终身学习能力。

（2）模式设计。"双能"是一个人才培养设计模式，体现了学生的内在规定性。双能模式不仅是汇集和筛选，而且是教学运行机制及相应制度规范的过程。据有关学者研究，欧洲发达国家学术型人才与应用型人才培养的比例一般在1∶4，并且与其社会经济发展对人才需求的结构是吻合的（焦新，2014）。我国正处于工业化向工业化发达国家迈进，产业升级和调整尚需要大量应用技术类人才，这与高校人才培养结构存在偏差。应用型人才培养是一个宽泛的概念，"双能"在此注入了营养新鲜的血液。

5.3.3 "双能"型人才培养：知识生产与组织转型

20世纪晚期以来，"知识生产模式Ⅱ""后学院科学""终结的科学""学术资本主义""三重螺旋"等概念的提出都很好地解释了知识生产方式变革的现象。

相对于知识生产模式Ⅰ以大学组织为主要场所的学科知识研究，知识生产模式Ⅱ是一种跨学科的、异质的和灵活的社会弥散体系，在应用情境的知识生产中去中心化，改变书本、课堂和"数字教师"的形式。"问题的解决需要一个独特的不断发展的框架来引导，知识生产的人员来自不同的行业，不同的学科结构，社会科学学者、科学家、工程师、律师以及生意人在一起工作。"（迈克尔·吉本斯）

（1）"双能"是知识赋能。高校是以知识生产为己任，提供教育服务，所谓"双能"，其实就是知识赋能，不同的知识生产方式赋予学生不同的能力，而知识生产方式的改变，组织生产的模式也随之而变。截至2019年7月，我国有92个专业类，工科类占33个，占33.7%；全国有58000多个专业点，工科布点19447个，占33%；本科在校生人数551万，毕业生人数125万，本科工科毕业生人数约占世界总数的38%，92%的本科高校都设有工科专业，已建成了世界最大的工程教育供给体系。[①] 中国于2016年加入《华盛顿协议》，成为第18个正式成员，中国工程教育正式开始与国际同步（吴岩，2019）。在如此庞大的体量下，不管知识生产方式还是组织模式变革，提出"双能"人才培养都富有重大意义。

以学科为中心的学院组合，逐渐被以学习为中心的平台组合所代替。正如美国加州大学前校长克拉克·科尔曾描述过的大学形象之变迁：从曾经的"乡村"发展到"市镇"，再到当代大学已成为一个五光十色的"城市"。知识与能力成为可分又不可分的要素，知识主导让位于能力主导。以"卓越工程师"培养为例，应用研究要求"学生—准工程师"注重理论知识转化，为生产实践服务，为社会实践服务；那么应用实践要求"工程师—准学生"注重技术知识转化，不仅创新先进技术，还要把技术转化为效率——生产效率和经济效率，为生产服务，为管理服务。在这里，应用实践是应用研究的进一步深化，交替作用。

（2）"双能"型人才培养的知识支持体系。在"双能"人才培养的课程

---

① 数据来源于教育部高教司吴岩在2019年10月26日"2019国际机械工程教育大会"的报告。

设置下，把理论问题、实践问题和应用研究能力、应用实践能力进行划分，可以分为学科课程和平台课程两个体系，每个体系有四个课程领域：理论知识—学科课程体系（通识课程、专业课程、学位课程、论文课程）；实践知识—平台课程体系（创业课程、平台课程、项目课程、实训课程）。在以学习者为中心的理念下，这些课程把必修课程与选修课程有机联系起来（见图5.1）。

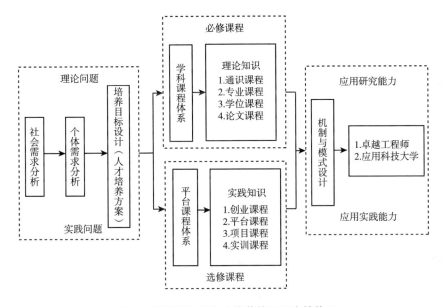

图 5.1　"双能"型人才培养的知识支持体系

　　为了与社会需求达成一致，大学人才培养标准要在精英性与大众性、学术性与职业性之间有所抉择与平衡。正如马丁·特罗所认为，从精英向大众以及普及高等教育模式的转变要经历一个从量变到质变的飞跃过程。在"双能"人才培养理念下，改变学校传统以教师为中心的学院模式，不断建设以学生发展为中心的未来技术学院和现代产业学院，发挥教学功能，培养社会各行各业专业与管理人才为主。驱动地方高校对区域经济发展和产业的转型升级发挥支撑作用。大学的存在及大学教育质量水平，可以影响企业特别是高科技企业的区位选择，而企业常常把大学看作是新人力资本、新知识和新技术的源泉。通过产学研合作，可以弥补企业在人才和技术方面创新能力的不足，为行业和企业的技术产品升级提供支持和服务，促进企业从根本上转变生产方式，从而推进区域产业的结构调整、优化和升级。

（3）组织转型带动"双能"型人才培养。在计划经济体制下，中央各部委管辖的高校为本部门、所属行业培养数量有限的人才，高校与地方经济社会很少产生联系。并且，市场经济体制改革后，地方经济已经成为国民经济和社会发展的强大推动力，区域产业对高等专门人才的需求越来越大，地方政府要求举办高等教育的意愿越来越强。但是，高校受历史惯性、评价体系、导向机制和内在利益的驱动，在办学理念和实践方面，还没有形成直接为社会服务、融入社会所在区域和社区，逐步推进资源共享、引领地区创新发展的冲动。

在地市级政府办学权力下放之前，不少地方高等院校主要受中央和省级政府各行政部门主管，根据各行业发展的需求来培养人才，存在鲜明的行业性特色。在行业系统中，学生可以较为便捷地到对口的企业和单位进行实习和实训，有利于产学研合作教育，也有利于企业招聘人才以及吸纳毕业生。在高等教育地方化过程中，原有的行业所属高校大都合并成为地方本科综合性院校，人才培养开始远离行业需求，失去行业特色，大学生就业普遍困难。很多大学学科专业建设与产业发展需求结合不够，一些与重点产业相关的重点学科得不到足够的支持，合作得不到持续发展。同时，政府不仅过分重视产学研合作的科研开发，忽视人才培养功能，而且因强调部门利益所造成的壁垒很多，各自为战，难以形成合力。此外，由于企业追求利益最大化为发展目标，很少从更长远的目的来考虑合作，常常以资金、场地不足拒绝接纳学生，不大重视与高校的合作。产学合作大多建立在地域关系和借助大学声誉上，而不是嫁接在大学的学科及其人才培养的优势上；大多建立在科研项目合作和成果转化上，而不是人才培养模式改革上。宁波工程领域经过多年的实践，已经探索出一套行之有效的人才培养模式。例如，宁波工程学院与杭州湾管委会、大众和吉利汽车等以理事会形式共同建立"政产学研"人才培养教育联盟，在技术研发、员工培训等方面进行深入合作，成为浙江省产业园区中办大学的典范，可谓是"出了校门进厂门，出了厂门回校门"。

政府作为一个重要的主体，可以根据产业升级和结构调整、劳动力市场供求信息等调整相关政策和资金投入，较好地解决产学研合作主体之间的利益分配问题。政府尽管建立了一些支持大学师生的创新创业天使基金，却没有以购买形式对产学科技成果转化、孵化活动进行补偿，产学研缺乏大量的、持续的资金投入进行深度合作。而且，由于知识产权分割困难或得不到有效保护，师生难以获得相关资金的资助，阻碍了高校和企业加强合作的积极性。在国家高等教育组织系统中，地市州高等教育处于末端，地方政府投入意识弱、投资额少，加上其他社会资源贫乏，经费问题逐渐成为产学研合作发展的"瓶颈"。产学研合作主体的利益分配难以解决，对于各合作主体来说，最终可能的结果是"负和博弈"。由于缺少足够的经费支撑，高校与企业之间仍然多是以"点到点"的方式，没有充分体现和运用学科交叉、综合的创新优势，注重在学科集群和产业集群对接中为企业提供多领域的技术支持，培养具有多学科基础、企业急需的创新人才。例如，宁波工程学院近几年深入与地方政府进行合作，校地共建象山研究院、奉化研究院、三门研究院、中乌新材料研究院和宁波临空经济研究院等，有力地推动了政产学研合作。

5.3.4　"双能"型人才培养：资源聚集与实施路径

不同层次与类型的高校，有着不同的办学定位以及不同的人才培养目标，从而人才培养模式也是多元化的。"双能"型人才培养是人才培养目标的重大变化，为地方本科高校指出了一条可供选择的道路。从观念、制度和文化等各个层面创新内部体制机制建设，增强融入社会的服务能力和影响力，不同层次的高校在这一总的发展方向上是一致的。这就需要做到以下几点：

第一，汇集"双能"型人才培养资源。在政府主导下，组建由政府、大学、社区、行业企业人士组成的管理团队，重新定位产学研合作教育目标，确立新的管理理念，改变单纯以产业化运作的方式，建设若干有层次区分、有不同大学学科和科研力量支撑的知识和科技创新基地，立足于为创新人才培养服务，注重营造创业氛围和科研成果转化效益，为形成区域社会创新网络提供基础动力。鼓励大学、企业和科研机构具有不同学科、不同知识背景的人员共同合作、共同形成创新团队和合作群体，改革人才培养模式，在科研创新中发挥人才交叉、综合的人力资源效益和放大效应。健全政府、大学、科技园区和相关企业共同采取的资助、奖励等支持性政策，引导和鼓励学生自主到产学研合作基地或园区实习、创业，为他们进入对口专业的企业参与科研实践和社会实践提供更多机会，为社会创新创业注入新的活力。以宁波市为例，通过精心组织，以石油化工、生物医药、纺织服装等十大重点优势制造业为基础，着重建设应用型专业人才培养基地，基地的筹建、经费投入和考核由教育局负责，基地的日常建设则由高校和企业共同负责，学生课程设置和学习实训各有分工，基地还明确规定了"学科＋专业＋骨干企业"的合作方式。在此示范效应下，学校很多学科和专业重视与企业的长期合作，更多的基地和平台建立起来。

第二，市场导向引导高校培养"双能"型人才。在市场机制下，高校作为提供人力资本的重要组织载体，要通过公平竞争来获取各种资源，也离不开资源的分配和吸收，要不断增强自身利益，以求得在社会组织系统和教育自组织系统中生存发展。同时，高等教育服务又与"产品"质量紧密相连，知识作为一种直接的社会生产力，产品质量很大程度上取决于受教育者劳动生产率的高低，以及知识的生产、扩散与应用，并都以服务社会生产为基础。因此，地方高校应该抛弃"闭门办学"的传统思维，根据区域产业结构设置和调整学科、专业结构，与企业密切沟通，树立培养与地方经济社会需求相适应的人才定位。通过深化和创新知识生产方式，改变原有完全依赖政府投入的模式，向市场要资源，以服务和贡献寻求扩展高校经费的渠道来源和社会支持。如此，地方高校才能有力地推动人才培养模式改革，提升区域高等教育发展的品质与内涵，而且不断提高办学质量，办出特色，逐渐走出一条别具一格的发展道路。

第三，制订"双能"型人才培养方案。地方高校要改变过去单纯由学校单方面孤立地制订人才培养方案的局面，在前期对专业人才培养需求进行充分调研的基础上，邀请政府、行业、企业相关领域的专家、学者共同参与论证制定。把"双能"型人才培养理念贯彻落实到人才培养方案中去，构建新的学科课程体系和实践课程体系，通过课程体系的调整来支撑"双能"型人才培养的实现，进而形成一体化人才培养方案。并由学校出台相关指导意见，引导教师开展课程与课堂教学改革，在"双能"能力矩阵的引领下，形成有力的教学内容与教学方法、方式的变革。

第四，打造"双能"型师资队伍。提高教学质量，教师的重要性不言而喻。在地方本科高校中，大部分师资来源于研究型大学的博士研究生，这些教师精于理论研究，但在实践方面偏弱，导致学校师资队伍建设呈现结构性矛盾。学生的"双能"来源于教师的"双能"，如果加强师资队伍的"双能"力建设，将大大有利于这一问题的解决。一方面，教师个体需要具备"双能"素质。对于新引进的教师应根据专业背景的差异，引导教师全脱产或半脱产到企事业单位锻炼半年或一年，鼓励老教师当中的博士、教授到企事业单位联合进行科学研究、技术研发、技术指导等工作；另一方面，教师群体需具备"双能"结构。专业任课教师、实践实验教师、教辅人员合理配置要符合"双能"师资配置结构要求，尤其需要制定实验技术人员聘用办法，明确岗位和基本职责，明确编制数量。

第五，形成"双能"型育人环境。培养"双能"型人才，教学环境亦需要"多能"，主要包括以下几个方面：其一，鼓励学生广泛参与学科竞赛，形成以赛促教、以赛促学的良好的自主学习氛围，实践证明学科竞赛是调动学生学习积极性及综合运用知识的最有效的途径之一。其二，充分拓展高校实训中心的功能。高校在完成正常实习实训课程训练之外，需要盘活实训中心仪器设备资源，引导教师带领学生或由学生自发组织实践团队在课外时间进行创新创业实验。其三，制定有效的激励政策，鼓励教师带领本科生参加科研项目活动。完善本科生导师制度，让本科生较早接触科研训练，培养其应用研究能力。

第六，构建"双能"型人才评价机制。建立"教学管理系统""教学质控系统""教学评估系统"三位一体、全员参与的"点面结合、二级管理"教学质量保障体系。重点监控人才培养方案中对"双能"型人才培养所支撑的课堂教学和实践教学环节，学校定期发布教学质量年度报告和专题调研报告。与此同时，引入第三方评价机构，搜集毕业生个人及用人单位的反馈信息，检验学校所培养的"双能"型人才实际效果，以便对学校人才培养的相关环节进行持续改进。

第6章　现场工程师人才培养路径

以现场工程师理念为指导，以服务地方现代化建设为宗旨，采用双导向的校企合作 RCCI 的建设思路，构建现场工程师人才培养路径（谷伟、蔡伟，2017）。双导向是指以建设工程领域就业岗位需求和注册工程师执业资格证书为导向；校企合作是指学校教育向企业后延、企业培养向学校前移的联合教育培养方式，注重行业指导，转变企业职责，深化产教融合，强化工学结合，实现学校与企业互利共赢，形成高校与行业、企业人才培养新机制，共同确定培养标准，制订培养方案，实施培养过程和评价培养质量的全方面合作（谷伟、蔡伟，2017）。

本章以宁波工程学院建筑与交通工程学院为例，详细论述现场工程师人才培养标准、课程体系、师资队伍、实践平台以及评价体系的构建及实践情况。

（1）调研（investigate and research，R）。基于现场工程师人才培养的需求，依托建筑与交通行业协会，学校与合作企业联合成立建筑与交通类专业教育培养指导委员会和秘书组，深入开展调查研究，并与德国亚琛应用科技大学等国外高校开展交流合作，分析国内外现场工程师制度现状及发展趋势，凝练现场工程师应具备的工程素养、知识结构和业务能力，明确具备的专业核心能力和关键技术技能。

（2）构建（constitution，C）。以工程技术应用开发核心能力为主线，按照高校专业学历教育与执业资格能力相协调、理论教学与工程实践相结合、科技教育与人文教育相融合的原则，校企共同优化专业人才培养方案，制定知识、能力和素质目标实现矩阵，构建三个基于的建设方案，即基于现场工程师的培养目标确定、基于现场工程师的课程体系设计和基于培养质量的保障建设。

（3）实施（carryout，C）。组建工程实践教育中心，学校与行业、企业全程化、立体化实施人才教育培养过程，实行校内外双导师制度。校内注重基础理论学习和实践技能训练，校外强化工程技术应用能力培养，学生累计 1 年以上时间全面参加企业工程建设项目，在"真场景"中接受岗位培训，培养执业岗位工作能力。

（4）检验（inspect，I）。在保证达到国家基本教学质量标准的基础上，实施行业企业全面参与、校内外分层考核的办法，检验人才培养质量，在实践中反馈效果，总结经验，不断完善，逐步实现人才培养与就业需求的无缝对接。

6.1　现场工程师人才培养标准

培养标准是现场工程师培养教改"列车"的"设计图纸"，只有严格按图施工，才能质量检验合格（吕忠达、蔡伟，2019）。目前，相关专业只有毕业标准，尚未有现场工程师培养标准。宁波工程学院以实施现场工程师人才培养为突破口，创立了校企联合培养人才的新机制，构建工程教育的新体系，探索建筑与交通类专业人才培养的新模式，培养了大批现场工程人才。

6.1.1　人才规格定位：现场工程师

宁波工程学院是宁波市政府举办的全日制普通本科院校，创建于 1983 年，前身是宁波高等专科学校，是全国四所中德合作高工专之一。宁波工程学院建筑与交通工程学院的前身是建工学院，是学校具有显著特色的院系之一，2015 年 12 月原交通工程学院成建制并入，合并组建成新的建筑与交通工程学院。学院设有建筑学、土木工程、建筑环境与能源应用工程、道路桥梁与渡河工程、工程管理、交通工程等 6 个本科专业。其中土木工程为国家首批一流本科专业、国家级特色建设专业，2015 年通过全国高等学校土木工程专业评估；交通工程专业为浙江省一流本科专业、浙江省特色专业，2015 年通过硕士学位德国 ASIIN 认证；建筑学专业（宁波市特色建设专业）入选教育部首批 CDIO 工程试点专业；建筑环境与能源应用工程专业为浙江省一流本科专业、浙江省新兴特色建设专业，2017 年通过住建部专业评估；工程管理专业为宁波市校企合作人才培养基地。

2004～2017 年，建筑与交通工程学院的毕业生中 50% 左右在宁波就业，25% 在浙江省其他城市工作，10% 在外省，另有 15% 左右学生继续升学（李俊，2017）。毕业生的就业行业也相对集中在建筑、市政和交通行业，从事的职业涉及地产、设计、施工、监理、造价、检测、咨询等技术与管理工作。

学校坚持应用型办学定位与建设高水平应用型大学办学目标，积极探索地方应用型本科院校特色发展之路，坚持实施产教融合与国际化办学的"双轮驱动"战略和人才强校战略。对于建筑与交通工程领域专业而言，毕业生就业职业去向以面向工程一线的设计、施工、监理、造价单位为主。因此，建筑与交通工程专业毕业生的人才培养规格设定为面向工程一线培养应用型人才。

具体而言，建筑与交通工程现场工程师人才，是面向建筑与交通工程领域、具有应用研究和实践能力、具有学科交叉优势、拥有创新意识和国际化视野的应用型人才，是接受土建注册工程师的基本训练、具有良好的工程思维和工匠精神、拥有技术创新和开发能力的应用型人才。

6.1.2　培养目标：精施工、能设计、会管理

2019 级建筑与交通工程学院各专业人才培养方案中强调"在遵循现场工程师培养标准下，制定本专业培养目标"。土木工程专业进一步明确为"毕业生可适应建设工程项目技术或管理工作岗位的基本要求，一段时间（5 年）后可达到注册建造师等执业资格水平的应用开发型高级工程技术与管理人才"。

依据毕业生主要面向施工企业的特点，土建类专业提出了"精施工、能设计、会管理"的人才培养目标，使得土建类专业的专业定位与知识、能力和素质的层次要求符合学校办学定位和区域经济社会需求，也使得毕业生既有明确的职业定位，又有较强的动手能力和一定的发展潜力，在宁波地区的

建筑与交通行业形成了良好口碑。

"精施工"是指学生精通建设工程现代施工技术和方法；"能设计"指强化学生工程结构设计的基本原理及一般设计方法的学习，提高分析和计算能力、方案和建模能力以及研究和创新能力；"会管理"是运用项目管理知识，培养人与人之间的沟通能力、单位间的协调能力和一定的组织完成工程项目的领导能力（谷伟、蔡伟，2017）。

第一，基本工程素质、知识和能力。结合工程实际，学习和巩固工程结构、施工技术和组织管理等知识；熟悉企业机构设置和工作班组编制；熟悉工程安全生产规章制度和工程质量保障体系；熟悉机械设备的操作规程及质量要求；熟悉各种建筑材料性能及检验标准和方法等。

第二，综合工程素质、知识和能力。理论联系实际，验证、巩固、深化和完善所学的核心专业理论知识；熟悉施工图纸及有关技术资料；参加图纸会审、技术会议及各种技术活动；参与单位工程施工组织设计和安全专项施工方案的编制工作；参加建设工程施工概算、施工图预算及工程结算的编制；运用施工规范和操作规程及验收标准参与工程质量的检查验收等。

第三，创新能力和自主学习能力。参与企业新技术、新工艺、新材料的推广与应用及工法的编制工作；参与工程现场遇到的工程技术及工程质量问题的解决工作，增强分析和解决问题的能力；善于发现实际工程中不合理现象，积极思考如何运用所学知识科学地加以解决；同时发现自身知识、能力的不足，促进自主学习。

第四，沟通交流能力和职业素养。通过参与企业的工程建设，与设计、监理和分包等相关部门领导、技术人员和工人进行有效沟通交流，培养正确处理人际关系、团队协作精神和应对复杂问题的能力。通过与工程专家、行业前辈的专业引领，学习和感受前辈的行业视野、工程思维和拼搏精神。通过学习优秀企业文化，大力培养学生的工程素养、职业道德和社会责任感。

6.1.3　培养标准：勤、勇、合、创、智、通

为了服务国家重大战略，满足产业需求，面向 2035 的建筑与交通领域发

展，本课题组最初提出用"勤、勇、合"来概括建筑与交通领域现场工程师的人格与素质培养要求（吕忠达、蔡伟，2019）。面对建筑与交通领域工程巨大复杂、跨界协同、互联互通的发展趋势，以及云计算、大数据、人工智能等新技术扑面而来，建筑行业也从手工化、机械化逐步向工业化、智能化、数字化的建筑工业 4.0 升级，对现场工程师的知识、能力和素质提出了更高、更新的要求。课题组经过广泛调研与研究探讨，在前期标准的基础上又补充了"创、智、通"为知识与能力新要求，最终形成"勤、勇、合、创、智、通"6 字培养标准（见表 6.1）。

表 6.1　　　面向 2035 的建筑与交通工程领域现场工程师培养标准

表述	工程行为要求	人格/素质标准	知识/能力标准
勤	面临从工程基层做起，逐步成长的现实，要眼勤、手勤、脚勤、脑勤、勤看、勤做、勤学、勤问、勤思	勤恳待人、勤快做事、勤于实践、勤于思考、视野开阔、脚踏实地	发现与解决问题；动手实践、全球视野；批判型思维、终身学习
勇	面临环境苦、任务重、高难强险的工程，要勇于承受、勇于担当、勇于突破、勇于面对	性格坚强、意志坚定、勇于负责、勇于试错	应对突发事件；工程伦理道德
合	面临大量复杂的巨型工程，要吸引人才、聚合能量、整合智慧、寻求合力	胸怀宽阔、气度宏大	沟通协商；工程领导及管理
创	面临大量前所未有的创新工程，要创立新技术、创设新体系、创建新方法、创造新业绩	敢为人先、不断进取	创新、创意；创业、创优
智	面临越来越多的智慧型工程，要智慧设计、智慧制造、智慧施工、智慧管理	严谨严格、追求效率	云计算、大数据；人工智能
通	面临越来越多的跨领域工程，要多学科融通、多专业融通、多网络融通、多技术融通	跨界互联、大工程观	系统思维；跨界思维；互联思维

资料来源：吕忠达和蔡伟（2019）。

（1）"勤、勇、合"的人格与素质。"勤"即勤奋，现场工程师要勤学、勤思、勤动手。面临"从工程基层做起，逐步成长"的现实，建筑与交通领域现场工程师要做到眼勤、脑勤、手勤，表现出诚恳待人、勤快做事、勤于思考、勤于实践的素质标准，具备发现与解决问题、能够动手实践的能力；

"勇"即勇敢，现场工程师要勇于承受、勇于突破。建筑与交通工程无不环境苦、任务重，建筑与交通领域现场工程师要勇于面对、勇于担当、勇于创新，表现出性格坚强、意志坚定，具有应对突发事件的能力；"合"即知行合一，现场工程师要团队合作、寻求合力。面对大而复杂的巨型工程，现场工程师要融合人才、整合智慧、聚合能力，表现出胸怀宽阔、气度宏大的人格标准，达到有效沟通与协调，具备工程领导及管理素养。

（2）"创、智、通"的知识与能力。"创"即创造，现场工程师要创新、创优。面临大量前所未有的基础工程，建筑与交通领域现场工程师要创立新技术、创设新体系、创建新方法、创造新业绩，表现出敢为人先、不断进取的素质标准，具备创新、创业、创意能力；"智"即智慧，现场工程师要有智商、智能。面临越来越多的智慧型工程，建筑与交通领域现场工程师要智慧设计、智慧制造、智慧施工、智慧管理，表现出严谨严格、追求效率的素质，适应云计算、大数据、人工智能时代的到来；"通"即融通，要畅通、贯通。面临越来越多的跨领域工程，建筑与交通领域现场工程师要多学科融合、多专业融通、多网络融通、多技术融通，表现出跨界互联，具有大工程观视角，拥有系统思维、跨界思维和互联思维。

需要强调的是，有了标准并非意味着各类高校、高层次人才培养采用同一种办学模式，标准同样需要深化改革，探索特色办学。在此过程中，建筑与交通工程学院以独特先进的教学理念，引领建筑与交通工程专业群进行系统性的工程教育改革；以逻辑严密的技术路线，将教学改革引向工程教育模式转换的核心地带。

6.2　现场工程师人才培养课程体系

课程体系是教改"列车"的功能部件，只有科学配置，才能保证各部件的性能优良。当前，建筑与交通领域现场工程师培养的课程体系未见更新，落后于时代，存在学科壁垒及专业藩篱，亟须创新。这就要求高校要以社会需求为导向，构建适合现场工程师人才培养的课程体系，围绕人才培养目标，不断整合课程资源，调整课程结构，提供丰富的学习资源，注重培养学生的探索式学习、工程思维和首创精神。

基于"勤、勇、合、创、智、通"的培养标准，以"大工程教育观"为指导，提出"巩固经典核心、体现学科交叉、追踪动态发展"的结构化课程体系方法，以巩固基础理论知识、注重工程项目实践、培育创新能力和精神为特征的企业阶段培养计划和课程体系，实施始业教育、技能实训、项目设计、毕业实习和设计等模块化教学。通过巩固反映本领域科学原理、成熟技术、经典方法的核心课程模块，在力学、设计原理等核心课程中强化其在新体系中的基础地位。同时，要清醒地意识到，随着建筑交通领域中越来越多的新技术发展，多学科多专业的交叉融合已是大势所趋，课程体系中必须增加"学科专业＋"的课程模块，构建新的能力和素质体系。此外，还要及时增加、更新、紧跟迅速发展的前沿技术，包括走在时代前面的科研成果、技术创新等课程内容，在课程体系中增加动态调整课程模块。

6.2.1　课程体系设计

在课程体系设计上，学院力求打破课程间的壁垒，分析知识与能力、素质的结构矩阵，优化课程体系和教学内容，分解指标点要求，支撑达成度评价（蔡伟，2020）；聚焦建筑与交通领域新业态，依据培养目标和能力矩阵，对课程体系进行优化设计及整合（李俊，2017），改革构建以核心课程为中心、增设绿色建造、智能建造等新业态课程，实现跨学科、跨专业、跨方向的融合；教学计划遵循教育规律、体现现代工程教育特点；课程安排循序渐进，由易到难，由基础到专业，遵循教育规律。建筑与交通工程学院各专业，原则上第一学年设置公共的通识类课程，实行宽口径培养；第二学年，根据学科大类要求设置相应的学科基础课程；第三、第四学年根据社会需求、学科发展、专业学习需要，设置灵活多样的专业课程模块，促进学生个性发展。

现以 2019 版土木工程专业人才培养方案为例，分析专业知识结构和比例。该专业课程体系包括通识类课程（占总学分的 37.8%）、专业基础类课程（占总学分的 20.6%）、专业课程（占总学分的 18.0%）和实践类课程

（占总学分的 23.6%）四个类别。在学时分配上，核心必修课占 30.8%，一般必修课占 39.5%，选修课占 29.7%。课堂教学 16 学时为 1 学分，实践教学 1 周为 1 学分，共计 180 学分，含 2276 理论学时和 36 周实践环节。学籍管理实行弹性学分制，基本学制为 4 年，允许学生 3~8 年修完。

建筑与交通领域现场工程师须经专业知识学习、工程实践训练和工作实际体验三个教育环节接受培养。建筑与交通工程类各专业以培养工程技术应用开发核心技术能力贯穿于教学全过程，校企共同设计实施与执业资格制度相协调的理论教学、工程实践和创新培育三位一体的课程体系（谷伟、蔡伟，2017）。

6.2.1.1 理论教学体系设计

以"基础理论扎实，专业知识宽广，执业能力突出"为原则，依据培养标准和目标实现矩阵，构建以核心课程为中心的核层式课程群结构体系，即核心课程、一般课程和拓展课程三个层次。

核心课程是为了适应工程执业人才的市场需求，培养学生的执业核心能力，突出其在整个课程体系中的核心地位；一般课程是形成专业基础与工程素养的中层课程配套体系；拓展课程是满足学生在专业兴趣与人文素质上的个性发展的外层课程选修体系。所有核心课程均需安排工程项目问题训练，以突出培养工程设计、施工、管理的核心竞争力，使学生接受注册建造师、结构工程师和造价工程师等执业工程师核心知识教育和执业资格教育。

以土木工程专业为例，在理论课程设置上坚持应用能力为导向的原则，以核心课程结构力学为龙头，带动理论力学、材料力学、结构力学、土力学等工程力学类课程群建设，培养学生扎实的力学基础和结构思维能力；以核心课程混凝土结构为龙头，带动钢结构、砌体结构等结构设计类课程建设，培养学生工程结构的设计分析能力；以核心课程施工技术为龙头，带动施工组织设计、工程经济管理等管理类课程建设，培养学生施工和经济管理的实践应用能力；以素质拓展类课程群来强化素质培养，训练学生的人文素质、科学素质和工程素质（周小春，2016）。

专业基础课程基于"大土木"人才培养要求而设置了专业平台课程，涵盖力学原理和方法、专业技术相关基础、工程项目经济与管理、结构基本原理和设计方法、施工原理和方法、计算机应用技术等 6 个必需的知识领域。

专业核心课程由房屋建筑工程、道路桥梁和地下工程等 3 个专业方向的核心专业知识组成，实现了对学生的多样化培养，满足学生个性化发展需求。

专业拓展课程是专业核心课程的延伸和深入，作为不分方向的选修知识单元。其目的是拓展学生的专业知识面，培养学生更高水平的专业素养。

6.2.1.2　工程实践体系设计

实践环节是提升学生专业技能、保障人才培养质量的关键教学环节，建筑与交通各专业按照专业能力需求设计工程实践课程体系，教师在实施过程中严把实践考核关，保证实践教学目标的达成质量。以"注重工程素质、突出工程应用、强化工程实践"为原则，构建以工程基础实验、项目技术训练、综合应用实践和综合素质拓展四个平台相互贯通、校内外紧密结合的工程实践体系。

工程基础实验侧重理论联系实际，加深了学生对基础知识、基本原理的理解，注重工程实践思维的训练和养成。项目技术训练是与核心课程和核心能力紧密结合，侧重掌握工程项目的分析、设计、施工、组织和控制方法，形成由初步了解到逐渐认识再到工程应用的循序渐进式训练过程。综合运用实践是针对某一执业岗位领域进行综合能力训练，突出实践能力和创新能力的培养；在企业导师和校内导师的共同指导下，学生用累计 1 年以上时间直接参与实际工程项目，"真刀真枪"完成毕业设计等教学环节，达到我国注册建造师、造价工程师等执业水平。职业素质拓展侧重提高学生的思想政治素质和人文科学素养，形成求真务实的科学精神和工程态度，培养良好的职业道德和社会责任感，不断积累后发优势。

针对受安全、场地和设备等因素制约而未能开设的实验环节，建筑与交通工程学院高规格打造虚拟仿真实验平台，以现场工程师为宗旨，以数字化和信息化教学资源为手段，将基础教学、专业教学、创新教学与科学研究、工程应用相结合，以省级虚拟仿真实验项目为龙头，形成了《钢筋混凝土结构基本原理》《交通工程设施设计》《大数据环境下城市干线道路双向绿波协

调控制》《暖通空调系统综合操作》《中央空调系统运行操作与故障诊断》
《一次回风中央空调自动控制系统》等虚拟仿真实验项目，学生们可"身临其
境"般零距离操作，在趣味和新奇中实现专业课程与工程实践的有机对接。

我们仍以土木工程专业为例，介绍其"基础、提高、深入和应用"的工
程实践教学体系。基础训练平台中的测量实习是在教师指导下进行测量、计
算分析、制图、设计等基本技能的训练，学生通过现场实际操作和测量实习
报告编制，基本达到初级测量员的要求。技能实习在大二、大三暑假进行。
在大二暑假，安排学生进设计院、咨询单位与施工单位实习，安排学生做专
业辅助工作，如绘图、工地测量放线、工程资料的收集与整理等，使得所学
的制图、测量、力学等相关知识能通过该阶段的实习得到强化，并培养学生
的职业素质。大三暑假，学生已具有一定的专业知识，可以开展初步的设计、
施工方案编制、工程量计算与造价的编制等方面的工作，为大四的毕业实习
和毕业设计积累了必要的专业知识。学生也可以通过该阶段的实习，了解什
么职业方向和单位适合自己的兴趣和特长，作为自己的职业先行体验，达到
产教融合目的。课程设计是对课程理论学习的巩固和深化，房屋建筑学、钢
结构设计、施工组织设计、工程计量与计价等课程结束后均安排了课程设计，
这是对课程内容的进一步深入，也是土木工程专业的核心能力体现（周小春，
2016）。

6.2.1.3 创新培育体系设计

以"保证合格、培养卓越、培育精英"金字塔式三层次培养为原则，构
建以教研结合、内外结合、校企结合的学生创新能力培育体系。

教研结合就是教学与科研相结合，积极鼓励学生参与教师科研课题研究，
引导教师以研促教，以研促改；内外结合就是课内教学与课外实践结合，以
重点学科、重点实验室为平台，成为学生科技创新基地，举办"鲁班论坛"
"结构设计竞赛"等文化科技活动，大力营造创新环境与创新氛围；校企结
合，就是学校与企业相结合，充分利用企业、社会资源，鼓励学生积极参与
企业的技术革新和项目开发，参加专题社会调研活动。

具体而言，一是通过培养方案设置的理论课程体系和相关设计、实习等

实践课程体系来实现；二是通过开展第二、第三课堂的联动和校园环境营造来实现。制订教学计划时，结合行业需求科学设置课程体系，合理调整理论教学与实践教学时间比例，增加实践教学时间。改革实践性教学环节，推行"企业导师制"的应用能力培养模式，引导学生参与企业技术创新、工程设计和工程开发。开设《工程伦理》课程，培养学生良好的职业道德和职业精神。实施素质学分制度，规定每个学生至少获得 4 个素质学分才可毕业。在校期间向学生提供各种科技创新和文化活动的条件，鼓励学生参加"挑战杯"、结构设计竞赛等科技创新活动，培养学生的创新创业能力。引导学生积极参加社会实践活动，促进学生发挥专业所长，将课堂知识与实践创新结合，提高学生的知识应用能力和综合创新能力以及对社会的认知和适应能力（周小春，2016）。

6.2.2　课程体系特色

为了推进现场工程师培养，更好地适应经济社会发展对应用型人才培养的要求，该学院制订了具有以下特点的新版人才培养方案。

（1）秉承知行合一校训，体现应用型人才特色。传授专业理论知识的同时，注重课内与课外、校内与校外教学活动的有机结合，通过产教融合、校企合作等途径，着力培养学生的工程意识和创新创业意识，提升学生的工程素质和工程实践能力。

（2）以行业需求为导向，加强学习智能建造知识。面向行业，实现专业培养标准与行业要求、专业认证相统一。同时，增设智能建造、建筑工业化、BIM 设计等内容，将智慧化、工业化、数字化内涵有机融合于结构设计、施工等课程。加强节能知识的讲解与分析，激发学生参与节能的积极性和主动性。

（3）优化课程体系，强化实践环节。进行专业相关课程的有机整合，将理论教学控制在 2200 学时之内，将实践环节学分提高到总学分的 1/4，学时占总学时的 40% 左右。实验单独考核，促进学生实践能力的培养。充分利用大学期间的三个暑假，开展与专业教育相关的认识实习、生产实习和毕业实习活动，通过"课程学习—专业实习—课堂学习"的工学交替学习、实习组织，让学生接触社会、了解专业，提高学生的学习动力，培养学生的综合素质。

（4）深化产教融合，提高社会适应度。依托建筑与交通工程中心和风华书院①，由学院单一主体培育转变为多元主体协同培养，与行业、企业形成双向交流和资源共享的新机制。深化校企合作，成立产教融合建设委员会，通过专业方向与产业需求对接，课程内容与执业标准对接，实践环节与生产过程对接，校企合作实施人才培养目标、课程体系、师资队伍、培养过程和质量评价的五个"共同"。

（5）关注学科前沿，拓宽创新素质。根据专业发展前沿和就业需求，设置了多个专业选修课模块，进一步拓宽学生的专业知识领域，了解专业前沿知识，提高专业素养。同时，实行本科生导师制，按准研究生模式进行培养，对科研训练、竞赛获奖、论文发表、专利授权等设置创新学分，对考取技能证书、开展社会调研以及参加提高素质等各类活动设置素质学分，需修满 4个创新学分或素质学分方可申请毕业，将创新教育融入人才培养全过程。集校友文化、风华书院和鲁班工坊等工作为一体，通过讲座、培训和各类评比等方式营造校园创新氛围。

6.2.3　课程教学实施

教学方法是教改"列车"的操控方法，只有先进合理，才能事半功倍。现阶段，课程及课堂的教学方法落后，效率低下，脱离时代，学生满意度不高，亟待创新符合时代要求的"智慧教学、智慧课程"和"智慧型教学法"。

为了适应现场工程师培养要求，开展"高效智慧课程"和"SPOC 混合式课程"建设，该学院探索"大数据教学法"。"高效智慧课程"是指"双网联动"的移动课程、"有效运行"的高效课程、"智慧调控"的聪明课程，能

---

① 宁波工程学院的风华书院是建筑与交通工程学院举办的通识教育书院。

大幅提高教师效率和学生成绩，代表着未来课程教学的发展方向，也给学校的运行及管理带来变革。"SPOC 混合式课程"是指课内与课外学习时间混合、线上与线下学习途径混合、校内与校外教学空间混合、学校与企业课程师资混合。"大数据教学法"是指对"课程运行数据"的挖掘、分析和利用，对学生学习行为进行调控与督学，以充分激发学生学习动能。

在理论课程上，推进以项目为基础的教学；在实践环节上，推进工程教育四年不断线，特别是抓实学生在企业学习一年的教学与实践内容，完成结合工程实际的毕业设计。从根本上改变人才培养过程中以灌输式和知识传授为主的教学方法，扭转实践环节逐渐弱化的趋势。

在实践课程上，根据教学规律和知识、能力及素质培养的需求，将企业学习与校内学习有机结合、相互交融，充分利用工程实践教育中心进行企业认知实习、基于工程实训的生产实习项目、基于岗位和项目的课程学习、结合企业工程实际的毕业设计等，由浅入深，由单一到综合进行工程能力培养。

在教学资料管理上，制定《宁波工程学院教学档案资料分级管理范围的规定》，对教学资料的归档内容、要求和负责部门作出了明确规定。学校保存人才培养计划、课程表、教学大纲、教学日历和学生成绩；学院负责保存教案、试卷、成绩单、试卷分析、作业本、课程设计、毕业设计、实习报告和听课记录等；系负责过程考核资料、期中考试卷、实验指导书、课程设计任务书、实习指导书、毕业设计指导书的分类归档。为了保障档案归档制度的落实，由教务处牵头，由校质量评价办公室和校督导组配合，在每学期末对各院系进行教学档案归档情况的检查，保障各类教学档案及时归档。学院配备了专职档案管理员，经过教学档案管理培训后，负责教学档案的管理，努力做到教学资料完整、登记规范、目录清晰，可供教师随时查阅和满足各类教学检查需要。

6.3 现场工程师人才培养师资队伍

师资队伍是教改"列车"的操控人员，只有德才兼备，才能完成使命。

对以宁波工程学院为代表的应用型高校而言，当前师资队伍最大的问题就是教师所学专业与研究方向不一致的学缘困惑，且存在"特长不显、双师双能"欠缺的能力瓶颈。亟待围绕"勤、勇、合、创、智、通"的人才培养标准，创新"研、学、服、导"建设机制，建设一支目标一致、结构优化、梯队合理、素质优良的师资队伍。

6.3.1 组建竞争趋向、能力取向、实践导向的师资队伍

高校教师专业发展是一个完整的人工生态系统，并非孤立系统，受宏观生态环境直接干预。宏观政策导向下的科教兴国、创新驱动发展和供给侧结构性改革，最终将引才、聚才任务和育才爱才氛围传递到高等教育组织（蔡伟，2020）。作为重要部分的应用型高校，无一例外将优秀师资视为人才培养、专业发展、学科建设和社会服务的第一资源，将打造高层次、高水平、高素质的教师队伍作为转型发展的重中之重。

宁波工程学院在明确应用型办学定位以来，围绕引进、培养和用好人才的全链条，建立了"聚英100计划""育英100计划""百名教授（博士）服务百家企业计划（双百工程）"等聚才育才用才的新机制，引进与培养兼顾，专职与兼职平衡，不断与宏观生态环境进行着物质循环、能量流动和信息交换（蔡伟，2020）。

6.3.1.1 扩充：竞争趋向的"聚英100计划"

良性的竞争与合作能够更合理高效地配置与利用资源，有利于青年教师成长，进而推动专业发展、高校发展和社会发展。青年教师属于知识密集型群体，其自主意识和发展愿望是促进其积极流动与互动，成为这一群体竞争与合作的强大驱动力（蔡伟，2020）。

宁波工程学院在"十三五"和"十四五"期间持续加大建筑与交通工程类专业投入力度，精准发力专业建设，精细构筑学科平台，精心培育引才沃土。以土木工程、建筑环境专业通过住建部专业评估（认证）为契机，夯实专业基础，提升办学影响力和区域知名度。特别是，土木工程专业在教育部

特色专业和浙江省特色专业的基础上，跻身国家一流本科专业方阵；建筑环境专业在浙江省新兴特色专业和宁波市优势专业培育下，也入选浙江省一流本科专业。同时，土建学科紧密依托国家应用型本科产教融合工程，高规格建成了土木工程、建筑节能工程省级实验教学示范中心，高水平打造了 MTS 结构实验室、震动台、熔差测试室等标志性科研平台，土木工程学科入选浙江省一流学科，还实现了省级工程技术中心和省级协同创新中心的突破。这些专业建设和学科平台为吸收海外高水平学科带头人和高素质骨干教师的"聚英 100 计划"创造了基础条件，也为竞争与合作提供了发挥空间（蔡伟，2020）。

6.3.1.2 优化：能力取向的"育英 100 计划"

对建筑与交通领域专业教师而言，不同教师具有不同生态位，依托单位培养和社会机构培训需分析青年教师原有生态位，达到按需精准供给，方可有的放矢。采取专家报告、名师示范、专项培训和教学竞赛、微课比赛、教案比赛等途径和校内外联动、院系统筹、教师结对等方式，从战略高度做好青年教师培养规划，建立制度化、规范化的教师培训体系，有针对性地加快培养青年教师教学能力。此外，通过人才工程申报、创新团队遴选、学科带头人培养和骨干教师培育等实施途径，并依托"王宽诚教育基金"优先支持攻读学位、高端访学和学术研讨的海外进修计划和"郁氏奖学金"定向支持国家重点高校、科研院所和港澳台地区高校的国内研修计划，有计划地提升中青年教师科研能力。"育英 100 计划"依托这些聚焦教学水平和科研能力的进修和培养制度，为优化师资质量提供了扎实条件（蔡伟，2020）。

6.3.1.3 提升：实践导向的"双百工程计划"

为了产教融合下的专业链与产业链深度衔接，也为了提高教师工程实践能力和"双师型"师资比例，该学院适时启动了"双百工程计划"。在服务工作中，以建筑与交通行业发展需求为导向，做到按需选派；以服务基层、服务一线为要求，做到直达工地；以发挥特长优势为目标，做到人岗相适。鼓励教师利用自身专业特长，以城市建设和发展中的技术难题为攻关对象，将研究成果应用在工程上，为区域城市建设发展提供智力支持。通过服务杭州湾跨海大桥、三门湾跨海大桥、宁波轨道交通等重大工程，参与装配式建筑、可再生能源城市、海绵城市和建筑能源诊断等重大决策，以及制定地方标准和行业规范，为宁波市重大城建工程作出积极贡献。"双百工程"以重大工程、重大决策和标准规范为依托，为提升教师实践能力提供了发展机会，发挥了共同体的协同进化功能（蔡伟，2020）。

6.3.2　形成集群效应、协同效应、辐射效应的师资队伍

教师专业发展是一个完整的生态系统，具有交联性效应，良好的中观生态环境能促进教师专业素质发展。基层组织需结合自身特色和发展需求，提出适宜的教师专业发展策略，创造最适宜的生态环境（蔡伟，2020）。

6.3.2.1　增加数量，提高质量，形成集群效应

集群是种群生存的首要条件，教师个体要健康发展必然要依赖群体。当土建类专业教师这一复杂群体内优势个体数量集聚到一定极限时，该复杂系统内的潜在因子可形成群体效应，最大程度地让复杂、非线性的教育生态体系从无序向有序转变（蔡伟，2020）。

以增加数量为目标，采取高校与企业相结合，增加教师个体人数。以应用型办学定位和建设高水平工程技术大学为目标，以专业认证和申硕为契机，把应用型师资建设作为实施"人才强校"战略的重点。全力筑巢引才，倾力打造省级实验教学示范中心，除了设置教学实验室外，还高规格建设了 MTS 实验室、振动台实验室、焓差实验室、地源热泵实验室、辐射空调实验室等科研实验室。以公开招聘、自主选聘和专家推荐等多渠道，吸纳优秀高层次人才，不断充实教师队伍，为专业发展提供强大的智力支撑。在此过程中，教师数量不仅要能满足常规本科教学需求，还要有足够的具备企业经历的教师，满足应用型人才培养需求。目前采取的规格是：土建类各专业的专任教师人数至少15人以上，若当年招生人数超过60人时，每增加5名学生至少增加 1 名专任教师名额。

　　以提高质量为重点，采取引进与培养相结合，提高师资因子素质。出台细则，加大吸引优秀师资工作的力度，做好既有优秀人才队伍的稳定工作。通过培养和引进，构建"512 教师阵容"，即围绕重点学术团队，引进和培育5 名"甬江学者"级别学科带头人，带领学术梯队，进行重大攻关研究，打造土建学科高峰；培养 10 名优秀中青年学术带头人，作为学科拔尖人才，形成土建学科高原，带动土建学科整体发展；培育 20 名青年学术骨干，作为优秀科研骨干，成为高素质的土建科研中坚力量。通过青年教师导师制和多类别的精准培训，帮助青年教师树立良好师德师风，提升业务水平。构建教学科研共同体，采取每周教学例会、隔周学术沙龙的运行方式，集中研讨、相互交流、共同提高，凝心聚力，激发教师队伍的活力和创造力。科研规划注重分类提升，各有侧重，其中资深教师以争取高层次科研项目为重点，以突破国家级、部省级项目和奖项为目标；资历中等的教师以申报省市级项目为重点，以突破省级、厅级项目为目标；资历浅的教师以申报前期积累为重点，以突破市级、局级项目为目标。在此过程中，特别注意选拔在行业内具有较大影响的"工程巨匠"担任学科专业负责人，引领土建学科"双师双能型"教师队伍建设。例如引进原宁波轨道交通指挥部副总指挥担任岩土工程学科负责人，在培养其成为"钱江学者"的同时，带动了一批青年教师参与重大工程项目，大大提高了教师的实践教学能力和工程素养，实现了引进与培养的最佳效应。

6.3.2.2　优化结构，突出特色，形成协同效应

　　优化师资结构，激活开放因子发展。不断调整教师整体结构，以适应建筑工业化、信息化、绿色化和智能化等新业态下的土建类专业教学、科研和内涵式发展的迫切需要。在年龄方面，以引进为主，有计划、分方向引进高水平学科带头人，使 40 岁以下正高人数不低于正高总数的 30%，同时以培养为主，提高 35 岁以下的副高职称比例；在职称方面，努力实现高级职称占专任教师 70% 以上；在学缘方面，通过多元化引进国内外优秀毕业生和一流学科、一流专业发展急需的高层次学科带头人，进一步优化学缘结构；在学历方面，以较快速度提高研究生学历比例，实现有博士学位的占专任教师 60%

以上，形成一支专业结构能适应教学科研需要的教学队伍（蔡伟，2020）。同时，利用校企合作、创新创业导师和校友导师聘任方式，外聘企业导师120余人，进一步充实"双师型教师"师资库。通过激活开放因子，让更多的物质和能量输入高等教育生态系统，才能有利于青年教师专业发展微系统的功能运转和良性循环。

突出工程特色，摆脱限制因子束缚。土建类专业工程属性明显，为了满足应用型定位和专业特色发展的需要，该校从实际情况出发，打造具有本校特色的土建类专业师资队伍，不断提高教师工程服务能力。以建筑环境与能源应用工程专业为例，为弥补本科非该专业教师的专业知识和工程素养，有计划地安排专业教师赴建筑设计院、施工企业进行为期一年的挂职实践，从事通风空调系统设计和施工安装协调工作，实现所有专业课教师均具有累计1年以上的工程实践经历，或具有本专业注册工程师执业资格。通过弥补实践能力不强这一客观限制因子的束缚，土建类青年教师生态位可实现纵向演替进化或横向拓宽累积，使青年教师专业发展空间更广阔。

6.3.2.3　创新机制，创设环境，形成辐射效应

面向现场工程师培养的师资队伍建设具有根本性和决定性意义，需通过创新聘任、激励与评价机制，科学合理地使用人才，需通过营造和谐、适宜的环境留住人才，进而发挥师资队伍辐射效应，推动师资队伍建设跨越式发展。

创新工作机制，激发师资队伍活力。在聘任方面，根据教学、科研和社会服务任务的需要，完善岗位聘任制，强化业绩考核，深化分配制度改革，细化岗位津贴，形成岗、责有机结合，形成相对稳定、合理流动的岗位聘任制度。在激励方面，青年博士教师原则上均进入相应科研创新团队，逐步试行"非升即走"和"末尾淘汰"制，未完成约定指标的教师主动离开团队，迫使教师在规定时间内在教学、科研或学科建设某一方面作出成绩。在评价方面，打破重科研轻教学、重论文轻实用、重数量轻质量的急功近利思想，逐步转向以业绩为导向，由品德、知识、能力等多要素构成的评价体系，由年度考核评价向聘期考核评价转变，由教师个体评价向团队评价转变。

创设和谐环境，保持师资队伍稳定。树立"以师为尊"观念，引导教师

"在学院做事，做学院的事"，鼓励教师干事业、支持教师干成事业、帮助教师干好事业，逐步提高待遇，积极营造舒适高效的工作环境、和谐共处的人际环境、风清气正的学术环境和精益求精的文化环境，打造老中青结合、职称合理的师资队伍，为现场工程师人才培养提供师资保障。

6.3.3　打造育人导向、创新核心、团队目标的师资队伍

面向现场工程师培养的师资队伍是一个开放的生态系统，具有复杂性效应，教师个体与高等教育种群环境相互依存，其专业发展是外因与内因耦合作用的必然结果，外因一定程度上可以激发和限制个体发展的结构和功能，但最终还取决于复杂的微观动机、动态的自我效能等内因直接干预、调节和反馈。对应用型高校初任教师而言，需要协调好教学与科研、基础性研究与应用性研究、集体发展目标与个人发展目标的平衡，以保证开放的生态系统内各生态因子趋于稳定，实现系统整体持续发展（蔡伟，2020）。

6.3.3.1　坚守以育人为导向的内涵发展

教书育人是高等教育赋予高校教师的基本职能，高校本质是进行以"研究高深学问"为原点的知识传授与知识创造的人才培养。因此，高校教学和科研是相辅相成，相互促进的，两者齐头并进的基础是人才培养，落脚点体现在教师。青年教师只有将育人视为人生的追求和生命的意义，才能如生长般生生不息，得到源源不断的专业发展。

从人才培养方面看，高校中心工作是人才培养，教学和科研共同服务于人才培养。其中教学是主渠道，是中心环节，发挥着直接育人作用；科研主要是间接育人，有时也直接育人。应用型高校的现实需求为技术攻关提出具体指南和目标导向，要为应用型教学服务，要将科研成果和技术服务的成功案例引入理论课堂以丰富教学素材。因此，应用型高校青年教师开展社会服务和科学研究也是提高人才培养质量的重要方式。

从师资队伍建设方面看，科学研究是提高高校教师素质的基本途径。青年教师只有通过科研，才能更好地了解土建学科的国内外发展趋势，了解专

业最新研究成果和发展方向，促进自身进步和成长。从教学实施上，土建类教师要将最新学术成果渗透进课堂教学，做好最新知识的普及及转化工作，引导学生进入学科前沿，通过师生共同参与科研项目、学科竞赛和社会调查活动，将求真的科学精神和严谨的工程思维传播给学生，教给学生科学学习、科学思维的基本方法。

6.3.3.2　坚持以创新为核心的持续发展

高水平工程技术大学的建设需要高水平的科学研究，需要基础性的研究项目和研究成果。同时，作为地方本科高校，应用性研究又是教师的优势所在。对应用型高校教师而言，尤其是土建类专业教师不能将应用性研究与基础性研究对立起来，两者既能相互支撑，又能相互促进，要努力将基础性研究和应用性研究"集中"和"联合"起来，实现两条腿走路。

通过集中研究，逐步形成土建学科特色，找出具有理论价值和实践意义的关键问题作为重要内容，并以此形成土建学科的项目库和行动指南。通过联合研究，打破学科间的壁垒，实现跨二级学科的研究，积极申报重大项目。充分发挥土建学科优势、智力优势、人才优势、区域优势和校外高新企业技术优势，联合申请重大专项课题。

6.3.3.3　坚定以团队为目标的协调发展

高等学校是一个整体，建筑与交通类专业群是一个微系统，土木工程、建筑环境、建筑学、工程管理、交通工程等不同专业、不同层次的教师专业发展要与学校、学院、专业群的发展相协调，做到有机统一，处理好专业发展目标和个人发展目标的关系。

创建"科研教学双途同归、全科专科双轨培养、校企师资双向训练"的师资培养管理模式。"科研教学双途同归"是指现有专业教师的科研与教学两条途径殊途同归，互为依托，互相促进；"全科专科双轨培养"是指科研、教学、导学、社会服务"多面手"与"单项精"同等培养；"校企师资双向训练"是指校内教师侧重工程能力，企业教师向教学能力倾斜。

建筑与交通类专业群的发展目标为通过有效整合既有专业发展和学科平

台基础，以专业认证和硕士点申报为抓手，优化专业设置，凝练学科方向，在人才培养、专业设置、学科建设等方面充分体现应用性特征，打造具有鲜明特色的应用型土建类专业群。通过制定一系列的规划措施、规章制度来传达集体的价值观、奋斗方向和道德标准，以事业发展目标凝聚人心，以保证整个土建类专业教师与学院、学科保持共同目标，使个体了解到自身专业发展通道。建筑与交通类专业教师结合各自特性，发挥其知识、能力和素质的独特结构，结合集体长远发展和培养目标来制定适合自身的发展规划。只有这样，才能实现教师个体发展，最终实现共赢。

6.4　现场工程师人才培养实践平台

　　实践平台是教改"列车"的"车厢底盘"，只有宽敞扎实，才能保证教改"列车"内的空间承载。针对目前现场工程师实践体系及实践平台的创新特色不够鲜明、"科教、产教、创教"三融合功能发挥不充分、运行机制不够科学的关键问题，难以支撑"勤、勇、合、创、智、通"的人才培养标准，亟须创新实践平台结构优化、运转高效的建设与运行机制。针对问题，提出"紧跟一流、特色鲜明；夯实基础、协同创新；人才优先、管理科学"实践平台理念，为师生"三融合"实践提供更好服务。

　　"紧跟一流、特色鲜明"指积极与国内外名校名院搭建合作平台，为引智合作创造条件，与同济大学合作成立国家土建结构预制装配化工程技术研究中心宁波分中心，与中国科学院武汉岩土力学研究所合作成立岩土力学与工程国家重点实验室宁波工程学院工程软土实验中心，为工程实践训练合作创造条件，在装配式建筑、绿色建筑节能、新型材料、工程信息化和智能化、智慧交通等热点方向作出特色，结合学校实际情况和合作平台资源，建设一批满足未来现场工程师工程实践训练的特色实践项目。

　　"夯实基础、协同创新"指大力完善已有校内外实践基地的建设，夯实工程实践应用能力的基础，依托拥有的浙江省土木工程工业化建造工程技术研究中心、浙江省智慧交通与大数据协同创新中心、省级院士工作站周绪红院士工作室、宁波市工程结构工业化建造及使用维护协同创新中心、宁波市智慧交通协同创新中心等学科平台，以及宁波市重点实验室、建工实验中心、力学实验中心、节能工程中心、城市交通实验中心等专业实验室，不断提升培养软硬件条件，围绕建筑与交通领域热点方向，多方协同开展创新。

"人才优先、管理科学"指大力建设校内外工程实践训练指导教师队伍，加大校外师资建设的投入，使其有意愿进行工程实践训练指导。同时，建立以成果考核为先导的工程实践指导教师引进与培养机制，探索科学管理方法，建立配套的管理体制和质量保障长效机制，提升工程实践训练平台运转效率，是促进实践教学的改革与创新、提高教学质量的重要保证（俞松坤，2009）。

6.4.1　构建实践平台，培养工程意识

实践平台具有在组织形式上或项目管理上的依托和实体相结合的特点，为学生搭建了一个交流创新思想、实现技术创新的场所，为学生的科研创造了宝贵的"练兵"机会。所谓依托，就是依托一些管理体制上相对独立的研究机构，或一些外挂的项目。研究机构很多，如重点实验室、研究所等。外挂的项目也是形式多样的，如学生参加教师的科研项目、社会活动项目等。所谓实体，是指组织形式上的实体和项目管理上的实体。组织形式上的实体可以由学校来组建，如建立大学生创新基地等。项目管理上的实体也是多种多样，如大学生科技创新项目等（俞松坤，2009）。

6.4.1.1　开放实验

校内实验室拥有先进的实验设备和优秀的科研团队，承担大量的研究课题。开放实验室能有效利用和共享实践教学资源，激发学生的自主学习和研究式学习的兴趣，培养学生解决实际问题的能力和实践创新的能力。出台开放实验室的管理办法和暂行规定，通过建立开放基金、实行开放工作量补贴等配套措施，促进实验室开放共享。开放形式采取全面开放、定时开放、预约开放等，开放内容包括学生选择指定实验内容的实验、学生自立题目或自行设计的实验、学生参与教师科研课题的实验、学生自行选择科研课题的实

验、学生参加各类学科竞赛活动的实验等，因实验项目开发、实验材料消耗、实验设备损耗等产生的费用列入学校实践教学经费，以保障实验室开放顺利运行。开放实验室已成为建筑与交通专业学生巩固所学、增强能力、提高自身核心竞争力的心仪之所。

6.4.1.2 科研训练

依托高校先进的科研条件和优秀的导师队伍，开展科研训练是培养学生创新能力的一种重要方式。宁波工程学院制定了大学生创新创业项目管理规定等，鼓励有潜力、有特长的学生自选研究课题，或参与教师的课题，做教师的科研助手。校级学生创新基金参照国家自然科学基金的管理模式，自由申请，导师推荐，择优资助，规范管理，严格验收，立项项目给予经费资助。推荐优秀项目积极申请国家级创新创业计划项目、省级大学生新苗计划、校级大学生科技创新项目。自 2004 年升本以来，该院校每年有 50 余项学生创新课题获得校级以上立项资助①。这些科研项目促使学生尽早进入专业科研领域，接触学科前沿，了解学科发展动态，掌握科学研究的基本思路、方法和手段。

6.4.1.3 开发项目

工程技术研究中心具有技术集成与创新功能的优势。宁波工程学院依托工程技术研究中心，吸纳学生参加科研或技术开发项目，学生通过"真刀真枪"的锻炼，获得产品研发体验，了解开发过程，促进专业技能向纵深化方向发展并与产业紧密结合，实现专业知识的综合贯通。如计算机仿真研究兴趣小组经常参与宁波市仿真工程技术中心的三维技术研究项目，从基础研究到项目开发，进行全程实践，锻炼了学生的综合技能。学生快速产品开发团队经常参与学校先进制造业中心的产品开发项目，在具有丰富实践经验的工程师的指导下，完成了从概念设计到实际产品制作的完整的训练过程。

6.4.1.4 学科竞赛

学科竞赛是学生用理论知识解决实际问题的有效载体，是检验、锻炼、

---

① 资料来源：宁波工程学院建筑与交通工程学院网站，数据截至 2021 年 9 月。

提高和展示大学生科技创新能力的很好平台。结合学科特色和专业特点，宁波工程学院建立了以挑战杯、节能减排、交通科技等全国性学科竞赛为龙头，以结构设计、力学竞赛、生态环境等省级竞赛为重点，以校内学科竞赛为基础的三级学科竞赛构架；形成"两级管理、教师主导、学生主体、企业参与、舆论导向、双向互动"的管理体系和运行模式；实现了学科竞赛系列化、届次化、品牌化（俞松坤，2009）。

6.4.2 改革实践模式，提升工程实践能力

建筑与交通工程类专业所培养的人才应具备的能力是多方位的、网络状的，但必定有一项处于核心地位的职位能力——运用专业知识和技术手段解决实际问题的能力，即专业核心能力。学生核心能力强，在未来的竞争和个人价值实现方面就可具有较大的优势。建立怎样的模式来培养学生专业核心能力已成为高校改革探索的核心问题。实践证明，走产学研合作的道路，是提高学生创新与实践能力，培养现场工程师的重要措施和有效途径（俞松坤，2009）。

6.4.2.1 "双主体"驱动

"双主体"就是确立学校与企业对人才培养的主体作用，根据人才培养的定位和要求，共同担当人才培养的组织与管理者的角色。根据人才培养规格，双方共同制订培养计划，共同进行管理，教学及生产资源实行共享，把理论学习、专业训练与企业实际岗位要求有机结合起来。前三年在校内完成基础课和部分专业课的学习以及规定的实践基础训练，第七学期到企业进行部分专业课和专业实验教学，由企业挑选的优秀工程师和学校派出的专业老师联合授课，第八学期进行生产、研究一体化训练，结合岗位实际选择课题，并完成毕业设计。通过这种模式培养的毕业生实践能力强，很受企业欢迎。

6.4.2.2 "双导师"指导

"双导师"就是由学校教师和企业技术人员共同指导学生完成实习、毕业设计和实践课题研究等。校内导师主要帮助学生制订学习计划，解决学生专

业学习和就业中的困惑，指导学生开展科研活动，关注学生的思想和生活情况等。企业导师侧重于指导学生业务操作能力和课外课题研究，协助指导学生就业。学生从入学开始，就确定相应的企业导师，在双导师的指导下开展岗位见习、工程训练、毕业实习、课题研究和毕业设计等，拉近了课堂与应用的距离，增强了学生的应用能力和创新能力。

6.4.2.3 "双合作"运行

"双合作"是指高校既要与地方政府合作，按区域产业结构的需求调整人才培养的结构，提高人才培养的针对性；又要与科研机构、企业合作，提高人才培养的适用性。构建区域合作联盟，通过共建实验室、科技园区、工程技术中心，组建创新团队等，促进学生素质的全面发展。近年来，宁波工程学院与宁波市海曙区政府合作共建宁波市知识产业园，与镇海区联盟共建大学生科技园，在科技创新、科研成果转化和产业化、人才培养等方面进行全面合作，将这些产业园和科技园打造成学生的实习实训园、教师的科技创新园、高新技术的示范园和高新产业的集聚园，成为"教学、科研、生产"三结合的实体。

6.4.3 完善保障机制，保障实践效果

宁波工程学院作为一所工科为主的地方本科院校，坚持应用型人才培养目标，始终把"重实践、强能力"放在人才培养工作的突出位置，以实践教学改革为切入点，优化实践管理，探索了一条以强化实践教学为突破口，培养现场工程师的新路子。

6.4.3.1 评价机制

建立科学、合理的学生评价体系和实践教学考核体系，从单纯按学习成绩评定优劣，向既注重学习成绩，又关注综合能力、整体素质和发展潜力上转变。改革实践教学考核方法和考评标准，将动手能力、综合分析能力、创新能力作为主要考核内容，采取笔试、口试、操作考试及实验论文等多种形

式的考试方法。在相关的课程中，实践教学成绩按不低于 20% 的比例计入该门课程总成绩。

6.4.3.2　激励机制

建立实践教学的奖励机制，把实践教学的奖励机制与教师评优、晋级和学生的评优等相结合，调动广大教师和学生参与实践教学的积极性。设立"正高级实验教师"岗位，等级和待遇等同教授。每年投入激励经费，重奖在学生科技创新、学科竞赛中投入精力、成绩突出的指导教师，以及长期潜心从事实践教学、成果丰富的教师。对于进行综合、设计、创新实验研究开发及更新、整合实验内容的教师给予课题立项资助，提高教师进行实践教学改革的积极性。

6.4.3.3　保障机制

一是经费保障。学校每年投入上千万元高规格建设建筑与交通产教融合工程中心、实验室和实训中心，以集约创新的理念和集成式、现代化、综合型的思路建立省级示范教学中心和校级教学实验中心，实现全校实验资源共享。根据市场特点多方筹措资金，增加实践教学投入，保证实践教学经费足额到位、高效利用。二是基地保障。学校积极与行业以及企事业单位共建实践教学基地、工程技术中心，打造集实践教学、科学研究及技术推广示范为一体的产学研基地和育人平台。三是师资保障。以政策指引为导向，鼓励高学历、高职称的教师每年有一定的时间承担实践教学工作，参与实验室建设，同时将具有丰富经验、精湛技能的优秀工程师、高级技师、革新能手、能工巧匠请进校园、请进课堂，作为实践育人队伍的有益补充。

6.5　现场工程师人才培养评价体系

评价体系是教改"列车"的质检要求，是提高人才培养质量的根本保障。只有系统全面地测评，才能持续改进教学质量。构建和实施现场工程师人才培养评价体系，是检验人才培养质量的重要依据，也是现场工程师培养工作的重要保证。

传统的人才培养评价标准和体系无法满足社会对现场工程师的需求，体现在：评价主体单一、忽略校企联动评价；评价标准统一、忽略高等教育的多样性。更重要的是，现有评价多过于关注结果，忽略过程性评价。针对当前评价体系难落地，发现问题不及时、评价说服力不强的关键问题，亟须构建现场工程师人才培养评价指标体系，探索新的评价方法。

6.5.1　人才培养评价体系的构建原则

建立科学、系统、可操作的人才培养评价体系是现场工程师人才培养质量控制的重要组成部分，从框架设计、指标遴选到权重赋值，均需遵循相关原则。

6.5.1.1　科学性原则

现场工程师人才培养评价指标要以科学为基础，以反映真实状态为目的。根据影响人才培养质量的各要素归纳出主要指标，明确各指标间的层次关系，并对各指标进行权重赋值，形成科学完整的体系。同时，对现场工程师人才培养质量的评价，应从评价到诊断，从诊断到调整改进，再到评价，动态循环往复，形成科学有效的人才培养评价闭环。

6.5.1.2　系统性原则

现场工程师人才培养评价体系要能全面、系统反映现场工程师人才培养的各个环节。现场工程师人才培养除了对学生的理论知识、实践能力进行评价外，还应该对人文素质、职业素养等各种关键要素作出全面综合的评价。因此，构建对应的评价指标时应充分搜集相关信息，在全面了解的前提下进行预估、设计和诊断，形成系统全面的评价体系。

6.5.1.3　可操作性原则

现场工程师人才培养评价指标体系是为学校和社会服务的，评价指标的设计应遵循可评判、可操作，以保证评价结果的有效性和现实性。与此同时，指标选取要含义清晰、突出重点、度量得当，相关数据可以在教学过程、教学资料中便捷采集，或在访谈中便于定性判断。

6.5.2　人才培养评价体系的构建

根据建筑与交通工程领域现场工程师人才培养指标体系的设计原则，在现场工程师人才培养评价指标体系总体设计上，教师对培养全过程进行分类，从输入、过程、输出的视角进行综合评价。将输入质量评价、培养过程评价、输出质量评价等 3 项内容作为现场工程师人才培养评价指标体系的一级指标，然后将 3 个一级指标分解为 11 个二级指标，在此基础上，对 11 个二级指标分解为 33 个三级指标。选取和设计分项指标时，既考虑了人才培养的 3 个方面，即输入、过程、输出，又考虑了现场工程师培养的 2 个主体（高校与企业），使评价体系能较好地反映建筑与交通领域现场工程师的实效性。现场工程师人才培养评价体系如表 6.2 所示。

表 6.2　　　　　　　　　　　现场工程师人才培养评价体系

一级指标	二级指标	三级指标	评价等级				三级指标权重	二级指标权重	一级指标权重
			A	B	C	D			
输入质量评价（A1）	生源质量（B1）	高考录/控比（C1）					0.3	0.2	0.2
		学业考试等级（C2）					0.3		
		综合素质评价（C3）					0.4		
	办学理念（B2）	办学目标定位（C4）					0.5	0.2	
		校企合作理念（C5）					0.5		
	培养方案（B3）	人才规格定位（C6）					0.4	0.3	
		培养方案设计（C7）					0.6		
	教学条件（B4）	教学基础设施（C8）					0.3	0.3	
		实践教学条件（C9）					0.4		
		教学经费保障（C10）					0.3		

一级指标	二级指标	三级指标	评价等级				三级指标权重	二级指标权重	一级指标权重
			A	B	C	D			
培养过程评价（A2）	课程教学（B5）	课程建设（C11）					0.4	0.3	0.4
		教学方法（C12）					0.3		
		考核方式（C13）					0.3		
	实践教学（B6）	课程设计（C14）					0.4	0.3	
		实习实践（C15）					0.3		
		毕业设计（C16）					0.3		
	教学管理（B7）	教学管理队伍（C17）					0.2	0.2	
		教学管理制度（C18）					0.4		
		教学质量监控（C19）					0.4		
	师资队伍（B8）	师资结构（C20）					0.3	0.2	
		师资水平（C21）					0.4		
		双师型教师（C22）					0.3		
输出质量评价（A3）	培养水平（B9）	人文素质（C23）					0.2	0.4	0.4
		专业知识与技能（C24）					0.2		
		解决现场问题能力（C25）					0.2		
		创新能力（C26）					0.2		
		职业素养（C27）					0.2		
	就业质量（B10）	初次就业率（C28）					0.3	0.4	
		岗位对口率（C29）					0.4		
		毕业3年后收入（C30）					0.3		
	社会评价（B11）	毕业生满意度调查（C31）					0.4	0.2	
		企业满意度调查（C32）					0.3		
		社会声誉（C33）					0.3		

6.5.2.1　输入质量评价

考虑到输入要素与人才培养相关性，输入质量评价的权重设置为0.2，主要包括"生源质量""办学理念""培养方案""教学条件"等4个二级指标和10个三级指标。

在"生源质量"方面，选取"高考录/控比""学业考试等级""综合素质评价"3个三级指标。"高考录/控比"主要考察专业的社会热度和学生竞争力的平均水平；"学业考试等级"主要考察学生学习全面发展能力情况；"综合素质评价"主要考察学生个性化发展水平。

在"办学理念"方面，选取"办学目标定位"和"校企合作理念"2个三级指标。"办学目标定位"主要考察办学目标与学校定位、行业需求的契合情况；"校企合作理念"主要考察人才培养实用性理念。

在"培养方案"方面，选取"人才规格定位"和"培养方案设计"2个三级指标。"人才规格定位"主要考察人才培养类型与学校层次、专业水平和社会需求的匹配度；"培养方案设计"主要考察课程体系与支持毕业达成的情况。

在"教学条件"方面，选取"教学基础设施""实践教学条件""教学经费保障"3个三级指标。"教学基础设施"主要考察教学设施、图书和多媒体教师保障教学要求情况；"实践教学条件"主要考察校内实验室和实训平台、校外实习基地支持现场工程师培养情况，以及标志性实验实施情况；"教学经费保障"主要考察经费保证教学、实践正常进行情况。

6.5.2.2 培养过程评价

培养过程是人才培养的重要环节，其权重设置为0.4，主要包括"课程教学""实践教学""教学管理""师资队伍"等4个二级指标和12个三级指标。

在"课程教学"方面，选取"课程建设""教学方法""考核方式"3个三级指标。"课程建设"主要考察专业课的内容更新、师资配备、教材建设与资源积累情况；"教学方法"主要考察利用信息化技术，启发性和个性化培养学生的学习能力情况；"考核方式"主要考察摆脱应试教育，面向创新人才培养的情况。

在"实践教学"方面，选取"课程设计""实习实践""毕业设计"3个三级指标。"课程设计"主要考察培养学生设计能力、解决工程实际问题的能力；"实习实践"主要考察认识实习、生产实习和毕业实习等环节的实习安排合理性与实习内容有效性；"毕业设计"主要考察选题与工程建设紧密度，解决工程实际问题的深度以及师生比等内容。

在"教学管理"方面，选取"教学管理队伍""教学管理制度""教学质量监控" 3 个三级指标。"教学管理队伍"主要考察教学管理机构设置与人员分工及其作用；"教学管理制度"主要考察教学各环节规章制度的制定、执行及存档情况；"教学质量监控"主要考察课程质量评价、毕业达成情况评价和持续改进情况。

在"师资队伍"方面，选取"师资结构""师资水平""双师型教师" 3 个三级指标。"师资结构"主要考察教师年龄、学历、职称和知识结构情况；"师资水平"主要考察学科带头人与专业课教师的教学和科研水平，以及入选各级人才计划情况；"双师型教师"主要考察专业课教师的工程背景，具有 1 年以上的工程实践经历或注册工程师执业资格证书。

6.5.2.3　输出质量评价

输出质量评价是人才培养质量的重要环节，其权重设置为 0.4，主要包括"培养水平""就业质量""社会评价"等 3 个二级指标和 11 个三级指标。

在"培养水平"方面，选取"人文素质""专业知识与技能""解决现场问题能力""创新能力""职业素养"等 5 个三级指标。"人文素质"主要考察毕业生的人文社会科学素养及社会交往能力；"专业知识与技能"主要考察毕业生的理论基础和系统的专业技能水平；"解决现场问题能力"主要考察毕业生应用所学知识解决工程实际问题的能力；"创新能力"主要考察毕业生的创新意识、创新思维、创新能力；"职业素养"主要考察毕业生能否在工程实践中理解并遵守职业道德与规范，具有可持续发展意识和社会责任感。

在"就业质量"方面，选取"初次就业率""岗位对口率""毕业 3 年后收入" 3 个三级指标。"初次就业率"主要考察教学管理机构设置与人员分工及其作用；"岗位对口率"主要考察教学各环节规章制度的制定、执行及存档情况；"毕业 3 年后收入"主要考察课程质量评价、毕业达成情况评价和持续改进情况。

在"社会评价"方面，选取"毕业生满意度调查""企业满意度调查"

"社会声誉" 3 个三级指标。"毕业生满意度调查"主要考察毕业生对岗位性质、薪资水平以及职业发展等的主观评价情况;"企业满意度调查"主要考察企业对学校办学质量、人才培养质量的评价;"社会声誉"主要考察入选一流本科专业、特色专业、优势专业情况,专业认证、专业排名、硬件设施、教师科研教学水平以及管理水平的情况。

6.5.3 人才培养体系的评价方法

表 6.2 的现场工程师人才培养评价体系,不是单纯地为某一类型、某一层次高校或某一个专业而建立,是想通过该体系的建立为不同类型、不同层次高校构建人才培养质量评价体系提供一种新思路和新方法。

具体操作中,采取"智慧化评价系统、数据化客观评价、动态化循环改进"评价的新方法,通过 3 个一级指标、11 个二级指标、33 个三级指标组成的模糊评价体系,进行加权处理。

"智慧化评价系统"是指与高效智慧课程平台联通,搭建智慧化教学效果评价系统;"数据化客观评价"是指全程记录师生教学行为,以准确的大数据为依据,客观评价教学效果;"动态化持续改进"是指将实时评价数据转化为动态化督教督学信息,自动提醒,以利于持续改进。

第7章　现场工程师人才培养案例

当前制约土木工程技术人才培养主要存在四方面问题：一是对新型城镇化发展中新型土木基建行业人才需求标准把握不够精确，导致培养的人才不能满足行业升级转型后细分领域的要求；二是企业参与校企合作联动形式单一，联合育人机制不完善，导致实践资源运用不充分，学生实习效果平平；三是部分教学内容与现场工程实际存在脱节，教学手段方法匹配度不够，导致学生对土木工程师认同度不高、学习的内驱力不足；四是培养学生的实践创新能力、人文素养、社会责任感等覆盖面不全，导致学生实践创新和家国情怀教育成效缓慢。如何培养适应新形势下现场工程师人才，成为地方应用型本科院校的新挑战。

宁波工程学院地处长三角南翼，是一所"改革中诞生、开放中成长、创新中发展"的地方应用型本科院校。立足地方，服务行业，是地方高校的办学使命和社会责任。以人为核心、高质量为导向、面向现代化的新型城镇化发展促进了土木基建产业转型升级，推进了开发、设计、制造、施工、运维、节能等新型城镇建设产业链快速发展，对城镇建设中土木工程技术人才的能力和素质提出了更高更新的要求，所以本章以宁波工程学院为例进行阐述。

以学校所在的宁波市为例，据宁波市建筑业协会统计，宁波市级规模以上大中型土木基建类企业每年对土木类本科的高层次应用型专门人才的需求量约数千人，而目前宁波市仅有宁波工程学院、宁波大学、浙江大学宁波理工学院等高校开设了土木工程专业，每年培养毕业生的供应仍具有较大缺口，尚不能满足地方新型城镇化发展的需求，特别是地方生产服务一线的高素质技术型人才。因此，迫切需要培养适应地方发展的工程技术实践者、城镇建设的设计师、技术难题的解决者，为地方新型城镇建设产业链转变及升级作出贡献。

7.1　建筑学专业现场工程师人才培养

宁波工程学院建筑学专业现场工程师的人才培养遵循中国工程教育专业认证基本要求和现场工程师"勤、勇、合、创、智、通"6 字培养标准，面向我国建筑业建设、城市更新等国家战略目标，紧密对接我国城市更新、乡村振兴、装配式工业化建设等的人才需求，着力培养面向工程一线的具备应用研究和应用实践能力的新一代现场工程师。

7.1.1　建筑学专业现场工程师人才培养定位

7.1.1.1　培养目标

遵循现场工程师"勤、勇、合、创、智、通"6 字培养标准，学院致力于培养具备以下素质的高级工程技术与管理人才：具有建筑设计、建筑群体规划设计及室内外环境与景观设计的基本理论知识和基本工程实践能力；服务建筑行业，能从事建筑的研究、设计、开发和应用，综合素质高、专业知识实、应用研究和应用实践能力强；具有家国情怀、良好人文素养、社会责任感和职业道德，富有创新意识和国际视野。学生毕业后 5 年左右，经过自身学习和工作锻炼，能够达到下列职业和专业成就：

（1）适应社会主义现代化建设和地方经济社会发展需要，德智体美全面发展。

（2）具备建筑设计、建筑群体规划设计及室内外环境与景观设计的基本理论知识。

（3）基本工程实践能力。

（4）具有终身学习的能力。

（5）具有创新创业精神和社会责任感。

（6）获得注册建筑师的基本训练。

7.1.1.2 毕业要求

建筑学专业学生主要学习建筑设计、城市规划与设计、建筑工程技术、环境和空间表现、绘画艺术等方面的基本理论与基本知识，获得建筑学学科的基本训练，具有从事本专业领域规划、设计、研发、生产、管理等方面的基本能力。

毕业生毕业时应获得以下几方面的知识、能力和素质：

（1）具有较好的人文科学素养、较强的社会责任感和良好的工程职业道德。

（2）能够将数学、自然科学、人文科学和建筑学专业知识用于解决建筑设计问题。

（3）具有良好的质量、环境、（职业健康）安全和服务意识。

（4）扎实掌握本专业不同建筑类型、不同建筑规模，及室内外环境与城市规划的设计原理与方法。

（5）能够针对建筑设计问题，开发、选择与使用恰当的技术、资源、现代工程工具和信息技术工具，包括对建筑设计成果的预测与模拟，并能够理解其局限性。

（6）了解本专业领域技术标准，相关行业的政策、法律和法规。

（7）具有项目管理能力，理解并掌握建筑工程管理原理与经济决策方法，并能在多学科环境中应用。

（8）具有综合运用所学专业知识与技能，提出建筑工程设计的技术方案、进行工程设计以及解决本专业一般工程问题的能力。

（9）具有较强的创新意识和进行建筑设计、技术改造与创新的初步能力。

（10）具有一定的国际视野和跨文化环境下的交流、竞争与合作的初步能力。

（11）具有职业发展的终身学习能力。

（12）具有较好的组织管理能力、较强的交流沟通、环境适应和团队合作的能力。

（13）具有应对危机与突发事件的初步能力。

以上要求的（4）、（5）、（8）、（9）支撑人才培养应用研究能力的实现，（2）、（7）、（8）、（13）支撑人才培养应用实践能力的实现。

7.1.2　建筑学专业现场工程师人才培养模式

建筑学专业现场工程师贯彻学校应用型本科办学定位，按照住建部本科指导性专业规范，立足宁波，面向浙江，促进地方产教融合发展采用"CDIO式引领"和"产教化融合"的应用型本科人才培养模式，该模式重点解决了人才培养过程中科研与教学分离、产业与教育融入不深，进而导致学生应用研究能力和应用实践能力不强等问题。该模式以培养具有应用研究能力和应用实践能力的复合型人才为目标定位，以 CDIO 工程教育理念为平台与方法，以"产教融合"为课程设置依据、以"项目化教学"为支撑、以"工程中心"为基地的培养为主要实施路径。

（1）对接区域经济服务产业发展。建筑学专业在人才培养方案的制订上，紧密适应当今行业工程师培养理念，在 CDIO 工程教育理念的基础上，进一步引进 OBE 人才培养方案制订方法，突出了宁波区域建筑行业发展紧缺的"BIM 信息化""建筑工业化"等优势能力的培养，紧密贴合行业发展前景，为现场工程师做好充分准备。

（2）协同实际项目驱动教学改革。建筑学专业以教师大量的应用型研究课题和工程项目为依托，助推理论教学和实践教学的"金课"建设。理论教学方面，要求教师将实际项目积极转化为教学素材，并孵化为学生创新创业等科研项目。实践教学方面，独创"蜂窝式实践教学改革体系"教学（见图 7.1），在确保实践教学环节"真题真做"的前提下，保障实践教学的连贯性和有效性。

图 7.1　蜂窝式实践教学改革体系

资料来源：宁波工程学院建筑学专业教研室。

（3）融合工程研究提升人才培养。建筑学专业所在学院已成立了"浙江省土木工程工业化建造工程技术研究中心"，主要依托学校下属的工程检测公司、工业化中心、城乡更新研究中心等校园企业，使企业发展与应用型人才培养紧密结合。一方面，工程中心主要工程用于建筑学专业的实践实训等环节，另一方面，学生科研团队直接进驻工程中心开展创业创新训练，极大提升了人才培养的需求契合度和专业对口度（见图7.2）。

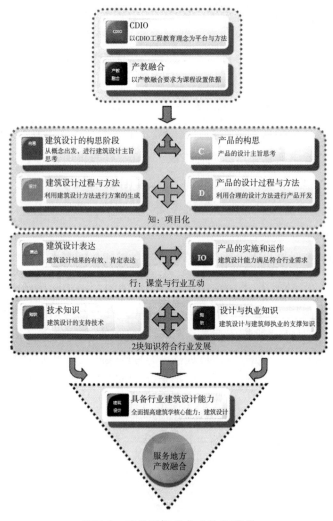

图7.2　建筑学专业人才培养模式

资料来源：宁波工程学院建筑学专业教研室。

7.1.3　建筑学专业现场工程师人才培养课程体系

建筑学专业现场工程师坚持中国工程教育专业认证理念，紧密适应当今行业工程师培养理念，在 CDIO 工程教育理念的基础上，进一步引进 OBE 人才培养方案制订方法，突出了宁波区域建筑行业发展紧缺的"TOD 开发""BIM 信息化""建筑工业化"等优势能力的培养，紧密贴合行业发展前景的人才培养课程体系，其中学生毕业要求与课程体系的对应关系见表 7.1。

表 7.1　　　　　　　　　学生毕业要求与课程体系的对应关系

毕业要求	指标点	各指标点对应课程
具有较好的人文科学素养、较强的社会责任感和良好的工程职业道德	工程职业道德：培养建筑有关的法律、质量、安全、环保意识	建筑材料、装配式建筑概论
	社会责任感	校公共课
	社会公德	校公共课
	人文社会科学：培养政治、道德、人文素质	建筑摄影
能够将数学、自然科学、人文科学和建筑学专业知识用于解决建筑设计问题	数学知识	校公共课
	自然科学知识：物理、力学、测量、生态、信息等知识	建筑力学（1~2）、城市交通与道路系统、建筑考察、建筑物理
	人文科学类知识：哲学、经济、法律、社会、心理等知识	中国建筑史、建筑表现基础（1~4）、建筑经济与项目管理、东西方城市史（双语）、环境心理学
	建筑学的基本原理和知识：建筑表达的基础方法、建筑材料、建筑结构、建筑设备基础知识、场地等的基础知识	建筑表现基础（1~4）、建筑设计基础（1~2）、建筑制图与画法几何、建筑结构、建筑技术概论、认识实习、空间实体表达基础、前期与场地设计、装配式建筑概论
具有良好的质量、环境、（职业健康）安全和服务意识	质量意识：服务质量、质量标准、质量管理	建筑经济与项目管理、毕业实习、建筑法规
	环保意识：生态保护、环境治理、资源节约、可持续发展	建筑生态节能概论与设计、传统民居和乡土建筑、建筑材料
	安全意识：日常生活安全、社会活动安全、专业实践安全	环境心理学、校公共课

毕业要求	指标点	各指标点对应课程
扎实掌握本专业不同建筑类设计原理与方法	不同类型建筑设计方法：掌握公共类建筑设计原理与方法、掌握居住类建筑设计原理与方法、掌握高层类建筑设计原理与方法。	公共建筑设计原理与设计、居住建筑设计原理与设计、高层建筑设计、设计建筑——小型、建筑设计——快题、建筑设计——大型
	不同规模建筑设计方法：掌握中小型建筑设计方法、掌握大型建筑设计方法	
	室内外建筑环境设计方法：掌握室内设计原理与方法、掌握风景园林设计原理与方法	室内设计原理与设计、风景园林设计
能够针对建筑设计问题，开发、选择与使用恰当的技术、资源、现代工程工具和信息技术工具，包括对建筑设计成果的预测与模拟，并能够理解其局限性	获取专业知识的能力：掌握文献检索能力、掌握专业调研方法	城乡规划与城市设计原理与设计、住区规划与设计、认识实习、毕业设计（论文）、建筑考察、文献检索与学年论文、建筑测量与古建筑测绘
	利用现代工具和技术的能力：掌握利用计算机辅助设计的能力、掌握BIM化建筑设计的能力、掌握参数化建筑设计的能力、掌握利用模型建筑设计的能力	校公共课、计算机辅助建筑设计（1~2）、毕业设计（论文）、BIM设计、参数化建筑设计、建筑模型制作、金工实习
	专业发展现状和趋势、了解专业发展现状、了解专业发展趋势	专业导论与学业规划、建筑技术概论、毕业设计（论文）、认识实习、毕业实习
了解本专业领域技术标准，相关行业的政策、法律和法规	掌握本专业领域技术标准：设计规范规程、施工规范规程	毕业实习、建筑法规、建筑构造与设计（1~2）
	了解相关行业的政策、法律和法规；建设法规；建设程序	建筑法规、建筑施工图设计（校企合作）、建筑经济与项目管理
具有项目管理能力，理解并掌握建筑工程管理原理与经济决策方法，并能在多学科环境中应用	工程管理基本知识	建筑经济与项目管理、建筑师执业知识（校企合作）
	工程经济基本知识	建筑经济与项目管理
	多学科应用能力	专题化设计、毕业设计（论文）、建筑施工图设计（校企合作）

续表

毕业要求	指标点	各指标点对应课程
具有综合运用所学专业知识与技能，提出建筑工程设计的技术方案、进行工程设计以及解决本专业一般工程问题的能力	分析并提出设计方案能力	公共建筑设计原理与设计、居住建筑设计原理与设计、高层建筑设计、设计建筑——小型、建筑设计——快题、建筑设计——大型
	施工图设计能力	建筑结构选型、建筑构造与设计（1~2）、毕业实习、建筑施工图设计（校企合作）
	解决工程问题能力	毕业实习、毕业设计（论文）
具有较强的创新意识和进行建筑设计、技术改造与创新的初步能力	创新意识：创新思维能力、科研开发能力	开放性选修课、校公共课、毕业设计（论文）
	进行建筑设计、技术改造与创新的初步能力：开发设计能力、技术创新能力	专题化设计、毕业实习、BIM 设计、毕业设计（论文）
具有一定的国际视野和跨文化环境下的交流、竞争与合作的初步能力	国际交流能力：语言能力、西方文化	校公共课、专业英语、毕业设计（论文）、外国近现代建筑史、外国古代建筑史
	国际竞争能力：人文科学素质、专业知识、国际视野、创新能力	校公共课、传统民居与乡土建筑、东西方城市史（双语）、园林赏析、外国近现代建筑史、外国古代建筑史
	国际合作能力、组建高效团队、团队工作运行、团队成长演变、领导协作能力	居住建筑设计原理与设计、高层建筑设计、设计建筑——小型、建筑设计——快题、建筑设计——大型
具有职业发展的终身学习能力	终身学习能力：自主学习能力、知识积累能力、应用实践能力	校公共课、毕业实习、建筑考察、文献检索与学年论文
具有较好的组织管理能力、较强的交流沟通、环境适应和团队合作的能力	组织管理能力：组织能力、管理能力	毕业实习、建筑经济与项目管理、建筑师执业知识（校企合作）
	交流沟通能力：表达能力、人际交往能力	建筑设计基础（1~2）、公共建筑设计原理与设计、居住建筑设计原理与设计、高层建筑设计
	环境适应能力：生活氛围适应、学习方式适应、人际关系适应、职业发展适应、非选择性适应	校公共课、毕业实习、专业导论与学业规划
	团队合作能力：团队精神、合作意识	建筑测量与古建筑测绘、专题化设计、建筑考察

毕业要求	指标点	各指标点对应课程
具有应对危机与突发事件的初步能力	应对生活危机能力、预警与预防能力、干预与处理能力、调整与恢复能力	校公共课、建筑考察
	应对社会危机能力：预警与预防能力、干预与处理能力、调整与恢复能力	校公共课
	应对自然危机能力：预警与预防能力、调整与恢复能力	校公共课
	应对工程危机能力	建筑结构选型、建筑安全、毕业实习

7.1.4 建筑学专业现场工程师人才培养效果 *

以宁波工程学院建筑学专业为例。该专业成立于 2008 年，前身为"建筑装饰工程技术"专科专业。2009 年教育部首批 CDIO 工程教育改革试点专业，2012 年被评为宁波市高校特色专业。教学研究与改革进入宁波市乃至浙江省本专业第一方阵。自 2018 年以来，该专业遵循现场工程师"勤、勇、合、创、智、通"6 字培养标准，全面采用以"CDIO 式引领"和"产教化融合"为核心的现场工程师培养方案，人才培养成效显著，得到用人单位和社会各界的广泛好评。

（1）教学改革卓有成效。教学改革紧密围绕产业发展，从课程、课堂层面进行课堂设计创新项目的探索与实践，经过七年的建设，一批重点课程、精品课程脱颖而出，一批新的教学方法得到实践。2012 年市优势专业立项后，已有 4 门课程在全国和省获奖、2 门立项为省课堂创新设计课程，4 门立项为市级课程。教研教改项目突破国家级 1 项，省部级 3 项。获得国优 1 项（全国首届微课比赛优秀奖），省政府第七届教学成果二等奖 1 项，省课程奖 3

---

    * 7.1.4 节资料来源于"十三五"浙江省教育评估院综合调查数据和宁波工程学院建筑学专业人才培养统计数据。

项。针对"校企协同"教学改革中实行的 OBE 实践教学模式、现有教学保障制度均能实施有效保障，使教学改革顺利进行。近三年建筑系教师连续获得浙江省教育科学规划课题项目立项并结题。

（2）服务产业能力明显增强。师生团队主编和参编省或市城市建设方面的标准和导则 10 余项；横向课题 2018~2020 年近 20 项，到账 300 多万元。主持开发了设计系统并已上线运行；主持建设宁波市农房工业化试点项目；建成了以本专业为核心的宁波市级农房工业化研究中心。以上的科研成果与经验使本专业在城市更新、建筑工业化、乡村振兴等行业重点发展领域处于宁波市乃至浙江省的领先地位。

（3）人才培养质量显著提高。近 3 年，建筑学专业学生就业率为 99%，研究生录取率逐年上升，超过 10%。优秀学生被英国伦敦学院、日本横滨国立大学、南京大学、同济大学等国内外名校录取。学生积极参与科研，连续 4 年获国家级大学生创新创业训练项目立项并结题，宁波市鄞州区组织的"微改造"前 10 名中有 7 组为该专业学生。

（4）用人单位的满意度显著提高。从 2008 年建筑学专业第一年招生开始到 2020 年，已毕业八届学生，招生就业率在学院名列前茅。毕业生工作能力强、专业知识扎实，受到用人单位欢迎。2018~2020 年，用人单位满意度从 85% 提高到 88%。2018 届建筑学毕业生就业率 100%，专业对口类和月工资水平均高于浙江省平均数；2020 届建筑学就业率 98.31%，专业相关度达到 87.08，比浙江省平均水平高 27 分，在宁波工程学院所有专业中位列第 2；工资水平高于浙江省平均数，位列该校所有专业第一，毕业生市场价值体现较好。

7.2 土木类专业现场工程师人才培养

宁波工程学院土木类专业以入选国家级一流本科专业建设点为契机，以入选教育部一流"卓越工程师教育培养计划"首批实施高校所取得的成绩为工作基础，以通过全国高等学校土木工程专业教育评估委员会的专业评估为准则，遵循现场工程师"勤、勇、合、创、智、通"6 字培养标准，整合校企联动机制，重塑土木类现场工程师人才培养体系，实现人才培养质量满足新型城镇化发展要求及土木基建产业转型升级的需求。

7.2.1 土木类现场工程师人才培养定位

7.2.1.1 培养目标

在遵循现场工程师"勤、勇、合、创、智、通"6 字培养标准下，学院致力于培养具备以下素质的应用型高级技术与管理人才：具有土木工程专业扎实的基本理论知识和基本技能，能从事土木工程相关领域的研究、设计和应用；有较强的工程实践操作和工程初步设计及研发能力，综合素质高、专业知识实、研究和应用实践能力强；具有家国情怀、人文素养、社会责任和职业道德，富有创新思维和国际化视野。毕业生主要面向土木建设工程领域现场技术管理、设计、咨询岗位，从事工程项目技术或管理等方面工作，一段时间（5 年）后可达到注册结构师、注册岩土师、注册建造师等执业资格水平。具体目标如下：

（1）主动适应社会主义现代化需要，德智体美全面发展。

（2）掌握土木工程学科的基本原理和基本知识，接受过现代土木工程师基本训练。

（3）具有扎实的基础理论、较宽厚的专业知识和良好的工程实践能力。

（4）具有创新创业意识。

（5）具备工程技术与管理核心技能。

（6）毕业后可适应建设工程项目技术或管理工作岗位的基本要求。

7.2.1.2 毕业要求

土木专业学生主要学习土木工程的基础理论、专业技术和工程技能，接受工程实践训练，具有本科及跨学科的应用研究与技术开发的基本能力。

学生毕业时应获得以下几方面的知识和能力：

（1）工程知识与工具：能够将数学、自然科学、工程基础和专业知识用于解决土木工程专业的复杂工程问题；并能够针对复杂工程问题，开发、选择与使用恰当的技术、资源、现代工程工具和信息技术工具，包括对复杂工程问题的预测与模拟，且能够理解其局限性。

（2）问题分析：能够应用数学、自然科学和工程科学的基本原理，识别、表达并通过文献研究分析土木工程专业的复杂工程问题，以获得有效结论。

（3）设计（开发）解决方案：能够设计（开发）满足土木工程特定需求的体系、结构、构件（节点）或者施工方案，并在设计环节中考虑社会、健康、安全、法律、文化以及环境等因素。在提出复杂工程问题的解决方案时具有创新意识。

（4）研究：能够基于科学原理、采用科学方法对土木工程专业的复杂工程问题进行研究，包括设计实验、收集、处理、分析与解释数据，通过信息综合得到合理有效的结论并应用于工程实践。

（5）项目管理：在与土木工程专业相关的多学科环境中理解、掌握、应用工程管理原理与经济决策方法，具有一定的组织、管理和领导能力。

（6）工程与社会：能够基于土木工程相关的背景知识和标准，评价土木工程项目的设计、施工和运行的方案，以及复杂工程问题的解决方案，包括其对社会、健康、安全、法律以及文化的影响，并理解土木工程师应承担的责任；能理解和评价针对土木工程专业的复杂工程问题的工程实践对环境、社会可持续发展的影响。

（7）职业素养：了解中国国情、具有人文社会科学素养、社会责任感，能够在工程实践中理解并遵守工程职业道德和行为规范，做到责任担当、贡献国家、服务社会；且具有自主学习和终身学习的意识，具有提高自主学习和适应土木工程新发展的能力。

（8）团队与协作：在解决土木工程专业复杂工程问题时，能够在多学科组成的团队中承担个体、团队成员或负责人的角色；能够就土木工程专业的复杂工程问题与业界同行及社会公众进行有效沟通和交流，包括撰写报告和设计文稿、陈述发言、表达或回应指令。具备一定的国际视野，能够在跨文化背景下进行沟通和交流。

该专业学生的毕业要求与基本能力要求的关系如图 7.3 所示。

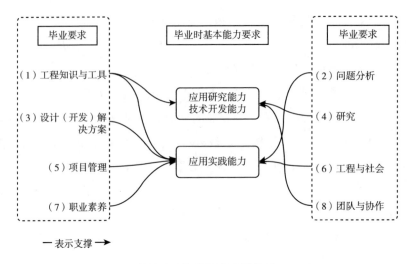

图 7.3 毕业要求支撑关系

资料来源：宁波工程学院土木工程专业教研室。

7.2.2 土木类现场工程师人才培养模式

以入选国家级一流本科专业建设点带动与引导，以通过全国高等学校土木工程专业教育评估委员会的专业评估为准则，在前期土木工程"卓越计划"试点专业建设工作基础上，学院明确了以下土木类现场工程师人才培养的指导思想：以本地新型城镇化发展产业需要为导向，能力素质培养为主线，强调产学研协同，重构土木类现场工程师的工程实践能力培养模式，确立"一精多能"人才培养目标，着重培养在工程实践、工程技术设计、工程技术研发及工程技术创新方面能适应地方经济社会发展需要的应用型高级工程技术及管理型人才（见图 7.4）。

7.2.2.1 "一精多能"，全面确定土木类现场工程师人才培养核心

"一精多能"土木类现场人才培养是针对土木类毕业生面向设计、施工、管理等岗位就业特点，实施分段培养、分类发展，将培养过程分基础培养、专业培养和专项培养三个阶段，前两阶段强化通识教育和专业通用能力培养，专项培养阶段实现分类发展，由学生结合职业规划，选择设计、施工、管理、

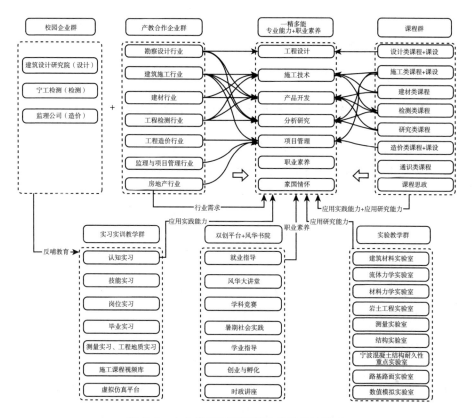

图7.4　土木类现场工程师全方位培育模式

资料来源：宁波工程学院土木工程专业教研室。

运维、应用研究中的一个发展方向，通过校企合作专项训练，让学生相对精通该项专业能力，提高人才供需耦合度，给予学生多样化培养和个性化成长。同时也全面遵循现场工程师"勤、勇、合、创、智、通"6字培养标准要求，将土木类现场人才培养进行分段培养、分类发展。

（1）分段培养。围绕"一精多能"培养目标，重构课程体系，实施三个阶段培养。基础培养阶段实施通识教育和学科基础教学，强化通识能力培养；专业培养阶段保证专业知识结构，强化专业素养和专业通用能力培养；专项培养阶段按土木行业细分领域就业岗位的要求，强化相应的专业能力和特长培养。

（2）分类发展。专项培养阶段给予学生更多的自主选择权。学生根据职业规划选择发展方向，选择相应的课程模块、实习岗位、毕设方向和专业导师，按行业细分领域岗位要求强化专项能力培养；考研学生早日加入科研团队，参与科研训练，确定毕业论文方向开展系统研究，强化应用研究能力培养。

7.2.2.2 产教融合，全力打造土木类现场工程师人才培养平台

"一精多能"人才培养目标，着重培养在工程实践、工程技术设计、工程技术研发及工程技术创新方面能适应地方经济社会发展的需要，否则会造成人才培养滞后于土木业转型升级，与社会需求结构失衡。因此需要紧跟土木行业需求导向，强调产学研协同，全力打造土木类现场人才培养育人平台。

1. 融入企业做贡献

主动谋求新型城镇化发展产业上的作为，主动融入企业、服务重大工程，为产业提供决策咨询、为行业编制地方标准、为企业开展技术服务，为宁波市重大城建工程建设作出积极贡献，产生较大社会影响。

2. 引入工程师进课堂

建立土建百家企业联盟，构建校企双主体合作教育模式，建立校企混合式教学团队，共同制订培养方案、共编教材、共同开发课程，专业课实施企业工程师进课堂，企业参与实践教学达到95%，使专业教学更加贴近"实战"，补上教学"最后短板"，提高专业与地方经济发展的契合度。

3. 实行校企双导师制

落实企业阶段培养方案，校企双导师指导，精细化培养设计、施工、管理等核心能力，提高人才培养与产业需求的契合度。

4. 激发企业育人动力

构建由学校、企业和行业协会组成的合作教育共同体，企业实习采用预就业招聘，按新员工要求提前培养，每年划拨合作教育专项经费，调动校企合作育人积极性。

5. 开展科教结合

（1）科研平台教学创新。开展教学时，科研平台可以作为实训教学平台，指导学生参与平台设计、安装调试、设备验收等过程，培养学生的工程意识和动手能力；同时，充分利用平台资源优势，将部分科研试验转化为创新性、

综合性试验，保证实践教学的新颖性。

（2）科研成果转化教学资源。将科研成果转化为课堂内容，开设研究性课程，以典型生动的素材增加学习趣味性和实践性；将科研成果转化为学术讲座，将最新的学术理论以论坛、讲座形式传播，拓展学生的学术视野；将科研成果转化为毕业论文，让论文更具挑战性和创新性。

（3）科研助手丰富教学形式。实行科研助手制，每年多名学生成为教师科研的伙伴，师生在共同探索、实践推广过程中教学相长、共同提高，开展探索式学习、研究性教学。

7.2.2.3 专素结合，全程建立土木类现场工程师人才培养环境

土木类现场人才不仅需要具备较强的工程实践操作和工程初步设计、研发能力，专业知识实，应用研究和应用实践能力强，还需要综合素质高，具有家国情怀、人文素养、社会责任和职业道德。真正地将"专业能力"与"道德素养"相结合，达到现场工程师"勤、勇、合、创、智、通"6字培养标准。

1. 学院 + 书院共育环境

依托学院风华书院的创立，每年邀请土木行业专家、校友开展风华大讲堂，及其他的人文素养类艺术培训等50余场活动，发挥"思想引领、文化育人、交叉融合"的育人功能（见图7.5）；实施"薪火相传校友导师"计划，聘请校友导师，校友导师分享成长经历和工作体会，与校内导师优势互补，开展人生引导、情感疏导、职业指导。

2. 创新 + 创业平台环境

（1）学生科创平台。结合学院全要素、低成本、一站式的鲁班工坊，培养新生动手实操能力，可供学生创新创业或学科竞赛场所全天候开放，其物理空间和核心服务环境力求达到国家级众创空间标准。

（2）科教协同。开设"装配式建筑"等行业新技术课程，教师将最新科研成果引入教学，引导学生接触学术新领域、新发现、新方法；每年80多名学生担任教师科研助手，进团队、进课题、进实验室，参与教师科研活动。

（3）构建学生科创体系。构建创新训练、学科竞赛、创业训练"三位一体"培养体系，每位学生在校期间至少参与1项双创项目或学科竞赛。

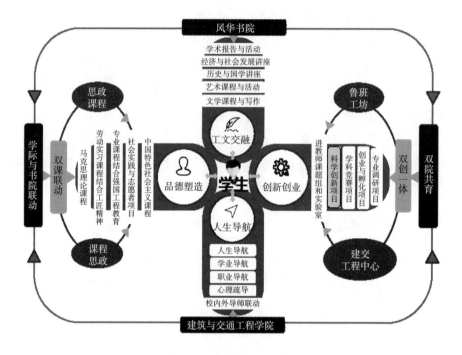

图 7.5 书院共育品格素养

资料来源：宁波工程学院土木工程专业教研室。

3. 双课联动思政环境

100%专业课程实施课程思政，修编土木类现场工程师人才培养课程大纲，结合重大土木工程融入工程伦理和职业道德，劳模精神和工匠精神进校园、进课堂、进头脑，将价值引领和思政教育贯穿于工程教育全环节，课程思政与思政课程同频共振，促进学生科学世界观和核心价值观的形成。

7.2.2.4 致力教改，全面变革土木类现场工程师人才培养方法

在总结以往实践教学经验、创新实践教学体系的基础上，变革现场工程师人才培养育人手段，重构分阶段、逐步深化的实践教学框架，开展校企联合培养新机制、学与用相互促进的人才培养模式改革和创新，强化培养土木类现场工程师的工程素质，同时全面提高土木类专业学生的工程实践能力和工程创新能力。

1. 项目化教学实施

（1）实践性教学内容。大力推广项目全生命周期过程改革，每门专业课设置项目案例教学和训练环节，从"做中学"和"学中做"中获取专业知识、训练实践能力，四年内每个学生经历十余个综合性项目训练。

（2）过程性课程考核。全部课程严格过程考核，期末成绩在课程考核中占比不超过 60%，形成全程紧张的促学氛围。考核主体多元化、考核标准公开化、考核反馈常态化，引导学生改善学习态度和学习方式，变被动学习为自主学习，启发快乐学习的活力、激发自主学习的动力、增添合作学习的魅力、增强了有效学习的实力。

2. 多样化教学手段

（1）混合式教学方式。83% 课程实施 MOOC、SPOC 等开放式教学，以"目标导学、主动自学、小组互学、选择助学、评价促学"顺序展开，构建师生互动的自主学习模式。

（2）探究式教学过程。专业核心课采取中班授课、小班答疑，12 门专业课开展小组研讨、同伴互审等探究式教学，培养学生探索精神和研究能力。

（3）虚拟式教学模式。针对土木建设项目体量巨大、结构复杂、施工周期长等特性，建成省级虚拟仿真实验项目 1 个，实现"课堂、资源、社交"三空间融合，激发学生学习热情。项目全网开放实现校内交流、校际共享、多方联动，最大化发挥仿真实验效用。

（4）教学方式小班化。50% 专业课小班授课、小组研讨，开放性命题、启发式讲授、团队化协作、研究式学习，引导学生质疑陈规、促进反思，推行论文＋答辩模式，激发学生的学习能动性。

（5）推广混合式教学。70% 课程实施 SPOC 教学。

（6）实施过程化考核。开展大数据支持的学习过程跟踪，精准分析学生的学习目标达成度。

3. 国际化教学视野

（1）共享国际资源，推动深度合作。建立中东欧"一带一路"工学院联盟，承办中东欧基建教育与投资合作论坛，引进国内外优质工程教育资源，开展课程共享、教师互访、科研协作，每年安排 5 名学生开展海外实习。

（2）接轨国际标准，推进专业认证。加强质量建设，12门课程使用全外语教学，实现土木工程专业通过工程专业教育认证，学生获得进入国际就业市场的"通行证"，提升学生全球就业能力。

7.2.2.5 持续改进，全方位保证土木类现场工程师人才培养质量

本专业以国家级一流本科专业建设点作为高标准，以通过全国高等学校土木工程专业教育评估委员会的专业评估作为严要求，来规范人才培育的全过程，结合校内教学质评体系、社会评价、反馈改进等教学质量监控体系，确定多方位教学关键环节的质量监控点，确保现场工程师人才培育体系正常运行，最终提高学生专业核心竞争力，提升土木类现场工程师人才培养质量（见图7.6）。

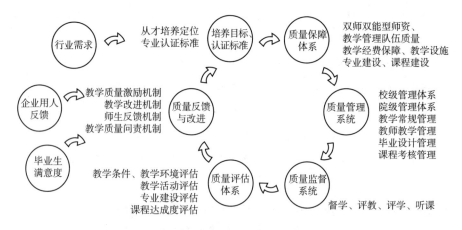

图7.6 质量保障体系运行模式

资料来源：宁波工程学院土木工程专业教研室。

7.2.3 土木类现场工程师人才培养课程体系

土木类现场工程师坚持以入选国家级一流本科专业建设点为契机，以入选教育部一流"卓越工程师教育培养计划"首批实施高校所取得的成绩为工作基础，以通过全国高等学校土木工程专业教育评估委员会的专业评估为准则，遵循现场工程师"勤、勇、合、创、智、通"6字培养标准，将"一精

多能"的理念贯通人才培养全过程。

7.2.3.1 一体化教学体系

（1）以知识能力为导向，优化培养方案。以核心知识与核心能力"双核协同"为导向制订培养方案，构建"三级别"（核心课程、一般课程和拓展课程）循序渐进的理论教学体系、"三层次"（基础实践、实践提高、综合创新）和"三环节"（实验、实习、实训）分层实现的实践教学体系，分项全程支撑毕业要求。

（2）以培养方案为指南，强化教学过程。每一堂课、每一道题都对应具体的核心知识点和能力指标点。注重向学生传授"纵向可提升，横向可转移"的技能，学生不仅具备专业核心知识，还具备跨界融合和集成创新的核心能力。

（3）以教学过程为抓手，内化知识能力。构建持续改进闭环体系，以达成度评价和教学质量评价"倒逼"教学改革，教学过程突出工程设计、施工管理和应用研究能力的培养，提高学生对未来城建行业的适应能力。

7.2.3.2 强化工学交替

（1）四年实习不断线。以"注重工程素养、突出工程应用、强化工程实践"为原则，将学校教学环节与企业工作岗位有机结合，将三个暑假纳入培养方案，让学生接触社会、了解专业，形成四年期间企业实习不断线的工学交替合作教育模式。

（2）三层训练不停歇。依次开展认识实习、生产实习、毕业实习，对应训练基本技能、专项技能、综合技能，在实践中学，学后再实践，激发学习动力、培养综合素质。

（3）一年记录不缺席。建立实习就业管理系统，实现实习招聘与考核的数字化管理，保证每位学生实习时间累计一年以上。课程设计详见图 7.7。

7.2.3.3 持续改进机制

教学质量、毕业要求和培养目标达成度的评价结果是专业持续改进的根本依据，土木类现场工程师培育结合学校评价体系的框架，建立了确保评价

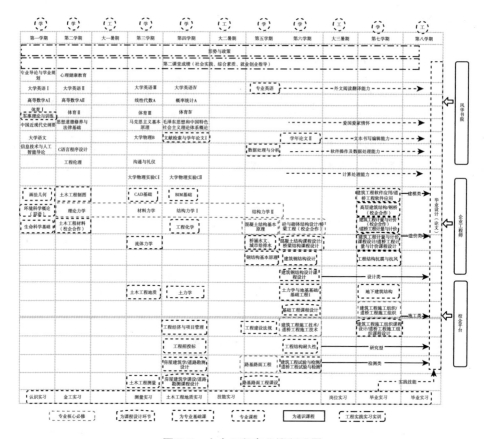

图7.7 土木工程专业课程设置

结果被用于持续改进的机制，即课内循环评价、校内外循环评价的持续改进过程体系（见图7.8）。

7.2.4 土木类现场工程师人才培养主要成效

宁波工程学院土木工程专业2010年入选教育部一流"卓越工程师教育培养计划"首批实施高校，之后十余年真抓实干，自2018年以来遵循现场工程师"勤、勇、合、创、智、通"6字培养标准，整合校企联动机制，重塑土木类现场工程师人才培养体系，实现人才培养成效显著，得到行业企业和社会各界的广泛好评。

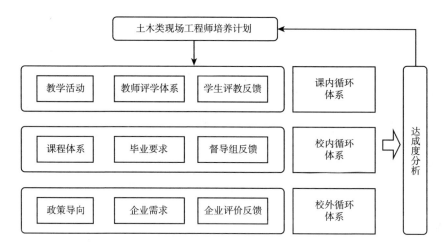

图 7.8　持续改进过程体系示意

资料来源：宁波工程学院土木工程专业教研室。

（1）人才培育质量显著提升。在遵循现场工程师人才培育体系后，2021年土木专业学生就业率为 96.48%，用人单位满意度达 92% 以上，毕业生满意度也达到 90% 以上；2018～2021 年共计 18 人获省级优秀毕业生，4 人获国家奖学金。校友中涌现出沈菲君等一批全国、省市劳模，何金挺等 6 位毕业生入选市创业之星，院校被宁波工程界誉为"项目经理的摇篮"，学生成为现场工程师人才培育的最大受益者。数十名学生主持国家级项目、省级项目，发表论文，获专利，获全国大学生结构竞赛一等奖等国家级奖励，获挑战杯一等奖等省级奖励，2 位学生获本领域最高奖——中国土木工程学会优秀毕业生奖，位居浙江省同类专业前列。

（2）专业建设成绩斐然。本专业已评为浙江省优势专业，通过全国高等学校土木工程专业教育评估委员会的专业评估，获浙江省"十三五"优势专业，宁波市品牌专业，获省重点实验室 1 个，2019 年获批土木工程国家级一流本科专业建设点。2018～2020 年，本专业教师主持及参与的科研项目荣获了国家科技进步二等奖等重大奖项 2 项，浙江省科学进步奖 3 项，宁波市科技进步奖 4 项。由于校内平台覆盖面广、功能齐全，促进了教师专业发展，多位教师获多项国家及省部级人才项目、全国先进工作者、浙江省钱江学者、浙江省级劳模等荣誉称号。

土木专业获多项省部级教改项目，2019～2021年获批建设浙江省一流课程4门，浙江省虚拟仿真实验教学项目1项。土木创新教学团队带头人获市教学成果一等奖和市教育服务经济贡献一等奖。

（3）媒体关注育人模式。2018年以来，浙江日报、教育部网站等区市及以上媒体平台报道宁波工程学院土木类专业建设20余次；教育部于2018年4月27日召开新闻发布会，点赞宁波工程学院建筑与交通工程学院"产教融合发展取得显著成效，服务地方产业发展能力显著提升"；2020年《人民日报》客户端报道宁波工程学院建筑与交通工程学院办学成效；2020年《浙江日报》报道宁波工程学院建筑与交通工程学院创新"项目制教学"，可复制、极具推广价值的改革经验引起强烈反响。

（4）推广示范作用明显。本专业带头人应邀在产教融合发展战略国际论坛、中国—中东欧基建教育与投资合作论坛上作土木类人才培养体系主题报告，在全国性教学会议上交流经验23次。学校吸引了安徽工业大学等80余所高校师生前来学习。学校成果被河南城建学院等10余所高校借鉴应用，发挥了良好的示范辐射作用。

7.3　交通工程类现场工程师人才培养

宁波工程学院交通工程类现场工程师的人才培养遵循中国工程教育专业认证基本要求和现场工程师"勤、勇、合、创、智、通"6字培养标准，面向我国交通强国建设、长三角一体化等国家战略目标，紧密对接我国城市交通拥堵治理、智慧交通及未来交通系统建设等人才需求，着力培养面向工程一线的具备应用研究和应用实践能力的新一代现代工程师。

7.3.1　交通工程类现场工程师人才培养定位

7.3.1.1　培养目标

遵循现场工程师"勤、勇、合、创、智、通"6字培养标准，培养适应国家建设与交通强国发展需要，能够从事交通运输系统规划、设计、建设、运营与管理等方面的工作，综合素质高、专业知识实、应用研究和应用实践能力强，具有创新思维和国际化视野的应用型高级工程技术与管理人才。学生毕业五年左右达到工程师或与之相当的专业技术水平，成为所在岗位的技术骨干或一线管理骨干。具体培养目标是：

（1）具备良好的职业素养、职业道德、社会责任感，爱岗敬业，愿意为国家和社会服务。

（2）能胜任道路交通规划、设计、建设、运营与管理等方面的工作。

（3）具备交通工程项目的组织和协调能力，在工作中能具有跨职能团队和跨专业的沟通交流能力。

（4）具有运用各种现代工具解决交通工程领域复杂工程问题并能考虑社会、环境和可持续发展问题的能力。

（5）具有国际视野和自主学习能力，能把握所从事工程领域的特点，理解技术发展趋势，明确个人和组织的发展目标，实现工作能力和专业技术水平的持续提升。

7.3.1.2　毕业要求

交通工程专业学生主要学习交通运输工程、土木工程等学科基础理论知识和技术，接受工程制图、工程测量、计算机应用、交通系统规划与设计、交通基础设施设计及施工、交通管理与控制等方面的基本训练，具有本学科及跨学科的应用研究与应用实践的基本能力。

学生毕业时应具备以下几方面的知识、能力、素质和素养要求：

（1）工程知识：掌握数学、自然科学、工程基础和专业知识，并能够将其用于解决新形势下交通工程领域的复杂工程问题。

（2）问题分析：能够应用数学、自然科学和工程科学的基本原理，对交通工程相关的复杂问题进行识别和表达，并能够通过文献学习，分析和研究交通工程专业相关的复杂工程问题，以获得有效结论。

（3）设计/开发解决方案：具备进行交通系统分析、交通规划、交通设计、交通管理与控制等方面的设计、开发和应用实践能力，并能够在设计环节中体现创新意识，考虑社会、健康、安全、法律、文化以及环境等因素。

（4）研究：具备运用交通工程基本原理和方法对复杂交通工程问题进行研究和提出解决方案的能力。包括对相关问题进行研究方案和实验方案设计，能够实施研究方案，获取、分析和解释数据，并能够通过信息综合分析得到合理有效的结论。

（5）使用现代工具：能够针对复杂交通工程问题，开发、选择与使用恰当的技术、资源、现代工程工具和信息技术工具，包括对复杂工程问题的预测与模拟，并能够理解其局限性。

（6）工程与社会：熟悉交通工程专业领域技术标准和规范，能够基于交通工程相关背景知识进行合理分析，评价交通工程专业工程实践和复杂工程问题解决方案对社会、健康、安全、法律以及文化的影响，并理解交通工程师应具备的专业素养和承担的责任。

（7）环境和可持续发展：了解国家和交通运输行业在环境、社会可持续发展等方面的相关要求，能够针对复杂交通工程问题的工程实践进行环境、社会可持续发展影响的合理判断和评价。

（8）职业规范：具有人文社会科学素养、社会责任感，能够在交通工程领域的工程实践中理解并遵守工程职业道德和规范，履行责任。

（9）个人和团队：具有良好的团队合作精神，能够在交通及相关学科背景下的团队中承担个体、团队成员以及负责人的角色。

（10）沟通：能够就复杂交通工程问题与业界同行及社会公众进行有效沟通和交流，包括撰写报告和设计文稿、陈述发言、清晰表达，并具备一定的国际视野，能够在跨文化背景下进行沟通和交流。

（11）项目管理：理解并掌握交通工程领域的工程管理原理与经济分析决策方法，并能在多学科环境中应用。

（12）终身学习：具有自主学习和终身学习的意识，并具有不断学习和适应发展的能力。

7.3.2　交通工程类现场工程师人才培养模式

交通工程类现场工程师采用"科教 + 产教"双融合的应用型本科人才培养模式，该模式重点解决了人才培养过程中科研与教学分离、产业与教育融入不深，进而导致学生应用研究能力和应用实践能力不强等问题。该模式以培养具有应用研究能力和应用实践能力的复合型人才为目标定位，以"课程体系改革"核心，以"全程导师制"为手段、以"项目化教学"为支撑、以"工程中心"为基地的"双能力"（即应用研究能力 + 应用实践能力）培养为主要实施路径（见图 7.9）。

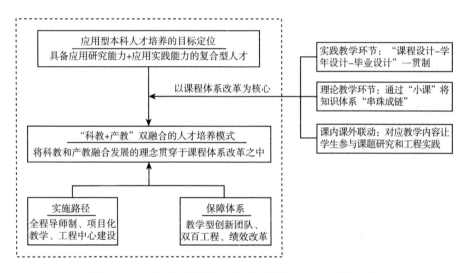

图 7.9　交通工程类现场工程师应用型本科人才培养路径

7.3.2.1　明确"应用研究能力和应用实践能力"是交通工程现场工程师人才培养的核心能力

高水平应用型本科人才培养体系适应了我国当前经济社会发展的迫切需求，在我国高等教育发展中具有举足轻重的地位。高水平应用型本科人才有别于研究型人才和技能型人才，既要具有一定的理论基础与专业知识，又要具备将理论知识和科学技术转化为现实生产力的实践应用能力，是兼备学术与技能的复合型人才。根据地方应用型本科高校的办学定位，通过系统深入地研究高等教育体系中地方应用型本科人才培养的目标定位，结合交通工程类现场工程师的培养标准，全面深入地研究用人单位对应用型本科人才的能力需求及毕业生在就业后的自我能力评定，本专业教研团队最终研究得出："应用研究能力和应用实践能力"是交通工程现场工程师人才培养的核心能力。

7.3.2.2　通过推行以课程体系改革为核心、"科教＋产教"双融合的人才培养模式，确保人才培养目标的实现

将科教和产教融合发展的理念贯穿于课程体系的改革之中。其中，科教融合着重应用研究能力培养，学生能针对工程实践问题进行研究探索；产教融合着重应用实践能力培养，学生能动手解决工程实践中的具体问题。

（1）一贯制实践教学。在实践教学环节，实行面向工程实践的"课程设计—综合设计—毕业设计"一贯制教学模式，保障实践教学的连贯性和有效性，鼓励企业工程师参与指导学生实践教学环节。

（2）探究式小课。在理论教学环节，依托各类研究课题，开设以核心知识点应用探讨为教学内容的"小课"，实现核心知识点"串珠成链"，提升专业理论知识的系统性。

（3）课内课外联动教学。结合理论教学和实践教学进度，使学生有针对性地参与教师的应用研究课题和企业的工程实践项目，以此实现"课内课外联动"教学。

7.3.2.3　通过推行"全程导师制""项目化教学""工程中心"建设，明确人才培养模式改革的实施路径

在全员、全程、全方位育人过程中，推行"全程导师制"、实施"项目化教学"和建设校园"工程中心"，明确科教和产教融合人才培养模式改革的实施路径。

（1）全程导师制。为所有学生在学习期间全程配备导师，以立德树人为根本，负责该学生的实践教学、科研创新、专业学科竞赛、专业素养训练等全方位指导工作，以此推动"一贯制"实践教学和"课内课外联动"教学的开展。

（2）项目化教学。以实际的应用研究课题和工程实践项目作为知识和能力传递的"单元"，确保实践教学和"小课"教学"真题真做"，并实行项目制进行考核。

（3）校园工程中心。依托相关工科专业和学科，在校园内成立以产业为导向的工程中心，一方面为学生开展实习实训、课内课外联动教学提供重要平台，另一方面也促成工程中心的工程师积极参与学生培养。

7.3.2.4　通过推行"教学型创新团队""双百工程"及绩效改革，强化人才培养模式改革的体制机制保障

（1）外引内育并举，全力打造高水平应用型师资。"外引"方面，大力引进行业领军人才、柔性引进企事业单位工程技术人才充实教师队伍；"内育"方面，推行"双百工程"（百名博士百名教授进企业），提升教师的应用研究和应用实践能力，年轻博士全部派遣到交通相关企事业单位挂职锻炼一年以上，切实提升青年教师的教学水平和工程应用能力，培养了一支高水平"双师双能"应用型师资。

（2）"科教"产教"融合"，教学与科研团队协同发展。以"产教 + 科教"双融合为基础，加强基层教学组织建设，以课程模块与学科方向一体化建设为抓手，促进教学团队与科研团队协同发展。

（3）通过绩效改革，将教学、科研和社会服务等工作的绩效考核打通，优绩优酬，提升教师参与教学工作的积极性。

7.3.3　交通工程类现场工程师人才培养课程体系

交通工程类现场工程师坚持中国工程教育专业认证理念，将"以学生为中心、以产出为导向、以持续改进为主线"的理念贯通人才培养全过程，根据工程教育专业认证的 12 条毕业要求，建立面向产出（知识、能力、素质、素养）的人才培养课程体系（如图 7.10 所示）和以课程目标评价为基础的培养目标和毕业要求达成情况评价机制（如图 7.11 所示），其中毕业要求与课程体系的对应关系如表 7.2 所示。

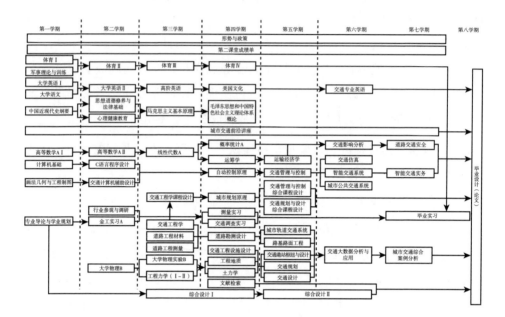

图 7.10 交通工程类现场工程师课程体系

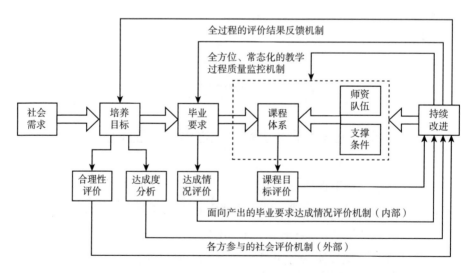

图 7.11 课程目标和毕业要求达成情况评价机制

表 7.2 毕业要求与课程体系的对应关系

毕业要求	指标点	各指标点对应课程
工程知识	数学和自然科学基础知识：掌握交通工程专业所需的数学和自然科学基础知识	高等数学（AⅠ~AⅡ）、大学物理、物理实验B、运筹学（交通系统分析）、自动控制原理
	工程和专业知识：掌握工程专业相关的工程基础和专业基础知识	工程力学（Ⅰ~Ⅱ）、工程地质与土力学、画法几何与工程制图、道路工程材料、道路工程测量、道路勘测设计、路基路面工程、交通工程学
	模型构建与求解能力：能够将数学、自然科学和工程基础知识运用于描述交通工程复杂问题，构建科学模型，提出解决方案	线性代数A、概率统计A、运筹学（交通系统分析）、自动控制原理
问题分析	问题识别与表达能力：能够应用数学、自然科学和专业基础知识的基本原理，对交通工程相关的复杂问题和实际工程问题进行建模、表达、分析，以获得有效结论	运筹学（交通系统分析）、路基路面工程、交通工程学、交通管理与控制、交通工程学课程设计、综合设计Ⅰ、毕业设计（论文）
	问题分析能力：具备文献资料检索的知识和能力，能够通过文献检索等手段辅助分析复杂交通工程问题，以获得有效结论	工程地质与土力学、文献检索与利用、自动控制原理、交通工程学、交通管理与控制、交通工程学课程设计、交通规划与设计课程设计、综合设计Ⅱ、毕业设计（论文）
设计/开发解决方案	设计开发能力：针对复杂交通工程问题，能够综合运用多学科知识对交通规划与设计、交通管理与控制、交通基础设施设计等方面的问题进行解决方案设计	城市规划原理、交通规划、交通设计、交通管理与控制、交通工程设施设计、交通规划与设计课程设计、交通管理与控制课程设计
	创新设计意识：在方案设计中具有优选和创新设计方案的意识	城市规划原理、城市交通综合讲座、智能交通系统、交通工程学课程设计、交通规划与设计课程设计、交通管理与控制课程设计
	可行性分析能力：在方案设计中能够从系统的角度权衡所涉及的技术、经济、社会、安全、法律以及环境等因素论证方案的可行性	城市公共交通系统、智能交通系统、运输经济学、交通港站与枢纽设计
研究	实验能力：能够对道路交通现象、特性进行调查、研究和实验验证，能够正确采集和整理交通数据	大学物理实验B、工程地质与土力学、道路交通安全、交通仿真、测量实习
	综合研究能力：能够运用交通调查、实验检测、实验仿真等，对复杂交通工程问题进行研究方案的设计，并能够实施研究方案	城市规划原理、交通规划、城市交通综合讲座、交通影响分析、综合设计Ⅱ、毕业设计（论文）

毕业要求	指标点	各指标点对应课程
研究	归纳总结能力：能够应用专业知识和技术，对实验结果进行关联、分析和解释，获取合理有效的结论	交通工程学课程设计、交通管理与控制课程设计、综合设计Ⅰ、毕业设计（论文）
使用现代工具	工具理解能力：掌握道路与交通工程相关现代工具软件、现代信息技术的基本原理和使用方法，能够理解现代工具对复杂交通工程问题设计与仿真的优势和局限性	工程力学（Ⅰ～Ⅱ）、画法几何与工程制图、自动控制原理、智能交通系统、交通计算机辅助设计、交通管理与控制课程设计
	工具运用能力：能够选择与使用恰当的专业工具软件对道路与交通工程规划、设计、施工、管控等复杂工程问题进行设计与分析	计算机基础A、图形处理基础、画法几何与工程制图、道路工程测量、智能交通系统、交通计算机辅助设计、交通仿真、交通管理与控制课程设计
	模拟和预测能力：能够使用现代工具对复杂交通工程问题进行预测与仿真	自动控制原理、交通影响分析、交通仿真
工程与社会	工程背景知识理解：了解交通工程领域相关的技术标准、行业规范和法律法规等，并正确认识国家交通发展政策和形势任务	道路工程测量、城市规划原理、道路勘测设计、交通规划、交通设计、交通工程设施设计、城市公共交通系统、交通影响分析
	社会影响和责任理解：能够合理分析与评价复杂交通工程问题解决方案对社会、健康、安全、法律以及文化的影响，并理解交通工程师应具备的专业素养和承担的责任	马克思主义基本原理、思想道德修养与法律基础、中国近现代史纲要、毛泽东思想和中国特色社会主义理论体系概论、交通设计、道路交通安全、交通港站与枢纽设计、毕业设计（论文）
环境和可持续发展	环境保护认知：了解道路与交通系统对环境和社会可持续发展的影响和重要性	工程地质与土力学、道路勘测设计、城市公共交通系统、交通港站与枢纽设计
	环境影响评价：能够针对复杂交通工程问题，进行环境、社会可持续发展等方面影响的合理判断和评价	道路工程材料、运输经济学、交通影响分析、毕业设计（论文）
职业规范	职业规范理解：掌握与复杂工程实践相关的人文、历史、环境、法律、安全、伦理等知识，具有人文科学素养和社会责任感	马克思主义基本原理、思想道德修养与法律基础、毛泽东思想和中国特色社会主义理论体系概论、形式与政策、大学语文、道路交通安全、军事理论与训练、创新社会实践与综合素质
	职业规范履责：理解守法遵章、奉献社会、客观公正、恪守职业等工程职业道德，并能在工程实践中自觉遵守和履行责任	马克思主义基本原理、思想道德修养与法律基础、毛泽东思想和中国特色社会主义理论体系概论、心理健康教育、金工实习A、行业参观与调研、毕业实习

续表

毕业要求	指标点	各指标点对应课程
个人与团队	角色胜任能力：能够在从事道路与交通系统规划设计、施工、管理的团队中承担相应角色	心理健康教育、创新社会实践与综合素质、金工实习 A、交通调查实习、毕业实习
	协作共事能力：了解多学科背景下团队的构成以及不同角色成员的职责，具有良好的团队合作精神	思想道德修养与法律基础、体育体育（I ~ IV）、创新社会实践与综合素质、测量实习、交通调查实习、毕业实习
沟通	文稿撰写能力：了解道路与交通工程及相关专业科技文档的基本构成及要求，具备表达与撰写的相关能力	大学语文、综合设计 I、综合设计 II、毕业设计（论文）
	语言表达能力：了解道路与交通工程领域技术发展趋势，能够对专业问题与业界同行及社会公众进行有效沟通	城市交通综合讲座、交通专业英语、毕业设计（论文）
	国际交流能力：具备一定的国际视野，具备良好的英语写作和表达能力，能够在跨文化背景下进行沟通和交流	大学英语 I、大学英语 II、交通专业英语
项目管理	工程管理知识：理解并掌握道路与交通工程领域的工程管理原理与经济分析决策方法	道路勘测设计、运输经济学、行业参观与调研
	组织管理能力：能够在交通工程中应用工程管理原理、经济决策方法与工具，具有方案实施过程中的指导能力和管理能力	交通工程设施设计、创新社会实践与综合素质、行业参观与调研
终身学习	终身学习意识：理解终身学习的重要性，具有终身学习的意识	形式与政策、专业导论与学业规划、文献检索与利用、城市交通综合讲座、创新社会实践与综合素质、毕业实习
	自主学习能力：具有自主学习和适应发展的能力，适应持续的职业发展	毛泽东思想和中国特色社会主义理论体系概论、大学英语（I ~ II）、计算机基础 A、图形处理基础、专业导论与学业规划、文献检索与利用、创新社会实践与综合素质

7.3.4 交通工程类现场工程师人才培养效果 *

宁波工程学院交通工程专业创办于 2013 年，前身是创办于 1995 年的公路与城市道路专业和创办于 2008 年的交通运输专业，目前是浙江省为数不多且最早创办的交通工程专业，2015 年通过德国工程专业认证（ASIIN 认证），2019 年入选浙江省一流专业，并为省特色专业和宁波市优势专业。自 2018 年以来，该专业遵循现场工程师"勤、勇、合、创、智、通"6 字培养标准，全面采用以"科教 + 产教"双融合为核心的现场工程师培养方案，人才培养成效显著，得到用人单位和社会各界的广泛好评。

（1）育人质量明显提高。本专业通过专业综合教学改革，极大提升了人才培养质量，毕业前创新能力强、毕业时就业质量高、毕业后发展后劲足。2018～2020 年，毕业生考研升学率平均为 42.3%（2016～2020 届毕业班研究生录取率分别达到了 35%、52%、43%、40% 和 44%），且五成以上被"985""211"高校录取，在国内同类高校同类专业中名列前茅；毕业生凭借着"理论知识广、动手能力强"等突出优势，在交通类设计院、智能交通企业等实现了一次性高质量就业，毕业生普遍就业于宁波乃至浙江省内的政府机关、设计院所、建设施工等单位，凭借本科阶段打下的良好专业基础，已逐渐成为单位技术骨干，如目前宁波各县市区交警大队均有我校毕业生作为核心技术骨干全面支撑当地交通秩序、科技、事故等工作。浙江省教育评估院调查显示：本专业就业率、创业率、月收入、专业相关度、升学率 5 项指标均处于浙江省同专业绝对优势地位，被评为"绝对优势专业"（见表 7.3）。

表 7.3 交通工程毕业生核心指标省校对比

学校	就业率（%）	专业相关度（%）	月收入（元）	创业率（%）	升学率（%）	优势项数
宁波工程学院	93.75	77.33	6100.00	9.38	37.50	5
浙江省全部高校	90.97	67.61	5543.48	4.86	18.75	

资料来源："十三五"浙江省教育评估院综合调查数据。

---

* 7.3.4 节资料来源于"十三五"浙江省教育评估院综合调查数据和宁波工程学院交通工程专业人才培养统计数据。

（2）专业建设成效显著。该专业已通过德国工程专业认证（ASIIN 认证），是浙江省一流本科专业建设点、浙江省"十三五"特色专业和宁波市优势专业，并主持建设工程管理专业硕士点（物流管理与工程领域智慧交通方向）、浙江省智慧交通与大数据协同创新中心、浙江省一流学科"交通运输工程"、宁波市高校重点学科"交通运输工程"、宁波市城市交通重点实验室、宁波市智慧交通协同创新中心等学科平台。

（3）社会服务贡献突出。该专业自 2008 年以来，与宁波交警、交通、城建等城市交通核心部门建立了紧密的全面合作关系，深度服务城市交通拥堵治理、智慧交通系统建设、交通信号优化、公交系统优化、重大工程施工期间交通组织与设计等，提升了城市交通发展水平，例如，宁波成为全国汽车保有量 300 万级城市中最"不堵"的城市。目前该专业服务范围从宁波发展到各县市区，再到台州、绍兴以及江苏盐城、海南海口、贵州兴义，得到了宁波市、浙江省乃至公安部交管局的高度肯定。同时，作为地方高校，在国内交通行业的影响力显著提升，专业负责人于 2017 年入选全国城市道路交通文明畅通提升行动计划专家，是入选的 35 名专家中唯一的地方本科院校教师，另有 8 人次获得市级以上行业专家称号。

（4）示范引领作用凸显。教育部多次组织相关院校师生来该校交通工程专业开展案例学习，累计达 100 余所高校。得益于"科教 + 产教"双融合应用型人才培养的探索实践和示范引领，该校 2014 年成为首届长三角地区应用型本科高校联盟理事会主席单位，2015 年成为浙江省应用型建设示范试点高校，2016 年入选国家产教融合发展工程建设高校，站到了中国高等教育改革的最前沿，进入全国应用型本科高校建设的第一方队。

（5）社会评价反响强烈。2018 年 4 月，教育部召开新闻发布会，宁波工程学院被教育部作为 3 所典型高校点名称赞："产教融合发展取得显著成效，服务地方产业发展能力显著提升，受到地方政府、用人单位和学生的广泛好评。"① 光明日报、新华网、中国教育报等数十家媒体均进行过报道。

---

① 资料来源：教育部官网中的《部分本科高校转型发展情况介绍》。

7.4 建筑环境与能源应用工程专业现场工程师人才培养

宁波工程学院建筑环境与能源应用工程专业（以下简称建环专业）人才培养遵循中国工程教育专业认证基本要求和现场工程师"勤、勇、合、创、智、通"6字培养标准，紧密围绕国家双碳目标，满足人民对室内环境营造需求，着力培养面向工程一线的具备应用研究和应用实践能力的新一代现代工程师。

7.4.1 建环专业现场工程师人才培养定位

1. 培养目标

该专业适应国家建设和经济发展需要，遵循现场工程师"勤、勇、合、创、智、通"6字培养标准，致力于培养毕业五年后具有可持续发展理念、具备扎实的供热、通风、空调、冷热源等基本理论知识和基本技能，能从事建筑环境营造和建筑能源系统的规划设计、研发制造、施工安装、设备销售及运行管理等工作，综合素质高、专业知识实、应用研究和应用实践能力强，具有创新意识和国际视野的高级技术与管理人才。具体目标如下：

（1）毕业生具有正确的政治理想和政治道德，对社会主义事业忠诚可靠，适应社会主义现代化需要，德智体美劳全面发展，具备良好的职业素养、职业道德、社会责任感，爱岗敬业，并愿意为社会服务。

（2）毕业生能胜任建筑环境与能源应用工程系统设计、产品开发、安装调试、运营维护、技术管理或教学科研等方面的工作。

（3）毕业生具备独立解决建筑环境营造和能源应用系统工程复杂技术问题的能力，成为所在单位的技术骨干或一线管理骨干。

（4）毕业生具备工程项目的组织和协调能力，在工作中能具有跨职能团队和跨专业的沟通交流能力。

（5）毕业生具备可持续学习能力，通过继续教育或在职培训更新知识，实现工作能力和专业技术水平的持续提升。

2. 毕业要求

本专业学生主要学习自然科学基础、建筑环境学、传热学、工程热力学、流体力学、工程力学学科的基本理论和建筑、机械、自控相关领域的基础知识，接受建筑环境与能源供给系统的工程设计、设备开发与使用、施工组织与安装、系统运行调试等方面的基本训练，具有本学科及跨学科的应用研究与技术开发的能力。

学生毕业时应获得以下几方面的知识和能力：

（1）工程知识：具有数学、自然科学、工程基础和专业知识，并能将这些知识用于解决建筑环境与能源应用工程中的复杂工程问题。

（2）问题分析：能够应用自然科学和工程科学的基本原理，识别、表达和分析建筑环境与能源应用工程中的复杂工程问题，并通过文献研究获取相关信息，整理、分析和归纳资料以获得有效结论。

（3）设计/开发解决方案：能够针对建筑环境与能源工程问题提出解决方案，设计满足特定需求的系统、功能模块或系统流程，并能通过工程实践检验设计的合理性。同时，能够在设计环节中体现创新意识，综合考虑社会、健康、安全、法律、文化以及环境等因素。

（4）研究：掌握基本的研究方法。能够基于科学原理并采用科学方法对建筑环境与能源应用的复杂工程问题进行研究，包括设计实验、分析与解释数据，并通过信息综合得到合理有效的结论。

（5）使用现代工具：能够针对建筑环境与能源应用问题，开发、选择与使用恰当的技术、资源、现代工程工具和信息技术工具，包括对问题的预测和模拟，并能够理解其局限性。

（6）工程与社会：能够基于建筑环境与能源应用相关背景知识进行合理分析，评价问题的解决方案对社会、健康、安全、法律以及文化的影响，并理解应承担的责任。

（7）环境和可持续发展：秉承环保理念，理解和评价针对建筑环境与能源应用工程问题的工程实践对环境、社会可持续发展的影响。

（8）职业规范：具有人文社会科学素养、社会责任感，能够在建筑环境与能源应用工程实践中适应社会主义建设需要，理解并自觉遵守职业道德和规范，履行社会责任。

（9）个人和团队：在建筑环境与能源工程问题多学科背景下的团队中，能够承担个体、团队成员以及团队负责人的角色。

（10）沟通：能够就建筑环境与能源应用工程问题与业界同行及社会公众进行有效沟通和交流，包括撰写报告和设计文稿、陈述发言、清晰表达或回应指令。具备一定的国际视野，能够在跨文化背景下进行专业技术领域沟通和交流。

（11）项目管理：理解并掌握建筑环境与能源应用工程中相关工程项目的工程管理原理与经济决策方法，并能在多学科环境中应用。

（12）终身学习：具有自主学习和终身学习的意识，有不断学习和适应建筑环境与能源应用工程领域发展的能力。

7.4.2　建环专业现场工程师人才培养模式

建筑环境与能源应用工程现场工程师采用"科教＋产教"双融合的应用型本科人才培养模式，通过教学与产业、科研的深度融合，重点培养学生的应用研究和应用实践能力。

7.4.2.1　与企业深度协作，提升学生的应用实践能力

根据地方应用型本科高校的办学定位，明确地方应用型本科人才培养的目标定位，结合建筑环境与能源应用工程现场工程师的培养标准，确定"应用研究能力和应用实践能力"作为人才培养的核心能力。

应用实践能力的培养过程紧密联系产业、服务产业、依靠产业。人才培养目标和培养方案的制订过程，吸纳了广大毕业生、用人单位、同行，确保了人才培养方向与地方经济社会行业发展的一致性。

培养过程中，以解决问题为核心目标。将工程问题带入课堂，明确理论学习的目的；用产业经验充盈教学，以丰富理论知识的应用实践性；带学生走入实践，将理论知识用于解决问题的实践过程；以产业评价学生，全面地评价学习效果。

通过企业与学校的深度融合，实现学有所用、学而能用，提升学生的应用实践能力。

7.4.2.2　科研融入教学，提升学生应用研究能力

应用型人才解决问题的过程中，创造性地应用理论知识、提出解决方案、分析方案成效、模拟运行过程的分析思辨能力，是学生创造力、应用研究能力的重要体现。

教学过程中，除了对已明确路径的实践问题解决方案进行系统学习、分析和掌握外，还融入未明确路径或更多可能性的问题，依托各类学科竞赛、教师科研，引导学生思考、激发学生的创造力。

7.4.2.3　以"项目化教学"引领应用研究和应用实践能力培养

以实际的应用研究课题或工程实践项目作为知识和能力传递的载体，真题真做；课程之初即明确以解决问题为最终目标，教学过程附着于工程问题，有的放矢；引导学生先提出方案、论证可行性，再以理论与实践相融合，对方案修改完善。方案的提出、论证过程利用多种信息渠道作为伸向前沿知识的触角，了解行业发展、掌握先进技术；融合学科竞赛、科研项目，在理论基础上提出创新理念，培养方案分析能力；项目化考核方式综合考察学生解决问题的能力。

7.4.2.4　全过程实践教学体系强化引领应用研究和应用实践能力落地

实践教学体系与理论教学体系相辅相成，有机融合，助力应用型人才能力培养。实践教学环节设置遵循从浅入深、层层递进原则，并与理论课程紧密衔接，解决理论课程无法深入完成的问题，反哺理论课程的学习。实践教学过程的实施由指导教师、企业导师共同完成。毕业实习、毕业设计（论文）为应用型人才培养最终成果的综合体现。

全过程的实践教学环节占总学时的30%以上，构建了理论知识与工程实践间的桥梁，通过参与实践、完成项目、分析思考、理论提升，提高了人才的创新研究能力和应用实践能力，保障了人才的"应用性"。

7.4.3 建环专业现场工程师人才培养课程体系

建筑环境与能源应用工程现场工程师坚持中国工程教育专业认证理念，将"产教融合、节能贯通"的理念贯通人才培养全过程，根据 12 条毕业要求，建立面向产出（知识、能力、素质、素养）的人才培养课程体系（见图 7.12）和以课程目标评价为基础的培养目标及毕业要求达成情况评价机制（见图 7.13），其中毕业要求与课程体系的对应关系如表 7.4 所示。

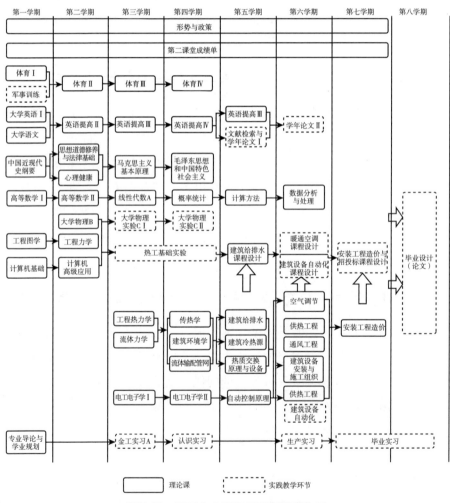

图 7.12 建环专业现场工程师课程体系

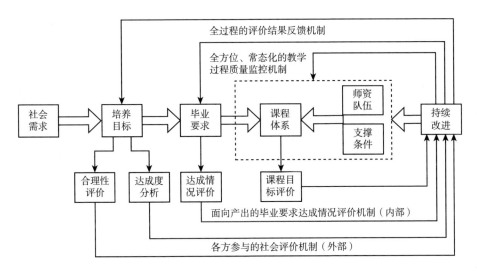

图 7.13　课程目标和毕业要求达成情况评价机制

表 7.4　　　　　　　　　　毕业要求与课程体系的对应关系

毕业要求	指标点	课程
工程知识	模型构建能力	高等数学（AⅠ~AⅡ）、大学物理 B、工程力学、建筑概论、自动控制原理、机械设计基础、电工电子学（AⅠ~AⅡ）、普通化学
	模型分析能力	工程热力学、传热学、流体力学、热质交换原理与设备、自动控制原理、电工电子学（Ⅰ~Ⅱ）、环境科学概论（双语）、大学物理实验 CⅠ~CⅡ）
	模型求解能力	热质交换原理与设备、计算方法、数据分析与处理、线性代数 A、概率统计
问题分析	辨识表达能力	工程力学、工程热力学、传热学、流体力学
	问题评估能力	建筑环境学、文献检索与学年论文Ⅰ、普通化学
	结论获取能力	文献检索与学年论文Ⅰ、学年论文Ⅱ、毕业设计（论文）
设计/开发解决方案	设计方法应用能力	流体输配管网、空气调节（校企合作）、建筑冷热源、建筑设备自动化（校企合作）、机械设计基础、供热工程、通风工程、暖通空调综合课程设计、建筑给排水课程设计、建筑设备自动化课程设计
	创新设计能力	暖通空调综合课程设计、建筑给排水课程设计、建筑设备自动化课程设计、毕业设计（论文）
	可行性分析能力	建筑环境学、空气调节（校企合作）、建筑冷热源、供热工程、通风工程、建筑设备安装与施工组织、毕业设计（论文）

续表

毕业要求	指标点	课程
研究	方案分析能力	流体输配管网、空气调节（校企合作）、热工基础实验（Ⅰ~Ⅱ）
	实验设计与实施能力	金工实习、热工基础实验（Ⅰ~Ⅱ）、大学物理实验（CⅠ~CⅡ）
	归纳总结能力	热工基础实验（Ⅰ~Ⅱ）、学年论文Ⅱ
使用现代工具	工具理解能力	工程图学、建筑设备自动化（校企合作）、建筑环境测试技术
	工具运用能力	工程图学、计算机基础、C语言程序设计、数据分析与处理、建筑环境测试技术、毕业设计（论文）
	模拟和预测问题能力	生产实习、计算方法、数据分析与处理
工程与社会	理解社会影响	思想道德修养与法律基础、专业导论与学业规划、认识实习、生产实习、毕业实习
	理解社会责任	毛泽东思想和中国特色社会理论体系概论、马克思主义基本原理、中国近现代史纲要、生产实习、毕业实习
环境和可持续发展	环境保护认知	专业导论与学业规划、建筑环境学、环境科学概论（双语）
	环境影响评价	建筑环境学、环境科学概论（双语）、建筑环境测试技术
职业规范	理解职业规范	形势与政策、就业创业指导、认识实习、毛泽东思想和中国特色社会理论体系概论、马克思主义基本原理、思想道德修养与法律基础、大学语文、军事理论与训练
	自觉遵守职业规范	毛泽东思想和中国特色社会理论体系概论、马克思主义基本原理、思想道德修养与法律基础、心理健康教育、生产实习、毕业实习
个人和团队	角色胜任能力	社会实践、综合素质、就业创业指导、生产实习、毕业实习
	协作共事能力	社会实践、综合素质、就业创业指导、思想道德修养与法律基础、体育、生产实习、毕业实习
沟通	文稿撰写能力	暖通空调综合课程设计、建筑给排水课程设计、建筑设备自动化课程设计、安装工程造价与招投标课程设计、大学语文类、文献检索与学年论文Ⅰ、学年论文Ⅱ、生产实习、毕业实习、毕业设计（论文）
	语言表达能力	暖通空调综合课程设计、建筑给排水课程设计、建筑设备自动化课程设计、安装工程造价与招投标课程设计、大学语文类、毕业设计（论文）
	国际交流能力	实用英语、大学英语、环境科学概论（双语）、文献检索与学年论文Ⅰ

续表

毕业要求	指标点	课程
项目管理	理解和应用工程管理	建筑设备安装与施工组织、安装工程造价、安装工程造价与招投标课程设计
	理解和应用经济决策	建筑设备安装与施工组织、安装工程造价、安装工程造价与招投标课程设计
终身学习	终身学习意识	社会实践、综合素质、就业创业指导、毕业设计（论文）
	自主学习能力	毛泽东思想和中国特色社会理论体系概论、大学英语、计算机基础、C 语言程序设计、社会实践、综合素质就业创业指导、毕业设计（论文）

7.4.4　建环专业现场工程师人才培养效果[*]

宁波工程学院建筑环境与能源应用工程专业前身是创办于 2002 年的建筑环境与智能化工程教研室，2007 年招收第一届"建筑环境与设备工程"专业本科生，自 2018 年以来，该专业遵循现场工程师"勤、勇、合、创、智、通" 6 字培养标准，全面采用以"科教 + 产教"双融合为核心的现场工程师培养方案，人才培养成效显著，得到用人单位和社会各界的广泛好评。

（1）专业建设上台阶。该专业 2014 年入选浙江省新兴特色专业；2017 年通过住建部高等教育建筑环境与能源应用工程专业评估，是全国第 39 个、浙江省首个通过专业评估的建环专业；2018 年入选宁波市高校重点建设专业；2019 年入选浙江省一流本科专业建设点。

（2）队伍建设上水平。该专业教师队伍于 2008 年入选首批浙江省优秀教学团队，3 人获得浙江省优秀教师和浙江省"三育人"先进个人，3 人次获得宁波市节能先进个人，2 人为宁波市城建专家顾问。

（3）人才培养见成效。2018～2020 年，该专业毕业生就业率保持在 97% 以上，平均就业率为 99.5%，考研率平均 18.8%。学生创新实践能力稳步提

　＊　7.4.4 节的资料来源于"十三五"浙江省教育评估院综合调查数据和宁波工程学院建环专业人才培养统计数据。

升，承担省级以上创新社会实践项目 12 项，获得省级以上学科竞赛 103 项，获全国大学生节能减排大赛二等奖 2 项，发表论文 15 篇。根据浙江省教育评估院对各专业毕业生职业发展状况及人才培养质量分析，用人单位对学生各项指标满意度均在 80% 以上，学生毕业 3 年后就业竞争力 0.7528 分，就业满意度为 73.33 分（浙江省本科高校平均 69.49 分），专业相关度 77.19 分（浙江省本科高校平均 68.73 分），学生对母校总体满意度 85.74 分。

（4）社会评价有亮点。用人单位对毕业生质量满意度 94.01 分，位于浙江省本科院校第 7 位，反馈本专业毕业生政治思想好，专业基础扎实，综合素质高，发展潜力大，爱岗敬业，吃苦耐劳，具有较强的社会适应能力，特别在后续的职业晋升中后劲十足。

（5）节能服务上高度。该专业开展能耗测评和空气品质检测等横向课题 50 余项，经费 2000 余万元，技术服务支撑了宁波可再生能源建筑国家示范城市建设。

第8章　现场工程师人才培养策略

8.1　"产教""科教"双融合

习近平总书记 2019 年在视察甘肃时强调："我国经济要靠实体经济作支撑，这就需要大量专业技术人才，需要大批大国工匠。"[①] 2021 年 10 月 12 日，中共中央办公厅、国务院办公厅印发《关于推动现代职业教育高质量发展的意见》，该意见指出，要加快构建现代职业教育体系，建设技能型社会，弘扬工匠精神，培养更多高素质技术技能人才、能工巧匠、大国工匠，为全面建设社会主义现代化国家提供有力人才和技能支撑。随着国家科教兴国、中国制造 2025、创新驱动发展和人才强国战略的深入推进，现场工程师的培养愈发重视弘扬工匠精神，"产教""科教"双融合在培养现代工程师的过程中就愈发凸显其作用。

8.1.1　"产教""科教"双融合发展的必然性

党的十八大明确提出走中国特色自主创新道路、实施创新驱动发展战略，将技术创新能力的根本提升作为提高我国国家综合竞争力的核心战略。经济进入新常态发展阶段以及国家创新驱动发展战略的有效实施，都对转型高校

---

① 新华网客户端. 习近平：发展职业教育，我支持你们［EB/OL］. https：//baijiahao. baidu. com/s？ id = 1642442206443314839&wfr = spider&for = pc.

走"产教""科教"双融合的发展之路提出了迫切要求，主要表现在以下几方面：

8.1.1.1　地方高校纳入创新体系的必由之路

国家技术创新能力的提升需要技术创新活动各参与主体的密切配合。高等学校在国家创新体系中承担着重要职能，是知识传播系统的主体、知识创造系统的主体之一以及技术创新系统的重要参与者。然而长期以来，作为地方高校往往更多的履行教书育人职能，在国家创新体系中存在明显的职能缺失。

同时，高校现有研发成果不能得到有效应用，创新链从知识创造到成果应用流动不畅的问题比较严峻。研究型大学开展成果转化力不从心，相关研究人员不具备开展成果产业化的精力和经验；企业研究能力较弱，不具备直接接盘能力，创新链中高校科研与企业创新脱节，使国家创新体系出现严重缺位。

地方高校作为区域人才荟萃的重要场所，必须紧紧依托地方产业布局，加快"产教""科教"双融合人才培养模式改革，推动产教一体化管理机制，推动区域经济社会的发展，从而填补国家创新体系中高校创新链脱节与缺位，使地方高校更加有效地融入国家创新体系。

8.1.1.2　适应新兴产业人才培养需求的有效途径

人才培养是大学的核心工作。近年，我国传统的资源依赖、劳动密集型经济发展方式面临来自国内外的竞争压力，依靠低成本劳动力及高资源环境代价的产业模式已经显现出其不可持续性，经济发展将进入新常态，企业发展将更多地依靠技术创新、依靠质量提升，企业对于创新人才的需求日益迫切。

同时，随着全球进入新一轮技术变革期，一大批新兴技术飞速发展，带动各行业都发生重大变革。智能制造、大数据等一批新技术带动新兴产业正在崛起，这些产业对从业人员的技能水平和实践能力要求更高。

因此，应推动应用型高校转型发展，开拓科教引领、产教支撑的"产教"

"科教"双融合应用型高校建设路径,促使应用型高校融合产业协同办学。"产教""科教"双融合将成为新时期适应新兴产业人才培养需求的有效途径。

8.1.1.3　高等教育结构性改革的历史使命

随着我国高校科研活动规模的扩大,高校科研产出不断增长。但与此同时,不同类型本科高校之间科研活动的同质化问题越来越明显。同质化发展带来同质化竞争,使高校间缺乏优势互补和创新协作。

实际上,我国应用型本科高校在创新体系中具有其独特优势,院校与企业衔接更好,校企人才流动更顺畅。"产教""科教"双融合发展有利于充分发挥地方高校自身优势,实现与研究型大学的错位发展,从而促使各高校资源配置进一步优化、各自优势充分发挥,推动高校结构性改革。

可见,"产教""科教"双融合不仅是实现地方本科院校自我发展及服务地方经济发展的重要途径,也是推动高校转型发展的突破口,对于推动创新驱动发展、中国制造 2025、互联网 +、大众创业万众创新、"一带一路"建设等国家重大政策,保障我国现代化事业可持续发展具有十分重要的意义。

8.1.2　"产教""科教"双融合的内涵

在国内,至今少见学者对"产教""科教"双融合的内涵进行阐释,只有只言片语涉及"产教""科教"双融合的相关研究。

科教融合主要是以高水平的科学研究支撑高质量的高等教育。"产教""科教"双融合意指科学研究、产业企业与人才培养的相互结合、相互融合和螺旋式互促共进。科教融合侧重培养师生开展应用研究的能力,产教融合侧重培养师生开展应用实践的能力。通过"产教""科教"双融合的人才培养方式,培养学以致知、学以致用、学用统一、学用融合、学用相长的高素质应用型创新创业人才。

从高校的角度来讲,"产教""科教"双融合从高校外部和高校内部两个维度解决了高校发展的动力源问题。"产教""科教"双融合的落脚点和切入点在"教"上。"教"的主体包含学生主体和教师主体，学生主体与教师主体通过"产教""科教"双融合对接社会需要和产业需求（刘周等，2019）。赵朝辉（2019）针对高职院校软件技术专业人才培养模式与企业人才需求之间存在的差异和矛盾，提出采用"科—产—教"融合校企协同育人导师制，即从现实情况出发，整合高校与企业的优势资源，以校企合作为平台，缩短产业科技与教学实践之间的差距，促进学生供给侧、企业需求侧的平衡发展。科教融合、产教融合、理实融合培养人才是三个有机联系、不可或缺的着力点。科教融合是世界一流大学办学的核心理念；产教融合是产业与教育的深度合作，是高校提高人才培养质量的必然选择；理实融合是教育教学的基本规律（张大良，2020）。

我国近代教育家黄炎培认为，学以致用是产教融合思想的出发点、做学合一是产教融合的教学原则、校企一体是产教融合的实施路径、专科一贯和普职融通是产教融合的拓展延伸、专业设置与课程标准是产教融合的具体落实（周俐萍等，2021）。国内理论界，最早提出科教融合概念，可追溯至2010年龚克鲜明地提出大学文化应有"科教融合"之特色，并认为科教融合是科研与教学的融合，科教融合是整体，不能拆分理解。广义上的科教融合是指在全社会范围内科学事业与教育事业融合发展，以教育促进科学，以科学引领教育，形成协同发展、欣欣向荣的局面。狭义的科教融合是指在高校中实现科研与教学的融合，用一流的师资、一流的科研引领和培养一流的学生（张飞龙等，2020）。

本书认为"产教＋科教"双融合是指在学生培养过程中育人方法的融合和两个行业的融合，是办学的一种可能性，一种选择，旨在培养学生的应用研究能力和应用实践能力。具体而言，科教融合是科研与教学相融合的方法，鼓励引导学生参与教师科研，教师指导学生参加学科竞赛和创业活动，以研促学、以赛促学、以创促学，实现科教融合；产教融合是产业与教育两个行业相融合，鼓励引导学院与企业深度合作，企业参与学校培养标准确定、人才培养方案制订、教学过程、教学评价等各教学环节，推进产教融合（陈炳等，2020）。

8.1.3　"产教""科教"双融合人才培养策略

8.1.3.1　政府主导与市场机制相结合，构建行之有效的管理体系

政府主导，制定总体发展路线，实现开放共享、持续发展。探索促进协同创新的人事管理制度，把人才作为协同创新的核心要素，形成以创新质量和贡献为导向的评价机制。积极组建高校工程教育改革协作会，制定章程，做好规划，搭建高校改革发展信息交流平台，发挥交流协调作用和政策咨询作用，为高等工程教育改革发展作出应有的贡献。

8.1.3.2　对接产业，加强品牌专业特色学科建设

工程教育体系必须有品牌专业、特色学科作为支撑，而品牌专业、特色学科又必须在对接区域产业、服务区域产业中打造。对接区域产业、服务区域产业，既要强调所在城市的产业，也要瞄准区域产业，要围绕区域经济建设和社会发展的重要课题，集聚和培养一批拔尖创新人才，产出一批重大标志性成果。

加快转变经济发展方式、实施创新驱动发展战略，需要高等教育进一步优化专业结构布局和人才培养类型结构，适应经济社会发展对人才培养的新要求。今后一个阶段，应当在政府主导下，联合政府部门、行业协会和有关专家，根据区域经济发展和产业转型升级的需要，制定高等工程教育学科专业发展规划。建立学科专业动态调控机制，引导院校面向区域传统优势产业、战略新兴产业、先进制造业等产业设置专业，发挥学科专业在人才培养中的核心作用。按照优势突出、特色鲜明、新兴交叉、社会急需的原则，进一步支持院校开展重点专业、服务型重点专业、优势特色专业和学科的建设，针对大产业，建设大平台，发挥大优势，提升高校服务经济发展大战略功能。

8.1.3.3　统筹兼顾，建设区域共享型实训基地

实践实训基地建设是应用型本科高校进行教学、实践等人才培养活动的

条件保障。随着近年来高等教育结构调整的不断推进，应用型本科院校对实践实训基地的认识和定位逐渐清晰，实践基地的数量不断增长，发展势头良好。陈秋媚（2010）提出统筹兼顾，用科学的方法组织要素，从建设区域共享型实训基地入手。

8.2　政产学研一体化

政产学研结合是我国经济发展对高校与科研院所提出的新要求，是高校更好地服务于社会主义现代化建设的必由之路，也是工程教育的本质要求。推进政产学研一体化要以国家战略需求和行业企业需求为导向，适应科技创新、产业转型优化及新兴产业发展的需要，在政府主导下，促进高校与行业企业携手，合作育人，合作办学，合作就业，合作发展。

8.2.1　产学合作教育概述

高等学校要站在服务现代化建设的高度、建设国家创新体系的高度，深刻认识推进政产学研一体化对经济社会发展和高等教育自身发展的促进作用。

8.2.1.1　产学合作教育界定

国外合作教育始于美国，后逐渐推广至各个国家。各国根据自己的实际情况对合作教育进行了重新认识与概念界定。

合作教育创始人施耐德提出，"学校和产业部门合作，学生用一定的时间在学校学习科学技术的理论知识，一定时间到产业部门从事与所学专业有关的生产劳动，用劳动所得支付学费"（徐金燕，2004）。这是合作教育最早的定义。

世界合作教育协会（WACE）的界定是，合作教育将课堂上的学习与工作中的学习结合起来，学生将理论知识应用于与之相关的、为真实的雇主效力且通常能获取报酬的工作实践中，然后将工作中遇到的挑战和增长的见识带回课堂，促进学校的教与学（耿洁，2006）。

美国国家合作教育委员会（NCCE）的界定是，合作教育是一种独特的教育形式，它将课堂学习与在公共或私营机构中有报酬、有计划和有督导的工作经历结合起来；它允许学生走出校门，到现实世界中去获得基本的时间技能，增强学生确定职业方向的信心（凌志杰，2010）。

加拿大合作教育协会（CAFCE）的界定是，合作教育是一种形式上将学生的理论学习与在合作教育雇主机构中的工作经历结合起来的计划。通常的计划是提供学生在商业、工业、政府及社会服务等领域的工作实践与专业学习之间定期轮换（凌志杰，2010）。

这些定义是一种定性的描述，虽然各国、各组织对它的表述略有不同，但其核心是一致的，即合作教育是一种把学习与工作结合起来的教育过程。

潘懋元（2008）指出，产学研三结合不仅是高等教育的方针、政策，而且是现代社会发展的普遍规律。在现代社会发展中，产、学、研都是不同的知识运行的形式，只不过三者的社会任务和运行程序有所不同而已。

"产"依存于掌握知识的专门人才，即依存于"学"；产还有赖于技术的开发，即依存于"研"。只有依靠专门人才与创新的科研成果，才能不断提高生产能力，更新产品。因此，产离不开人与科技，即学与研。

"研"依存于掌握知识的专门人才。研究的主体是人，需要学校培养科研人才从事研究。而科研的课题又从何而来？可以说，无论直接还是间接，绝大多数科研的课题都来自生产和生活实践。有些科研的课题，虽属于抽象的基础理论，包括最抽象的数学，实质上也或多或少间接地反映了生产能力与社会生活提高的需求。因此，"研"必须依存于"学"与"产"，才能有所创新，有所应用。

"学"必须联系物质生产和社会生活实际，即平常所说的理论联系实际，因此必须依靠"产"。同时，学要重视学习最新的成就，只有传承最新的科技新成就，才能培养出站在科技一线的高质量专门人才。

因此，围绕知识运行，产学研存在内在的本质联系，在现代建设中，产学研是相互依存的（潘懋元，2008）。

8.2.1.2　各国合作教育的典型模式

提起合作教育，人们很容易会联想到美国、加拿大、英国、德国和澳大利亚等国家。众所周知，辛辛那提模式、工学交替模式、三明治模式、双元制模式等为合作教育的发展作出了积极贡献，并为其他国家提供了丰富的经验（陈解放，2006）。

一是美国的产学合作教育模式。1906 年，美国的辛辛那提大学首次推出合作教育计划：一部分专业和一些教育项目的学生，一年中必须有 1/4 的时间到与自己的专业对口的公司或企业等单位去实习，以获得必要的知识。这种把课堂教学与工作实践结合的教育方式，当时被称为"合作教育"。近 100 年的长期实践总结和理论探索不但证明了合作教育方式具有强大的生命力，更在这种过程中形成了一些具有美国特色的产学合作模式。20 世纪七八十年代，美国高等教育的合作教育计划一般采用交替式，而两年制学校多采用并行式。80 年代后，由于多种原因，各层次学校都既实行交替式，也实行并行式，即所谓的双重制。采用双重制的目的是尽可能多地为学生提供可供选择的机会，从而吸引更多的学生参加这一计划项目。

二是加拿大的产学合作模式。加拿大合作教育始于 1957 年的滑铁卢大学，是推行美国合作教育较早的一个国家。加拿大 60 年代创办起来的社区学院也按合作教育方式办学，并取得了很大成绩。合作教育最先在工程类专业中展开，主要采用交替模式，学生按学期在学校和企业之间交替轮换，一般要经历 4~6 个工作学期。

三是英国的产学合作模式。"三明治"教育模式是英国典型的学习与工作相结合的教育模式。最早实施这一模式的是桑得兰德技术学院（Sunderland Technical College）。该校的工程系和土木建筑系于 1903 年开始实施"三明治"教育模式。这一模式要求学生在校学习期间有很长一段时间要走出校门去参加实际工作。这种把学习、工作很有规律地交替安排就像两片面包中间夹有一块肉的"三明治"，被形象地称为"三明治"教育（Sandwich Program）。这一模式的特点是把学生在校期间的工程教育和工作实践分阶段或分期交叉进行。"三明治"模式可以分为"厚三明治"和"薄三明治"两种类型。

四是德国的产学合作教育模式。德国的"双元制"合作教育主要在专科大学和职业学院实施。所谓"双元制",是指职业教育的组织形式由两个完全不相同的培训单位在同一时间内分工合作培训同一批学徒。企业培训要遵守联邦制定的职业教育法,属于联邦政府管辖;而职业学校的教学要遵守各州制定的学校法规,属于各州管辖。接受"双元制"的职业教育者,既是企业里的学徒,又是职业学校的学生。双元制职业教育体现了多方面的合作,非常复杂,但由于各种法律规定的约束和各种机制的协调,各方面都合作得非常有效(刘昌明,2008)。

8.2.2　我国政产学研一体化实践模式

在实践中,我国的产学研一体化模式主要包括服务外包模式和合作研发模式。服务外包的典型代表是苏州工业园区;合作研发的代表是中关村科技园区、深圳清华大学研究院、常州科教城、天津"中新生态科技园区"和陕西杨凌的农业科技园区。

8.2.2.1　服务外包模式

苏州工业园区曾是中国与新加坡两国政府之间最大的经济技术合作项目。在制造业企业大量消耗人力、土地、水、电、气等资源的短处日益凸显以后,园区转型为国家服务外包示范基地、大力发展信息技术、动漫设计制作、人力资源管理、第三方物流,以及财务、后勤、销售、系统应用管理与维护等等方面的服务外包时,苏州工业园区具备科技人才、创业精神、资本和前三者的结合机制,有望打造成科技"新硅谷"(李灿等,2007)。

8.2.2.2　合作研发模式

1. 中关村科技园区

中关村科技园区是 1988 年 5 月经国务院批准建立的中国第一个国家级高新技术产业开发区,覆盖了北京市科技、智力、人才和信息资源最密集的区域。2009 年 3 月 13 日,国务院《关于同意支持中关村科技园区建设国家自主创新示范区的批复》发布，明确中关村科技园区的新定位是国家自主创新示范区，目标是成为具有全球影响力的科技创新中心。2012 年 10 月 13 日，国务院批复同意调整中关村国家自主创新示范区空间规模和布局，由原来的一区十园增加为一区十六园，包括东城园、西城园、朝阳园、海淀园、丰台园、石景山园、门头沟园、房山园、通州园、顺义园、大兴-亦庄园、昌平园、平谷园、怀柔园、密云园、延庆园等园区。[①]

其中，海淀园是中关村科技园区的发源地，是中关村国家自主创新示范区的核心区和全国科技创新中心核心区。园区拥有极其丰富的科技资源，包括北京大学、清华大学等著名学府及中国科学院等研究机构，为园区前沿的基础科学以及应用科学研究奠定了坚实的基础。海淀园规划面积约 174 平方公里，共计 10 个地块。目前建成了中关村软件园、中关村集成电路设计园等 40 余个专业园区，清华科技园、北航科技园等 20 个大学科技园，各类创业服务机构（集中办公区、孵化器、留创园、大学科技园、加速器）数量 170 余家。园区企业科技实力强盛，初步形成以 IT 产业为主导的高新技术产业企业总部和企业研发总部聚集区。目前，海淀园聚焦中关村科学城建设，立足原始创新策源地和自主创新主阵地的功能定位，全力以赴推进创新生态提升和新型城市形态构建，努力挖掘释放内生动力，加快推进全国科技创新中心核心区建设，正在建设具有全球影响力的科学城。[②]

2. 深圳清华大学研究院

深圳清华大学研究院是深圳市政府和清华大学共建、以企业化方式运作的正局级事业单位，实行理事会领导下的院长负责制。1996 年 12 月，市校签署合建"深圳清华大学研究院"协议书，双方共同投资 8000 万元，其中清华大学投资 2000 万元，双方各持 50% 股份（曾国屏，2013）。研究院在实践中创立了"四不像"理论。即研究院既是大学又不完全像大学，文化不同；研究院既是科研机构又不像科研院所，内容不同；研究院既是企业又不完全像企业，目标不同；研究院既是事业单位又不完全像事业单位，机制不同（史红兵，2011）。

---

①② 资料来源：根据中关村科技园区管理委员会官网（http：//zgcgw.beijing.gov.cn）整理。

3. 中新天津生态城

中新天津生态城是中国、新加坡两国政府战略性合作项目。生态城市的建设显示了中新两国政府应对全球气候变化、加强环境保护、节约资源和能源的决心，为资源节约型、环境友好型社会的建设提供了积极的探讨和典型示范。生态城坐落于天津滨海新区（距离天津市中心 40 公里处）。为满足中国城市化发展的需求，占地 30 平方公里的生态城以新加坡等发达国家的新城镇为样板，将被建设成为一座可持续发展的城市型和谐社区。2018 年 11 月 26 日，中新天津生态城被推选为"2018 中国最具幸福感生态城"。2020 年 4 月 30 日，生态城作为国际合作代表区域，入选全国"无废城市"建设试点。2021 年 12 月，生态城被正式批准为国家全域旅游示范区，并被作为"景城一体、智慧科技创新"模式作为典范向全国推广。①

4. 陕西杨凌农业科技园区

地处陕西中部的杨凌，被称为中国西部的"农科城"。1997 年，国务院批准建立杨凌农业高新技术产业示范区。杨凌现代农业示范园区目标定位为建设国内一流、国际知名的现代农业示范园区。杨凌现代农业创新园和国际科技合作园是杨凌现代农业示范园区的两个核心示范园，以大学、科研院所和企业及有关专家的项目为建设主体，鼓励和支持各位专家、企业的项目、成果入园开展展示、示范，以新技术、新品种、新模式集中展示为主要功能，布局一批农业科技新成果，把创新园和国际科技合作园打造成为农业科技成果的创新基地、展示基地、交流培训基地。园区由"一轴、一心、八园"组成，"一轴"是指建设一个景观轴，"一心"是指建设一个服务中心，"八园"是指园区由现代农业创新园、国际科技合作园、现代农业企业孵化园、种苗产业园、标准化生产体系示范园、科技探索园、农产品加工园和物流园等 8 个园区组成。②

---

① 资料来源：根据中新天津生态城官网（https：//www. eco－city. gov. cn）整理。
② 资料来源：根据杨凌农业高新技术产业示范区管委会官网（https：//www. yangling. gov. cn）整理。

8.2.3　政产学研一体化策略

根据"政府主导、产业主体、院校主营"原则，高等工程教育应当建立政府、行业企业和高校三方联动的校企合作长效机制，全面增强高等工程院校办学实力和服务经济社会能力。

8.2.3.1　"双重服务"的主旨

众所周知，人才培养、科技研究、社会服务和文化传承与创新是高等教育的四大职能，双重服务，即为经济建设服务和为学生成才服务是高等教育的基本宗旨，区域高等工程教育更是如此。高等教育不断促进地方经济社会发展，已成为促进区域经济发展的"动力源"。

学者从不同角度阐释了高等教育与区域经济发展的关系，主要有以下几个理论。（1）三螺旋理论。崇尚创新的知识经济社会，将创新制度环境的各要素，诸如政府、企业与大学会以市场要求为纽带而联结起来，形成一种三种力量交叉影响的三螺旋关系（刘琴，2007）。（2）区域竞争力理论。以高等教育为源泉的"国民素质与科学技术"是提升区域竞争力的核心要素（刘守法等，2006）。（3）非均衡增长理论。以高等教育为基础的"产业结构更新"是实现区域经济梯度转移的动力（刘琴，2007）。（4）新增长理论。以高等教育为核心的"技术进步"是区域经济发展的决定因素（刘琴，2007）。（5）后发优势理论。以高等教育为动力的"创新"是后发优势的关键。国内关于高等教育与区域经济发展的关系主要是教育外部关系规律理论。其主要观点是，教育有两条基本的规律，即教育内部关系规律和教育外部关系规律。教育内部关系规律是指教育自身的规律。教育外部关系规律是指教育同社会的关系规律，其简单表述就是"教育必须与社会发展相适应"，要为一定社会的经济、政治、文化的发展服务（张铭钟，2008）。

服务区域现代化建设和服务学生成才是区域高等工程院校的生命线和兴校之源。陈建国（2012）认为高校要积极服务地方发展。首先，服务地方是区域高等工程院校办学的基本定位。要以满足地方经济和社会发展的需要为主线来确定办学目标，坚持体现地方特色，实现与区域经济社会的协调发展，努力为区域人才培养、科技创新和社会发展服务。这是区域高等工程院校肩负的历史责任和发展的现实基础。其次，只有抓住地方优势才能提升特色办学水平。形成鲜明的办学特色往往需要长期的历史积淀，区域高等工程院校要培育出自身的特色，就必须找准切入点，走差异化发展之路。区域高等工程院校所处的地区和城市独特的自然条件、地域文化、人文资源和经济基础，是学校生存发展的重要基础，也理应成为学校特色建设的着眼点和重要资源。最后，只有服务地方发展才能营造良好发展环境。任何一所学校都处于某个城市和某个区域，学校的发展与它所处的区域经济和社会发展之间是一种互动关系。立足区域优势、植根区域土壤，主动与区域特色文化和经济资源相结合，不仅有利于形成特色学科专业，而且可以争取到地方政府对学校建设的政策、资金等各方面的支持，形成有利于学校建设和发展的社会氛围。

8.2.3.2　政府主导

中国工程教育要同时面对中国从农业社会到工业社会和从工业社会到信息社会两个并行的历史使命，因而就要面对国家、工业界和公民三方的价值诉求。在工程教育领域，国家的价值取向是以人为本和为工业化服务，工业界的价值取向是培养企业所需要的大批工程技术人才，公民的价值取向是获取优质教育资源和良好的就业前景。

"思想能走多远，行动就能走多远"。教育政策问题成为国际教育研究的重要问题。一个国家的工程教育发展战略的制定和工程教育发展道路的选择首先表现在教育政策建设上，教育政策是推动工程教育发展的主要方式和动力。

1. 合作教育的法规支持

世界合作教育之所以有很强的生命力，主要有两个原因，一是市场的需要，二是政府的导向，主要表现在政策法规方面的支持。

美国从 1862 年 7 月 2 日颁布第一个职业教育法规——《莫里尔法案》开始，至今已颁发的重要法案有《哈奇法案》（1887）、《史密斯－莱沃法》（1914）、《史密斯－休斯法案》（1917）、《国防教育职业教育法案》（1940）、

《职业教育法案》（1946）、《学校与就业机会法》（1994）等。各州还针对本州职业教育的发展情况，制定了相应的法律、法规。此外，美国还通过基金来促进其发展，1963 年，在美国合作教育委员会的推动下，经过两年的努力，通过了《高等教育法》（1965），其第三条款"增强发展中的学校"中指出，允许运用该条款去发展合作教育计划。在之后的几年中，不断对这项条款进行修订补充，在《高等教育法》（1976）第八项条款中独立设立了合作教育基金。至此，联邦政府对合作教育的资助有了独立的法律条文。

英国合作教育的政策法规主要通过免交税收的办法来促进发展。1987 年英国政府的高等教育白皮书《高等教育——应付新的挑战》再次提出，高等教育必须更有效地为经济发展服务，企业要参与大学的人才培养，举办"三明治"式的合作教育，可根据接受学生的数量，适当免交教育税。

德国的经济发展得益于职业教育的发展，而职业教育的发展得益于健全的职业教育法律体系。"双元制"合作模式的形成与发展，与《职业教育促进法》《手工业条例》《青年劳动保护法》《企业基本法》《实训教师资格条例》等法规条例密切相关。此外，各州还有许多配套的法律法规。

日本合作教育的政策法规表现出"官产学"全方位的支持和促进作用，有一套完整的制度。先后制定了《教育基本法》《学校教育法》《社会教育法》等。此后，日本政府把加强"官产学"的合作教育作为振兴科技和人才培养的重大措施列入国家计划。至今，日本仍致力于产学合作教育政策法规的修订与完善。

从以上 4 个国家的政策法规机制保障产学合作教育的运行与完善发展中，可以发现，法律体系的建立与完善是产学合作教育发展的前提和保障。立法能够明确界定各合作方的权责，使合作更加稳定、长期。

2. 把政产学研结合纳入法制轨道

进一步明确高等工程教育发展规划，积极推进"高等教育质量工程"建设，推动高等教育沿着法制化轨道前进。科学规划，准确定位，特色发展。就此而言，应当进一步完善《校企合作促进条例》。

充分运用地方立法、规划、财政、政策等手段，引导高等工程教育深化改革，强化服务，创新体制，破解难题，加快建立与区域经济社会发展、产业布局紧密衔接的高等工程教育布局结构。

积极推行职业资格证书制度，规范劳动就业，健全就业准入制度；深入贯彻落实《校企合作促进条例》，并在实践中不断完善；劳动保障、人事、工商管理等部门要加强对就业准入制度执行情况的监察力度。

3. 进一步加大教育经费投入力度

制定国家留学贷款的有关政策，提高工科生均拨款经费，加大工科专业建设经费投入等。各级政府要确保不断增加教育经费的投入，不断完善公共财政体制下的教育投入体制。优化教育投资结构，拓宽筹资渠道，完善教育经费筹措机制。制定私人捐款激励机制等相关政策，鼓励私人投资教育。借鉴西方发达国家征收高额遗产税制度，实行教育捐赠抵税制度，设立教育捐赠基金，建立并完善教育捐赠机制，多渠道筹措教育资金，弥补政府财政不足。

4. 树立科学发展观和正确政绩观

加强教育立法，强化政府责任，实施教育绩效问责制。健全政务公开、民主参与、绩效公开等制度，强化党政官员的教育责任观，端正各问责主体的人才观、教育评价观，提高各社会主体的问责意识和问责能力。

8.2.3.3　产教协同主体

当代世界高等工程教育一个显著的共性特征是社会化发展趋势。这一改革趋势主要体现在各国政府都大力倡导和推动高校与社会的联系，与生产、科研部门的合作，发挥社会各界在办学和培养人才方面的积极作用。也就是说，培养工程技术人才，教育与产业协同、学校与企业合作是主体。

1. 高等工程院校要建立高校与区域共建体制机制

以地方政府为主导，以切实服务区域经济和社会发展为重点，通过推动省内外高校与当地支柱产业中重点企业或产业化基地的深度融合，成为促进区域创新发展的引领阵地。

强化行业指导办学机制。深化高校与行业合作，扩大校企合作覆盖面，设立行业指导委员会，促进行业标准与人才培养标准对接，提高人才培养效率。建立校企合作长效机制，加快建设校企合作公共服务平台、校企合作专业联盟。

组建高等工程教育或高等职业教育联合体。依托行业，联合相关专业，组建以高等工程教育或高等职业教育为龙头的职业教育联合体，引导区域内中等、高等教育职业院校专业布局调整，形成梯度合理与产业结构衔接的专业集群。

2. 以需求为驱动，实现人才、学科、科研"三位一体"，构建开放、灵活的高校协同创新体系

（1）实施教育与产业协同创新园建设工程。支持县（市）区政府与高校共建集人才培养、科技创新、社会培训于一体的协同创新园，建成适应产业集群需求、集聚各类创新资源、面向关键技术创新的市级协同创新园或平台。支持县（市）、区政府、产业园区、企业与高校共建重点学科、重点实验室；引进国内外知名高校与地方高校共建联合培养研究生院，引进国家级重点学科在地方设立分中心。建设面向大学教师、大学生的创新创业基地，鼓励和支持高校教师、学生参与协同创新，加快培养拔尖创新人才，为区域和产业发展提供人才和智力支持。探索教育与区域、产业开展协同创新的运行模式和体制机制，调动社会各界积极性，共同参与协同创新，实现教育园区、产业园区、现代社区联动发展。

（2）实施高校协同创新中心建设工程。围绕发展地方特色经济和建设相关产业科技城，合理布局高校协同创新中心。依托高校学科、专业、人才资源的优势，紧密围绕产业升级工程，面向战略性新兴产业和传统优势产业的需求，与地方政府、产业园区、行业企业共建以重大科研创新和技术服务为主要任务的协同创新中心，解决产业、行业、企业需要的重大共性关键技术。探索建立适应于不同需求、形式多样的协同创新模式和运行管理机制，建立以协同创新任务为引领的人事聘用、管理和流动制度，健全教研结合为特征的创新人才培养模式，形成以协同创新质量与贡献为导向的评价机制。提升协同创新中心建设层次，积极申报国家级、省级协同创新中心，在高校自主培育基础上，重点扶持市级高校协同创新中心建设。

（3）实施高校技术成果转化工程。鼓励各高校依托优势学科和专业，在企业建立创新基地，与企业合作共建产业技术创新联盟，面向企业开放重点

实验室，实现企业科技人员和高校科研人员互聘开展技术攻关。鼓励高校主动对接技术市场，建立高校技术转移中心，推进科研成果转化与应用，与重点企业、科研院所等共建多元化科研成果转化平台或工程中心，定期开展"高校十大科技成果转化项目"评选活动。实施高校人文社科繁荣计划，强化人文社科服务功能，以研究解决重大理论和现实问题为重点，凝练学术方向，在人文社科前沿研究和应用研究领域取得新突破，重点建设一批人文社科研究中心和基地，与国家科研机构共建培育一批实力较强的实体性研究中心和研究基地。

8.2.3.4　院校主体

以育人为根本，创新为载体，构建高素质、应用型创新人才培养体系。

1. 提升高校专业学科服务产业发展能力

强化专业、学科规划引领，根据经济和产业发展需求，调整优化学科专业结构，布局一批与产业结构紧密结合的重点、特色学科和专业。加强应用型专业人才培养基地建设，发挥好应用型专业人才培养基地作用，为相关产业提供人才支撑。加强学科、专业创新基地建设，培养学生创新能力、实际动手能力、综合协调能力，提高学科科研水平及社会服务能力。加强重点实验室资源整合，实现人力资源、经费资源、设备资源、空间资源、项目资源、信息资源的效益最大化。

2. 加强高校创新创业人才培养

组建特色产业人才培养联盟，扎实推进"双证书"一体化教学改革，充分利用协同创新载体和资源开展教学活动，广泛推行研究性教学、项目化教学，大力推进卓越工程师、卓越医师、智慧产业人才等教育培养计划，鼓励高校与企业等其他主体联合开展高端创新型人才、中高级管理人才、技能型人才培养。完善高校就业创业教育体系，引进创业教育新模式，完善创业创新机制。加强大学生就业创业课程建设、实习实训基地建设、创新创业实践基地建设，在产业园区建立高校师生创业基地，联合组织创新创业大赛及学科技能竞赛，强化实习实训教学和创新创业能力培养，开展创新创业师资培养培训，孵化大学衍生企业。鼓励高校制订实施学生、教师开展创业创新激励政策。

3. 加强高水平人才培养、引进和开发

大力发展研究生教育，支持有条件的高校申报建设研究生学位点，探索研究生培养模式改革，鼓励研究生参与协同创新项目，提高研究生培养质量，积极开展研究生联合培养。稳步发展本专科教育，深化教学改革，加强实践教学和锻炼，鼓励优秀本专科学生参与科研与服务活动。深化高等职业教育综合改革，强化产业发展亟须的高素质技术技能人才培养，探索中高职一体化人才培养。加强高等教育国际交流和合作，继续推进国际博士创新研究中心建设。发挥成人高等教育社会培训作用，完善先进制造业和现代服务业公共职业培训平台建设，建立公益性、开放式培训运行管理机制。加快高水平教学团队和科研团队建设，探索高层次人才个性化引进，重点建设高水平创新创业团队创新人才建设机制，注重高层次人才集聚利用和柔性合作，建立高校、企业人才双向交流制度，在企业创建教师培养培训基地，鼓励教师参与企业生产经营实践，积极参与协同创新，及时把企业研发、创新资源转化充实为教学资源，建立企业兼职教师库。

8.3　高等工程教育国际化

高等教育国际化是 20 世纪 80 年代联合国教科文组织提出的现代高等教育发展的三个核心概念之一。现今，推进高等教育国际化是世界上许多发达国家提升高等教育质量的重要途径，已从边缘逐渐成为了大学规划、管理、培养目标和课程设置的一个核心要素。高等工程教育国际化与高等教育国际化形影相随，了解高等工程教育国际化，首先需了解高等教育国际化。

8.3.1　高等教育国际化内涵

高等教育国际化是一个历史范畴，也是一个发展概念，随着历史的发展而发展，不同时代的高等教育国际化有不尽相同的背景和内涵。

高等教育国际化具有悠久的历史渊源，最早可以追溯到古希腊时代，那时，跨国的"游教"和"游学"之风相当盛行。只不过这种国际交流是在当时已知的非常狭小的范围内进行的（陈学飞，2008）。中世纪大学常被看作是高等教育国际化的开端。中世纪大学的国际化成因于学术的世界化旨趣与著名学者的世界影响，这可以从中世纪大学的代表巴黎大学和博洛尼亚大学的形成中予以体现。欧洲中世纪大学具有国际化的某些特性，而且中国近代大学，特别是教会大学也具有国际化的某些特性，被称为高等教育的国际性。但这并不是现代意义上的高等教育国际化。

现代意义上的高等教育国际化始于第二次世界大战以后。其产生于 20 世纪 50 年代的美国，1966 年美国还率先制定了《国际教育法》。在七八十年代，随着政治、经济、贸易以及科学技术和情报信息的国际化，高等教育国际化得到世界各国的理解和重视。尤其是 90 年代以来，北美、西欧、大洋洲以及日本等发达国家和地区率先起步，拉美、亚洲、非洲不少发展中国家积极参与，形成了一股前所未有的世界性的高等教育国际化潮流。

加拿大学者简·耐特（Jane Knight）认为，"高等教育国际化是一国针对全球化的影响而采取的一种应对措施，同时尊重本国的特点"（张红玉，2010）。联合国教科文组织（UNESCO）所属的国际大学联合会（IAU）对高等教育国际化给予了以下定义，"高等教育国际化是把跨国界和跨文化的观点和氛围与大学的教学、科研和社会服务等主要功能相结合的过程，这是一个包罗万象的变化过程，既有学校内部的变化，又有学校外部的变化；既有自下而上的，又有自上而下的；还有学校自身的政策导向变化"（张芹，2005）。

一般来说，界定高等教育国际化的角度或方法大体有以下五种（陈学飞，2008）。

（1）结果说。南京大学龚放先生认为，国际化的大学教育是一个先进的、开放的、充满活力的体系，是人们为适应社会的竞争、迎接未来的挑战而孜孜以求的近乎理想的大学教育模式。中科院院士、英国诺丁汉大学校长杨福家先生认为，高等教育国际化就是要培养融通东西方文化的一流人才，在经济全球化中更好地为各自国家的利益服务。杨福家先生给出了高等教育国际化的本质。

（2）活动说。活动说是从各种各样的具体活动出发来描述高等教育国际化的，这是从内容的角度进行的界定，是以往描述界定高等教育国际化使用最广泛的方法。活动是高等教育国际化的具体内容和实现高等教育国际目的的具体载体，这些活动主要包括课程的改革、人员的国际交流、技术援助、合作研究等方面。如美国的阿勒姆（Atom S）和范德瓦特（Vandewater J）给出的高等教育国际化的定义是，与国际研究、国际教育交流与技术合作有关的各种活动、计划和服务。

（3）能力说。能力说是从培养发展学生、教师和其他雇员的新技能、态度和知识的角度来界定国际化的，这是从国家、社会对大学培养人才的需要角度进行的界定，侧重的是人而不是学术或组织管理方面的问题。如加拿大大不列颠哥伦比亚国际教育理事会专家小组认为，国际化就是一国为成功地参与日益相互依赖的世界做准备的过程。在加拿大，多元文化的现实就是国际的舞台。这一过程应该渗透到中学后教育系统的各个方面，促进全球的理解，培育有效地生活和工作在多样化世界的各种技能。

（4）精神说。这种方法侧重在那些注重和支持跨文化的、具有国际观点和首创性的大学和学院中形成发展国际的精神气质与文化氛围。美国教授哈若瑞（Harari M）把国际教育与教育的国际化视作同义语，他认为，国际教育不仅应当包括课程、学者和学生的国际交流、与社区的各种合作计划、培训及广泛的管理服务，还应当包括明确的赞同、积极的态度、全球的意识、超越本土的发展方向，并内化为学校的精神气质。这里强调的是态度、观念方面的国际化，即要树立全球意识并形成国际化的精神气质和氛围。

（5）过程说。过程说把国际化看作是将国际的维度或观念融入高等学校的各主要功能之中的过程。相对于传统的教育体系而言，它强调的不单是"国际化"实现的程度，而是更强调实现"国际化"的过程，是目前界定国际化最为全面的方法。各种各样的学术活动、组织策略、程序与战略都是这一过程的组成部分。高等教育国际化研究的权威专家奈特（Knight）趋向于过程的观点，认为国际化是将"国际的维度"（international dimension）整合到高等学校的教学、研究和服务等诸项功能中的"过程"。厦门大学高等教育发展研究中心主任刘海峰先生认为，高等教育国际化是高等教育扩大对外开放、加强国际学术交流、增加留学生的派遣与接收、开展合作研究与联合办学的趋势。

上述五种不同的角度和方法并非相互排斥，而是互有补充，有助于扩展人们的视野，加深对高等教育国际化含义的理解。

8.3.2　我国高等教育国际化的机遇与挑战

8.3.2.1　面临的机遇

当前，加强对外交流和合作，既是适应全球经济和人才竞争以及国内高等教育迅猛发展形势的需要，同时更是高校加强内涵和特色建设、加快提高办学水平的必然要求。

首先，世界各国高度重视高等教育国际化。在当今全球化的知识经济背景下，各国政府都充分认识到人才流动和国际合作的重要性和必要性，鼓励其高等院校通过参与可持续发展的全球合作，增加本国高等教育的吸引力和开放度。比如，1999 年，29 个欧洲国家在意大利博洛尼亚提出了欧洲高等教育改革计划，简称"博洛尼亚进程"，该计划的目标是整合欧盟的高教资源，打通教育体制，内容包括增强欧盟各国高校间的学历文凭互认、建立有利于学生、教师和研究人员流动的制度等。亚洲的日本、韩国、新加坡等国也出台了许多有力的措施，鼓励其高校参与全球合作，扩大国际交流的规模。2013 年 6 月 19 日，我国成为《华盛顿协议》签约成员。《华盛顿协议》是世界上最具影响力的国际本科工程学位互认协议，其宗旨是通过双边或多边认可工程教育资格及工程师执业资格，促进工程师跨国执业。加入《华盛顿协议》是促进我国工程师按照国际标准培养、提高工程技术人才培养质量的重要举措，是推进工程师资格国际互认的基础和关键，对我国工程技术领域应对国际竞争、走向世界具有重要意义。

其次，我国各级政府积极助推高等教育国际化。党和政府历来重视教育国际化，近年来采取了一系列重大举措。《国家中长期教育改革和发展规划纲要（2010—2020 年）》明确要求扩大教育开放，加强国际交流与合作。部分省提出把高等教育国际化作为建设教育强省的战略举措之一，并且从外国留学生百分比、专任教师访学三个月以上人员百分比等指标方面对省域高校教育国际化提出了明确要求。

8.3.2.2　应对的挑战

1. 高校办学环境需要进一步改善

高校办学经费来源单一且数量有限，而且还受到很多制度和政策上的限制。需要借助国家，特别是当前政府推进教育国际合作与交流的有利条件，充分利用政策优势，解放思想，积极申报各种对外合作项目，不断拓展与境外高校的合作和联系，广泛争取有效资源，为高校下一步的发展寻找新的突破口。

2. 国际化办学视野需要进一步提升与开阔

高校各级领导干部需要大胆地走出去，学习借鉴境外高校先进的办学方法和经验；高校老师需要增加与境外同行的交流，积极与他们探讨教学改革的思路和做法；高校管理人员需要了解境外高校的管理方法和规章制度，为高校国际化的推进创造好的政策环境。

3. 高校师资队伍建设水平需要进一步提高

地方高校的学科建设普遍缺乏高水平的带头人，需要充分利用各种对外平台积极从海内外引进；教师真正从事科学研究的人数比例偏低，研究能力也偏弱，亟须到境外高水平的大学和研究机构深造和开展合作研究；地方高校有些任课教师教育教学水平还不高，英语交流和会话能力偏低，无法胜任双语课程和全外语课程的教学，需要在国际化推进过程中利用各种机会不断提高自身的能力和素质。

8.3.3　我国高等工程教育国际化的主要任务与策略

高等教育国际化是高等工程教育国际化的前提与基础，深化工程教育改革、推进工程教育高质量发展，对服务经济转型升级和建设高等教育强国具有重大意义。高等工程教育国际化需要更新观念，明确国际化发展目标；进一步树立高等工程教育国际化观念，把高等工程教育国际化作为加速提升高等教育整体实力的重要途径，吸引优质高等教育资源，增强高等工程教育在国际高等教育市场的竞争力，全面提高高等工程教育质量和办学水平。

8.3.3.1　主要任务

积极推进中外合作办学，加速工程教育国际化，充分利用教育国际合作与交流的体制机制优势，解放思想，统筹各种资源，在办好现有中外合作专业的基础上，鼓励和支持各学院开拓新的面向本科层次的中外合作项目。积极开展中外联合培养研究生项目的探索，提高中外合作办学项目的层次和水平。加强与地方政府的合作，积极引进境外高端培训机构和高水平留学生创业团队，通过入驻培训机构和留学生团队加强与国外企业、高校的合作。加强与境外应用型工程技术大学的交流与合作，积极借鉴境外工程技术大学先进的人才培养理念和模式，培养国际化工程技术人才。开展工程教育专业论证，切实推进国际化工程教育改革。

8.3.3.2　主要策略

1. 搭建师资国际化平台，提升教师国际化素养

充分利用国家和省"千人计划"等有利政策，加快推进人才工程，按照"高端求才、海外聚才、校际引才"的思路，采取全职引进、柔性引进、智力引进和团队引进等引才方式，大力引进或者聘请更多的境外杰出人才、知名专家学者及境外优秀留学人员到高校进行短期或长期工作，争取实现境外高层次人才引进和人才工程项目的新突破。

设立专项资金选拔优秀中青年骨干教师赴境外高水平大学访问研究或者参加国际学术会议，提升教师的学科、科研水平和国际交流与合作能力。鼓励教师通过政府奖学金、境外访学计划、项目派出等形式赴境外交流学习，加强与境外同行的沟通与合作。派出教师及管理干部赴境外培训，拓展教师和管理人员的国际视野。加强教师出国访问学习的绩效评估，提高教师出国进修和出访工作的针对性和有效性。

2. 搭建学生境外交流平台，拓展学生国际化视野

加大资金投入，用于资助优秀学生赴境外交换学习、专业实习等，同时

用于资助对被列入国家或者省优秀本科生出境资助计划的学生留学期间的学费。

3. 搭建国际化专业建设平台，建设若干国际化专业和课程

加强对国际化专业和全外语及双语课程内涵及评判标准的研究，实施双语教学示范课程建设工程，根据高校专业特点，大力开发全外语课程和双语课程。积极借鉴和吸收境外的课程体系、更新教学内容、创新教学方法，提高专业和课程建设水平。加大境外文教专家（特别是专业类境外文教专家）的引进力度，增加其数量，提高其质量，完善对境外文教专家的管理，发挥他们在专业建设和课程建设中的作用。选派教师赴境外进行课程进修，学习境外先进的教育理念和教学方法。发挥信息化优势，充分利用网络平台广泛收集并利用境外优质教学资源，提高课程教学的质量。加强对中外合作办学项目成果的总结和转化研究，逐步建设一批符合国际教育理念和发展方向的专业和课程。

4. 搭建学历留学生奖励平台，扩大学历留学生规模

加大和境外高校的联系，积极与境外同类高水平高校建立长期的全面合作关系，扩大双向交流生、交换生规模。进一步拓展学生交流渠道，丰富学生交流形式，增加学生境外实习项目。强化学生外语能力，完善学生出境交流学习选拔机制。加大对国外名校的宣传，鼓励帮助学生出国留学。

在抓好涉外专业建设基础上，利用各种对外平台宣传学校，扩大高校的知名度，吸引更多的境外学子来校学习。结合涉外专业建设和招生，用好中国政府奖学金，扩大留学生规模，重点争取在高学历留学生的招生规模上取得突破。加强对留学生的管理，逐步改善留学生的生活和学习条件。增加投入，鼓励并支持学院和教师邀请境外访问学者来校，或者和境外同行联合培养研究生。

5. 搭建国际科研合作平台，提升高校学科建设水平

鼓励教师积极争取国家和省市国际合作科研项目，开展国际科研合作研究。鼓励教师积极向境外科研机构或国际组织申报研究课题，拓展研究领域，提高课题层次，尽快取得高水平的研究成果。设立"国际化科研合作平台建设"专项资金，鼓励支持校科研机构、创新团队和协同创新中心积极加强与

境外高校和知名企业的合作，共建国际合作科研平台和国际化产学研基地。鼓励支持各学院和研究机构与境外院校合作共同承办高规格国际性学术会议，扩大高校的影响。

6. 重视工程教育专业认证，人才培养质量国际实质等效

建立具有国际实质等效性的中国高等工程教育专业认证制度已成为教育界、工程界的广泛共识。为了推进我国工程教育改革，探索建立我国的注册工程师制度，促进工程教育与工业界的联系，2006 年教育部会同有关部门正式启动了工程教育专业认证试点工作。2009 年，试点工作转入了第二阶段，全国工程教育专业认证专家委员会下发了《关于申请工程教育专业认证有关事宜的通知》，开始公开受理高等学校的专业认证申请。申请认证在学校自愿的基础上开展，申请报告按照《工程教育专业认证学校准备工作指南》要求撰写。工程教育专业认证通用标准分七个指标——专业目标（包括专业设置、培养目标及要求）、质量评价（内部评价、社会评价）、课程体系（课程设置、实践环节、毕业设计或毕业论文）、师资队伍（师资数量与结构、教师发展）、支持条件（教学经费、教学设置、图书资料、产学研结合）、学生发展（招生、就业、学生指导）和管理制度（教学管理、质量控制）。专业补充标准是通用标准中没有包括的专业特殊要求，是对通用标准的补充。2012 年末，教育部强调，要推进专业认证，成立中国工程教育认证协会，加强工程教育专业认证。高等工程院校及相关工程专业应当积极准备，有计划地参加工程教育专业认证工作。2020 年，我国工程教育认证建立了具有中国特色、与国际实质等效的中国工程教育认证体系，为占本科在校生人数 33% 的工科专业毕业生走向世界提供了具有国际互认质量标准的通行证。

参 考 文 献

[1] 埃德加·沙因. 组织心理学（第三版）[M]. 马红宇, 王斌, 等译. 北京: 中国人民大学出版社, 2009.

[2] 鲍吉龙, 李青合, 钟秋波. 基于欧林范式的创新人才培养模式研究与实践 [Z]. 全国部分理工类地方本科院校联盟第二十次研讨会会议论文（宁波）, 2021.

[3] 毕文健. 应用型本科院校教育组织形态创新研究——基于产教融合的战略思路 [J]. 江苏高教, 2020 (7): 71 – 78, 124.

[4] 蔡敬民, 夏琍, 余国江. 应用型高校的产教融合: 内涵认知与机制创新 [J]. 中国高校科技, 2019 (4): 4 – 7.

[5] 蔡克勇. 我国新办院校发展的战略选择 [J]. 交通高教研究, 2003 (1): 1 – 5.

[6] 蔡伟. 应用型高校土建类青年教师专业发展的生态环境研究 [J]. 教书育人（高教论坛）. 2020 (30): 40 – 42.

[7] 蔡映辉. 改革开放 30 年我国高等工科人才培养回顾及评述——基于教育政策的视角 [J]. 国家教育行政学院学报, 2008 (12): 17 – 24.

[8] 蔡元培. 全国临时教育会议开会词 [J]. 教育杂志, 1912, 4 (6).

[9] 陈炳, 等. 应用型本科高校"科教 + 产教"双融合人才培养模式的探索与实践 [J]. 浙江海洋大学学报（人文科学版）, 2020 (6): 70 – 73.

[10] 陈春晓, 王金剑. 应用型本科高校产业学院发展现状、困境与对策 [J]. 高等工程教育研究, 2020 (4): 131 – 136.

[11] 陈聪诚. 新中国高等工程教育改革发展历程与未来展望 [J]. 中国

高教研究，2019（12）：42 - 48.

　　[12] 陈锋. 产教融合：深化与演化的路径 [J]. 中国高等教育，2018 (Z2)：13 - 16.

　　[13] 陈建国. 立足区域优势，服务地方发展，建设有特色的地方本科高校 [J]. 中国高等教育，2012（6）：2，22 - 24.

　　[14] 陈解放. 合作教育的理论及其在中国的实践：学习与工作相结合教育模式研究 [M]. 上海：上海交通大学出版社，2006.

　　[15] 陈秋媚. 集约化理念视野下的职业教育实训基地建设研究 [J]. 长春工业大学学报（高教研究版），2010（6）：65 - 67.

　　[16] 陈松，汤小红，魏雷，张晓红. “双一流”建设中地方高校机械类专业综合改革举措探讨 [Z]. 全国部分理工类地方本科院校联盟第二十次研讨会会议论文（宁波），2021.

　　[17] 陈霞玲，屈潇潇. 地方高校转型发展策略探析——基于全国185名地方高校校级领导的调查研究 [J]. 中国高教研究，2017（12）：61 - 66.

　　[18] 陈新民，高飞. 我国高校行业学院：逻辑起点、演进路径与发展趋势 [J]. 国家教育行政学院学报，2019（8）：31 - 38.

　　[19] 陈学飞. 关于高等教育国际化的若干基本问题 [A]. 北京市高等教育学会引进国外智力研究会. 北京高校引进国外智力工作文集（第一辑）[C]. 北京市高等教育学会，2004：15.

　　[20] 陈学恂. 中国近代教育文选 [M]. 北京：人民教育出版社，1984.

　　[21] 辞海编辑委员会. 辞海 [M]. 上海：上海辞书出版社，1999.

　　[22] 德国联邦交通、建设与住房部. 联邦交通网发展规划 [R]. 柏林：德国联邦交通、建设与住房部，2003.

　　[23] 丁远坤，石钧. 深化“三链”融合，建设现代产业学院的探索与思考 [Z]. 全国部分理工类地方本科院校联盟第二十次研讨会会议论文（宁波），2021.

　　[24] 东莞理工学院. 现代产业学院产教融合型课程建设研究 [Z]. 全国部分理工类地方本科院校联盟第二十次研讨会会议论文（宁波），2021.

　　[25] 董立平. 地方高校转型发展与建设应用技术大学 [J]. 教育研究，

2014, 35 (8): 67 - 74.

[26] 方冬慧. 新工科背景下未来型土木工程人才培养模式探索 [J]. 西部皮革, 2018, 40 (16): 111 - 112.

[27] 高等教育部 1954 年的工作总结和 1955 年的工作要点 [J]. 高等教育通讯, 1955 (8).

[28] 高浩其主修, 徐挺主纂. 宁波工程学院志 [M]. 上海: 华东理工大学出版社, 2006.

[29] 葛守勤. 美国州立大学与地方经济发展 [M]. 西安: 西北大学出版社, 1990.

[30] 耿洁. 工学结合及相关概念浅析 [J]. 中国职业技术教育, 2006 (35): 13 - 15.

[31] 龚克. 大学文化应是"育人为本"的文化 [J]. 中国高等教育, 2010 (1): 4 - 7.

[32] 辜筠芳. 宁波教育史 [M]. 杭州: 浙江大学出版社, 2011.

[33] 顾雨竹, 郐海霞. 我国工程人才培养标准核心要素分析——面向中国制造 2025 [A]//天津市社会科学界联合会. 发挥社会科学作用 促进天津改革发展——天津市社会科学界第十二届学术年会优秀论文集 (下) [C]. 天津市社会科学界联合会, 2017.

[34] 郭桂英, 姚林. 关于我国高校办学定位的研究 [J]. 江苏高教, 2002 (1): 59 - 62.

[35] 国家教委工程教育考察团. 回归工程·多样化·宏观管理——赴美考察报告 [J]. 高等工程教育研究, 1996 (1): 7 - 15.

[36] 国务院办公厅. 国务院办公厅关于深化产教融合的若干意见 [EB/OL]. [2020 - 07 - 29]. http://www.gov.cn/zhengce/content/2017 - 12/19/content_5248564.htm.

[37] 郝天聪, 石伟平. 从松散联结到实体嵌入: 职业教育产教融合的困境及其突破 [J]. 教育研究, 2019, 40 (7): 102 - 110.

[38] 胡审严, 等. 宁波市校史集 [M]. 1989 年 9 月内部发行.

[39] 黄士力. 宁波教育改革开放三十年 [M]. 宁波: 宁波出版社, 2009.

[40] 嵇国平，童心，阮晶晶．新时代教育评价改革背景下地方本科院校二级学院推动人才培养高质量发展的难点与突破点［Z］．全国部分理工类地方本科院校联盟第二十次研讨会会议论文（宁波），2021.

[41] 吉文斌，刘志玮，陈之腾．上海电机学院：企业院长产教融合培育"现场工程师"［J］．上海教育，2018（31）：46-47.

[42] 江忠华．基于高校教师心理契约特征的激励策略［J］．江苏高教，2017（6）：73-75.

[43] 姜嘉乐，张海英．中国工程教育问题探源——朱高峰院士访谈录［J］．高等工程教育研究，2005（6）：1-8，14.

[44] 姜天宇．具有中国特色的中外高等教育合作与交流有效途径探究［D］．长春：吉林建筑大学，2020.

[45] 姜勇．知识型欧洲：欧洲高等教育区改革述评［J］．高教探索，2009（2）：80-83.

[46] 焦新．地方高校转型发展呼唤顶层设计［N］．中国教育报，2014-01-06（4）.

[47] 教育部．《第二次中国教育年鉴》统计编［M］．上海：开明书店，1934.

[48] 教育部．《第一次中国教育年鉴》丙编［M］．上海：开明书店，1934.

[49] 教育部．《第一次中国教育年鉴》甲编［M］．上海：开明书店，1934.

[50] 教育部．国家中长期教育改革和发展规划纲要（2010-2020）［Z/OL］．http：//www.moe.gov.cn/srcsite/A01/s7048/201007/t20100729_171904.html.

[51] 孔寒冰．欧美工程教育改革的几个动向［J］．清华大学教育研究，2009（2）：28-32.

[52] 劳凯声．职能时代的大学知识生产［J］．首都师范大学学报：社会科学版，2019（2）.

[53] 李灿，宋东旭．苏州工业园区离新加坡多远［J］．瞭望，2007

(27)：52 – 53.

　[54] 李立国，赵义华，黄海军．论高校的"行政化"和"去行政化" [J]．中国高教研究，2010 (5)：2 – 4.

　[55] 李丽红，高桂娟，金子祺．美国在工程教育中引入创新创业教育的发展及启示 [J]．教育理论与实践，2020，40 (34)：33 – 37.

　[56] 李晓强，孔寒冰，王沛民．建立新世纪的工程教育愿景——兼评美国"2020 工程师"《愿景报告》[J]．高等工程教育研究，2006 (2)：7 – 11.

　[57] 李政．职业教育的产教融合：障碍及其消解 [J]．中国高教研究，2018 (9)：87 – 92.

　[58] 林云，张河森．地方高校趋同现象及化解路径 [J]．湖南师范大学教育科学学报，2015，14 (4)：110 – 114.

　[59] 凌志杰．县级职教中心校企合作实现形式研究 [D]．石家庄：河北师范大学，2010.

　[60] 刘柏森．深化产教"五"融合，推动现代产业学院建设 [Z]．全国部分理工类地方本科院校联盟第二十次研讨会会议论文（宁波），2021.

　[61] 刘昌明．德国双元制合作教育模式评介 [J]．产业与科技论坛，2008 (6)：247 – 248.

　[62] 刘建中，谷曼，吕刚，等．国际双元制高等教育人才培养模式的创新与实践——以合肥学院为例 [J]．应用型高等教育研究，2020，5 (1)：6.

　[63] 刘琴．湖南地方高校与区域经济互动发展研究 [D]．长沙：中南大学，2007.

　[64] 刘文渊，冷捷，袁继峰．基于"现场工程师"培养理念的土木工程专业实践教学体系构建 [J]．高等建筑教育．2017，26 (2)：110 – 114.

　[65] 刘文渊，欧阳军喜，安洪溪，徐心坦．中国高等工程教育发展概况 [J]．清华大学教育研究，1991 (1)：73 – 83.

　[66] 刘西拉．从土木工程领域看 21 世纪的工程教育 [J]．高等工程教育研究，2006 (3)：8 – 14.

　[67] 刘小强．学科建设 元视角的考察——关于高等教育学学科建设的反思 [M]．广州：广东高等教育出版社，2011.

［68］刘雪静，黄薇．地方院校工科人才培养面临的问题及对策［J］．山东化工，2014，43（6）：163，165．

［69］刘耀东．产教融合过程中企业逻辑和学校逻辑的冲突与调适［J］．国家教育行政学院学报，2019（10）：45-50．

［70］刘英杰．中国教育大事典（1949-1990）（上）［M］．杭州：浙江教育出版社，1993．

［71］刘周等．科教产教双融合的实然之思与应然之策［J］．中国高校科技，2019（增刊）：67-69．

［72］吕忠达等．面向"2035"的建筑与交通工程领域现场工程师培养［J］．西部素质教育，2019，5（12）：180-181．

［73］马树超，郭文富．高职教育深化产教融合的经验、问题与对策［J］．中国高教研究，2018（4）：58-61．

［74］毛礼锐．中国教育史简编［M］．北京：教育科学出版社，1984．

［75］美国联邦交通咨询委员会．2050年远景：美国综合运输系统［R］．华盛顿：美国联邦交通咨询委员会，2001．

［76］孟凡芹，朱泓，吴旭东，李志义．面向"新工业革命"工程教育人才培养质量标准体系构建策略［J］．高等工程教育研究，2015（5）：15-20．

［77］闵维方．发展知识经济的关键与大学的使命［J］教育研究，1998（9）：29-33．

［78］牟延琳．地方本科高校发展定位再审视［N］．人民政协报，2014-05-07（10）．

［79］南阳理工学院．新建本科院校产业学院建设的探索与实践［Z］．全国部分理工类地方本科院校联盟第二十次研讨会会议论文（宁波），2021．

［80］2021—2026年中国智慧交通行业发展前景与投资预测分析报告［R］．北京：前瞻产业研究院，2020．

［81］聂建国．我国结构工程的未来：高性能结构工程［J］．土木工程学报，2016，49（9）：1-8．

［82］宁波市统计局．2012年宁波市国民经济和社会发展统计公报［N］．宁波日报，2013-02-04．

[83] 欧盟移动与运输总署．交通白皮书 [R]．布鲁塞尔：欧盟移动与运输总署，2011．

[84] 潘懋元．产学研合作教育的几个理论问题 [J]．中国大学教学，2008 (3)：15 – 17．

[85] 潘懋元，贺祖斌．关于地方高校内涵式发展的对话 [J]．高等教育研究，2019，40 (2)：34 – 38．

[86] 潘懋元．中国高等教育百年 [M]．广州：广东高教出版社，2003．

[87] 彭慧敏．印度工程教育探析 [J]．高等理科教育，2007 (6)：57 – 60．

[88] 清华大学建筑节能研究中心．中国建筑节能年度发展研究报告2021 [M]．北京：中国建筑工业出版社，2021．

[89] 日本国土交通省．综合交通 政策体系 [R]．东京：日本国土交通省，2012．

[90] 三部门印发关于引导部分地方普通本科高校向应用型转变的指导意见 [EB/OL]．[2020 – 07 – 29]．http：//www. gov. cn/xinwen/2015 – 11/16/content_5013165. htm．

[91] 上海机电学院．现代产业学院：地方本科院校产教深度融合的路径探索 [Z]．全国部分理工类地方本科院校联盟第二十次研讨会会议论文（宁波），2021．

[92] 邵芳．中新生态城染绿塘沽 [J]．商务周刊，2009 (13)：23．

[93] 施晓秋，蒋宗礼．依据标准 强化内涵 提高网络工程人才培养质量 [J]．中国大学教学，2016 (1)：30 – 35．

[94] 实藤惠秀．中国人留学日本史 [M]．北京：北京大学出版社，2012．

[95] 史红兵，夏文莉，钱秀红，邵鼎．研究型大学科研组织的发展思考 [J]．中国高教研究，2011 (2)：56 – 58．

[96] 史铭之．技术本科卓越现场工程师培养探析 [J]．职业技术教育，2011，32 (22)：61 – 66．

[97] 舒新城．近代中国留学史 [M]．上海：中华书局，1929．

[98] 舒新城．中国近代教育史资料（中）[M]．北京：人民教育出版

社，1961.

[99] 宋吉缙. 韩国工程教育的现状与机遇 [J]. 现代大学教育，2004 (4)：70 – 75.

[100] 苏志刚等. 科教产教融合 建设高水平应用型本科师资队伍 [J]. 中国高校科技，2018 (11)：8 – 11.

[101] 汤正华，谢金楼. 应用型本科院校产教融合的探索与实践 [J]. 高等工程教育研究，2020 (5)：6.

[102] 陶行知. 陶行知文集 [M]. 南京：江苏教育出版社，2008.

[103] 陶行知. 我们对新学制草案应持之态度 [J]. 新教育，1921，4 (2).

[104] 汪永明，戚晓利. 基于工程教育认证标准的机械专业课程体系改革 [J]. 教育教学论坛，2019，409 (15)：133 – 134.

[105] 王洪才. 中国大学模式探索：中国特色的现代大学制度建构 [M]. 北京：教育科学出版社，2013.

[106] 王沛民. 工程教育基础 [M]. 杭州：浙江大学出版社，1994.

[107] 王世斌，顾雨竹、郄海霞. 面向 2035 的新工科人才核心素养结构研究 [J]. 高等工程教育研究，2020 (4)：54 – 60，82.

[108] 王守法，王云霞. 高等教育与区域经济发展关系的理论探讨 [J]. 北京工商大学学报（社会科学版），2006 (3)：89 – 92.

[109] 王文顺等. 企业参与校企合作的动因与障碍分析——基于扎根理论的质性研究 [J]. 高教探索，2020 (5)：14 – 22.

[110] 吴爱华等. 加快发展和建设新工科 主动适应和引领新经济 [J]. 高等工程教育研究，2017 (1)：1 – 9.

[111] 吴岩. 勇立潮头，赋能未来——以新工科建设领跑高等教育变革 [R]. 国际机械工程教育大会报告，2019.

[112] 武学超. 美国产学研协同创新联盟建设与经验——以 I/UCRC 模式为例 [J]. 中国高教研究，2012 (4)：47 – 50.

[113] 夏明华. 宁波市教育志 [M]. 杭州：浙江教育出版社，1996.

[114] 厦门理工学院. 关于深化新时代教育评价改革的实践与思考

[Z]. 全国部分理工类地方本科院校联盟第二十次研讨会会议论文（宁波），2021.

[115] 谢安邦. 高等教育学 [M]. 北京：高等教育出版社，1999.

[116] 谢笑珍. "产教融合"机理及其机制设计路径研究 [J]. 高等工程教育研究，2019 (5): 81-87.

[117] 新华社. 中华人民共和国国民经济和社会发展第十四个五年规划和 2035 年远景目标纲要 [Z/OL]. [2021-03-13]. [2021-10-09]. http://www.xinhuanet.com/2021-03/13/c_1127205564.htm.

[118] 徐金燕. 中国合作教育发展探究 [M]. 北京：石油工业出版社，2004.

[119] 徐金益，许小军. 产教融合背景下应用型本科高校教师的转型路径探析 [J]. 江苏高教，2019 (12): 94-97.

[120] 徐可明. "三园融合"汽车产业人才培养的探索与实践 [J]. 中国高等教育，2020 (5): 2.

[121] 徐挺. 高职教育合格性与发展性评价 [M]. 北京：高等教育出版社，2003.

[122] 徐小容，朱德全. 从"断头桥"到"立交桥"：应用技术类型高校发展的路径探寻 [J]. 西南大学学报（社会科学版），2016, 42 (1): 71-79, 190.

[123] 许广举. 融合创新视角下现代产业学院的特征、架构与评价 [Z]. 全国部分理工类地方本科院校联盟第二十次研讨会会议论文（宁波），2021.

[124] 杨宝明. 走向低碳时代的智慧建造 [J]. 中国信息化，2010 (19): 70-71.

[125] 杨超，徐天伟. "双一流"建设背景下地方高校学科建设的路径依赖及其破解 [J]. 学位与研究生教育，2019 (6): 25-31.

[126] 杨德广. 关于高校"去行政化"的思考 [J]. 教育发展研究，2010, 30 (9): 19-24.

[127] 杨晓梅. 中职学校发展的定位及突破路径——以甘南州中等职业学校为例 [J]. 甘肃教育，2020 (19): 26-27.

[128] 余起声. 浙江省教育志 [M]. 杭州：浙江大学出版社，2003.

[129] 俞大同. 评全国教育会联合会议决的改革学制案 [J]. 中华教育界，1921，11 (7).

[130] 俞福海. 宁波市志 [M]. 北京：中华书局1995.

[131] 俞松坤. 深化实践教学改革 培养学生创新能力 [J]. 中国大学教学. 2009 (8)：68 - 70.

[132] 袁振国. 中国当代教育思潮 [M]. 上海：三联书店上海分店，1991.

[133] 远德玉. 论技术 [M]. 沈阳：辽宁科技出版社，1986.

[134] 云波. 应用技术型本科的定位及建设思考 [J]. 中国职业技术教育，2015 (36)：92 - 94.

[135] 曾国屏，林菲. 走向创业型科研机构——深圳新型科研机构初探 [J]. 中国软科学，2013 (11)：49 - 57.

[136] 张百熙. 进呈学堂章程折 [M] //陈学恂. 中国近代教育文选. 北京：人民教育出版社，1984：275.

[137] 张斌. 浙江教育史 [M]. 杭州：浙江教育出版社，2006.

[138] 张弛，张磊. 基于同质性审视的高职应用型本科工程教育研究 [J]. 职教论坛，2017 (4)：18 - 23.

[139] 张大良. 提高人才培养质量 做实"三个融合" [J]. 中国高教研究，2020 (3)：1 - 3.

[140] 张飞龙，于苗苗，马永红. 科教融合概念再构及研究生教育治理 [J]. 中国高教研究，2020 (11)：31 - 37.

[141] 张光洲. 面向新工科建设的"双元制"高等教育人才培养模式的实践探索——以合肥学院为例 [Z]. 全国部分理工类地方本科院校联盟第二十次研讨会会议论文（宁波），2021.

[142] 张海英. 工科院校应该培养工程师为主——张光斗院士访谈录 [J]. 高等工程教育研究，2005 (3)：1 - 4.

[143] 张红玉. 高等教育国际化的趋势和问题 [D]. 上海：上海外国语大学，2010.

[144] 张季伟，等. 绿色低碳节能建筑的发展趋势及影响 [J]. 施工技

术，2021，50（16）：132 – 134.

　　[145] 张军，王云鹏，鲁光泉，陈鹏. 中国综合交通工程科技 2035 发展战略研究 [J]，中国工程科学，2017，19（1）：43 – 49.

　　[146] 张铭钟. 西北五省（区）高等教育与区域经济互动模式构建 [J]. 技术与创新管理，2010，31（1）：69 – 72，92.

　　[147] 张芹. 高等教育国际化的内涵、标准与实施对策 [J]. 继续教育研究，2005（1）：86 – 89.

　　[148] 张彦道，等. 继续推进高等工程教育改革与发展对策研究 [J]. 高等工程教育研究，2005（6）：9 – 14.

　　[149] 张应强. 地方本科高校转型发展：可能效应与主要问题 [J]. 大学教育科学，2014（6）：29 – 34.

　　[150] 张应强，彭红玉. 地方高校发展与高等教育政策调整 [J]. 高等教育研究，2008（9）：7 – 15.

　　[151] 赵朝辉. 高职软件专业“科—产—教”融合校企协同育人导师制实施路径分析 [J]. 广西教育，2019（7）：102 – 104.

　　[152] 赵强，等. 我国绿色建筑发展阶段和趋势研究 [J]. 城市住宅，2021，28（8）：65 – 68.

　　[153] 智能建造师：新基建背景下的新时代工匠 [EB/OL]. [2020 – 11 – 06]. http：//scitech. people. com. cn/n1/2020/1106/c1007 – 31920924. html.

　　[154] “中国工程科技 2035 发展战略研究”项目组. 中国工程科技 2035 发展战略：土木、水利与建筑领域报告 [M]. 北京：科学出版社，2019.

　　[155] 中国工程院土木、水利与建筑工程学部. 土木学科发展现状及前沿发展方向研究 [M]. 北京：人民交通出版社，2012.

　　[156] 中国教育年鉴（1949 – 1981）[M]. 北京：中国大百科全书出版社，1983.

　　[157] 《中国制造 2025》与工程技术人才培养研究课题组.《中国制造 2025》与工程技术人才培养 [J]. 高等工程教育研究，2015（6）：6 – 10，82.

　　[158] 中华人民共和国国家发展和改革委员会. 综合交通网中长期发展

规划［R］．北京：中华人民共和国国家发展和改革委员会，2007．

［159］中华人民共和国交通运输部．国家综合立体交通网规划纲要［R］．北京：中华人民共和国交通运输部，2021．

［160］中华人民共和国交通运输部．交通强国建设纲要［R］．北京：中华人民共和国交通运输部，2019．

［161］中华人民共和国教育大事记（1949 - 1982）［M］．北京：教育科学出版社，1983．

［162］钟秉林．关于大学"去行政化"几个重要问题的探析［J］．中国高等教育，2010（9）：4 - 7．

［163］周静恺，马善红，杨金林．基于专业认证的机械类实践教学模式改革［J］．装备制造技术，2019（6）：141 - 142，151．

［164］周俐萍，等．产教融合思想的基本内涵及当代价值［J］．教育与职业，2021（14）：21 - 28．

［165］周满生．21 世纪教育决策的有效工具和自觉行为——看世界各国如何制定教育战略规划［N］．中国教育报，2009 - 01 - 21（01）．

［166］周奇．中关村契约铸就新型产学研体系［N］．北京日报，2006 - 04 - 16（01）．

［167］周远清教育文集（二）［M］．北京：高等教育出版社，2001．

［168］朱高峰．面向 21 世纪的工程教育改革与发展［J］．高等工程教育研究，2000（1）：4 - 9．

［169］朱荣凯．地方高校协同区域经济社会发展策略研究——基于南阳理工学院的实证分析［J］．北京劳动保障职业学院学报，2014，8（1）：4．

［170］朱有瓛．中国近代学制史料（第二辑上）［M］．上海：华东师范大学出版社，1987．

［171］朱有瓛．中国近代学制史料（第三辑上）［M］．上海：华东师范大学出版社，1990．

［172］庄西真．产教融合的内在矛盾与解决策略［J］．中国高教研究，2018（9）：81 - 86．

［173］庄西真．从封闭到开放：学校组织变革的分析［J］．教育理论与

实践, 2003 (8): 20 – 25.

[174] 自然资源保护协会. 建筑领域如何助推"双碳"目标的实现? [EB/OL]. http: //www. nrdc. cn/news/newsinfo? id = 772&cook = 2, 2021.

[175] ABET, About ABET Accreditation [EB/OL]. [2021 – 10 – 11]. www. abet. org/accreditation.

[176] Engineers Australia, Stage 1 Competency Standard for Professional Engineer [Z/OL]. [2017 – 03 – 28). [2021 – 10 – 09]. https: //www. engineersaustralia. org. au/resource-centre/resource/stage-1-competency-standard-professional-engineer.

[177] Mayne R et al. Introoduction to Engineering [M]. McGraw-HillInc, 1982.

[178] Organisation for Economic Co-Operation and Development (OECD). Preparing Our Youth for an Inclusive and Sustainable World. The OECD PISA Global Competence Framework; OECD: Paris, France, 2018.

[179] Ortiz Marcos I, Breuker V, Rocío Rodríguez-Rivero Frédéric Dorel, etc. A Framework of Global Competence for Engineers: The Need for a Sustainable World [J]. Sustainability, 2020.

[180] Royal Academy of Engineering, Global Engineering Capability Review [R/OL]. [2021 – 10 – 09]. https: //www. raeng. org. uk/global/international-partnerships/engineering-x/engineering-skills/global-engineering-capability-review.